HEIDEGGER 1919-1929

DE L'HERMÉNEUTIQUE DE LA FACTICITÉ À LA MÉTAPHYSIQUE DU *DASEIN*

PROBLÈMES ET CONTROVERSES

HEIDEGGER 1919-1929
DE L'HERMÉNEUTIQUE DE LA FACTICITÉ À LA MÉTAPHYSIQUE DU *DASEIN*

Actes du colloque organisé par
Jean-François Marquet
(Université de Paris-Sorbonne, novembre 1994)

édités par
Jean-François Courtine

PARIS
LIBRAIRIE PHILOSOPHIQUE J. VRIN
6, Place de la Sorbonne, V^e^

1996

Printed in France

ISSN 0249-7875

ISBN 2-7116-1273-2

Le présent volume rassemble les textes des communications présentées à l'occasion du colloque *Heidegger 1919-1929. De l'herméneutique de la facticité à la métaphysique du Dasein,* organisé par J.-F. MARQUET (avec la collaboration de J.-F. COURTINE) dans le cadre des activités de l'École doctorale de Philosophie de l'Université de Paris-Sorbonne (Paris IV), les 18 et 19 novembre 1994.

LES « RECHERCHES LOGIQUES » DE MARTIN HEIDEGGER, DE LA THÉORIE DU JUGEMENT À LA VÉRITÉ DE L'ÊTRE

Je voudrais préciser d'emblée le sens de cet intitulé : Les « Recherches Logiques » de Heidegger : il ne s'agit pas pour moi de revenir sur l'interprétation ou les interprétations données par Heidegger des *Logische Untersuchungen* de Husserl, en partant du cours de Marbourg de 1925 *(Ga.* 20 : *Prolegomena zur Geschichte des Zeitbegriffs),* juqu'au dernier séminaire de Zähringen en 1973 [1]. On sait que la lecture heideggérienne est ici toujours généreuse et l'on sait aussi, avec quelle appréciation toujours positive, cette lecture souligne le rôle centrale de la doctrine de l'intuition catégoriale par laquelle Husserl se serait approché au plus près de la question de l'être :

> Pour pouvoir même déployer la question du sens de l'être, il fallait que l'être soit *donné,* afin d'y pouvoir interroger son sens. Le tour de force de Husserl a justement consisté dans cette mise en présence de l'être, phénoménalement présent dans la catégorie. Par ce tour de force, j'avais enfin le sol ... [2]

Il n'entre pas non plus dans mon présent propos d'évaluer la justesse de cette interprétation, de re-marquer ce qu'elle « monte en épingle », mais aussi ce qu'elle manque ou passe sous silence, aussi bien en ce qui concerne l'ensemble du projet husserlien d'une « critique de la raison logique » (sous-titre de *Formale und Transzendantale Logik*), ou l'entreprise plus générale d'une « généalogie » du Logique, exposée

1. Cf. sur ce point l'étude de Jacques TAMINIAUX, "Remarques sur Heidegger et les *Recherches Logiques* de Husserl", in *Revue Philosophique de Louvain* (75), 1977, pp. 74-100, repris in *Le regard et l'excédent,* La Haye, Nijhoff, 1977, pp. 156-182. – Cf. aussi la dette reconnue par HEIDEGGER dans *SuZ* (§ 7), p. 38 : « Les Recherches qui suivent ne sont devenues possibles que sur le sol posé par E. Husserl, dont les *Recherches Logiques* ont assuré la percée de la phénoménologie. »

2. *Seminare, Ga.* 15, p. 378.

notamment dans *Erfahrung und Urteil*, bien qu'il s'agisse de publications plus tardives (1929, 1938), qu'en ce ce qui concerne en particulier la fonction du remplissement intuitif dans la problématique de la vérité, au delà de la sphère du jugement et de la vérité entendue comme correspondance ou comme *adaequatio*.

Enfin, parler des « recherches logiques » de Heidegger, ce n'est pas non plus exposer quelques développements de cette pensée qui auraient jusqu'ici échappé aux exégètes et qui porteraient expressément sur des *questions techniques* d'une discipline spéciale : la logique. Sous cet intitulé, nous voudrions bien plutôt essayer de souligner ce qui nous paraît un trait fondamental de l'entreprise et tenter de faire ressortir un fil conducteur de l'œuvre de Heidegger, à partir de l'interrogation fondamentale, principielle sur ce que c'est que la logique : *Was ist das die Logik ?*

Il s'agit là en effet d'une question élaborée très tôt, dans des œuvres de jeunesse ou des travaux encore universitaires, qu'on a parfois à ce titre tendance à exclure du corpus proprement dit, comme si elles appartenaient à un auteur qui n'est pas encore vraiment devenu le penseur de la « Seinsfrage », ou comme si, en suivant les indications très stylisées d'un Heidegger beaucoup plus tardif, on pouvait faire commencer le fameux « chemin de pensée » avec la lecture de la dissertation de Brentano de 1863 (*De la diversité des acceptions de l'être selon Aristote)*, en faisant « l'impasse » sur ce qui suit immédiatement, pour passer directement aux années de Marbourg où l'on retrouverait enfin les principaux éléments de la gestation de *Sein und Zeit*.

Mais cette question : *Was ist die Logik ?*, ou mieux *Was ist das, das Logische ?*, apparaît, c'est du moins ce que voudrions suggérer, comme une question lancinante, rémanente, et comme telle inextricablement entrelacée dès le début à la *Seinsfrage*, à tel point que la « question de l'être » risque elle-même de demeurer opaque ou de devenir inintelligible, si elle n'est pas d'emblée reconduite à une interrogation première, plus fondamentale, portant sur la *signification*, le *sens* – n'oublions pas en effet que la dite *Seinsfrage* est toujours question *du sens* de l'être ou mieux du *sens* de « être » –, tandis que la question de l'être ainsi re-située dans son premier contexte d'origine renvoie d'elle-même à la problématique du jugement, de la vérité, de la distribution catégoriale des acceptions de l'être, et de leur possible unité analogique.

En 1951-1952 – reprenant son enseignement après une longue interruption « politique », qu'il n'est pas question, dans le présent propos, d'interpréter ou de commenter – Heidegger donne un grand cours intitulé : *Qu'appelle-t-on penser ?*

> ... Qu'appelle-t-on penser ? demande alors Heidegger ... C'est ce que la logique nous enseigne. Qu'est-ce que cela, la Logique ? Comment parvient-elle à décréter ce qu'il faut entendre par "pensée" ? Cet appel qui nous appelle à penser, est-ce la Logique même ? Ou bien la Logique est-elle de son côté, soumise à l'appel ? Qu'est-ce que cela, qui nous appelle à penser ? ... Qu'est-ce que l'on entend d'après la doctrine traditionnelle de la pensée par "pensée" ? Pourquoi cette doctrine porte-t-elle le titre de "Logique" ? ... On s'irrite de ce que j'en reviens toujours à proposer la question de la logique depuis l'indication donnée dans la Leçon inaugurale de 1929 : *"Qu'est-ce que la métaphysique ?"*

Et il poursuit :

> Ceux qui aujourd'hui assistent à ce cours ne peuvent savoir, il est vrai, que depuis le cours "Logique", tenu dans l'été de 1934, sous ce titre de "Logique", se cache la transformation de la Logique en question de l'*être* du langage, laquelle question est autre chose que de la philosophie linguistique [1].

Ce même cours de 1951-52 accomplissait à son tour un pas décisif, en opérant la transformation de la logique en une interrogation sur le langage et son essence, s'il est vrai qu'une des thèses « tautologiques » fondamentales du cours, c'est que « le langage [n'est pas] un simple instrument, qu'on peut tourner tantôt d'un sens, tantôt de l'autre. Le langage n'est pas un outil. D'une façon générale, le langage n'est pas ceci et cela, c'est-à-dire n'est pas quelque chose d'autre que lui-même. Le langage est langage ».

Ce tournant, d'abord inaperçu, de la « logique » au « langage », au terme duquel il s'agit de prendre la mesure de propositions du type : « Die Sprache ist die Sprache » ou encore « die Sprache spricht », est celui qu'Heidegger caractérisera tardivement comme celui de la pensée tautologique, on pourrait dire aussi bien « monologique », ou « logologique », en songeant au fragment de Novalis commenté par Heidegger dans *Unterwegs zur Sprache.*

Je laisse de côté ce « tournant » vers la tautologie, pour retenir simplement, dans la perspective du cours de 1951-52 *(Qu'appelle-t-on penser ?),* l'aveu de l'insistance, non seulement de l'intitulé « logique », mais plus radicalement la reconnaissance de la permanence de la question : *Was ist das, das Logische ?* Pour ce qui concerne l'occurence

1. *Was heißt Denken ?*, Tübingen, Niemeyer, 1961, pp. 99-100.

du terme logique dans l'intitulé des cours, je renvoie à la liste établie par Th. Kisiel, en complèment des indications fournies naguère par Richardson [1].

Je reviendrai dans un instant sur le cours de 1934 auquel Heidegger faisait allusion dans ce passage de *Was heißt Denken ?*, en me bornant à noter dès à présent que ce même cours est également évoqué dans *Unterwegs zur Sprache.*

Mais ce sur quoi je voudrais insister d'abord, c'est sur le fait qu'en réalité, ce n'est pas, tant s'en faut, de la leçon inaugurale de 1929 que date la question « Qu'est-ce que la logique ? ».

La question est en effet posée dès 1912 dans les : « Neuere Forschungen über Logik » dont elle constitue même le centre véritable.

L'objet de cette étude de jeunesse est en effet fixé dès la première ligne : Il s'agit d'une *kritische Besinnung*, d'une réflexion critique sur les principes même du logique.

> Depuis le tournant du siècle, la logique scientifique a accompli une clarification de ses principes. La possibilité et le fait d'une telle réflexion critique doit nécessairement saper jusque dans ses fondements *(unterwühlen)* la représentation traditionnelle selon laquelle la logique se présente comme une somme intangible de formes et de règles de pensée non susceptible d'accroissement ni d'approfondissement [2].

Ce Compte rendu prend naturellement en vue, comme l'indique son titre, des recherches nouvelles, sectorielles ou fondamentales, dans le champ de la logique – Heidegger y évoque notamment Frege et Russell –, mais, par delà la mise au point sur l'état des recherches, il

1. Cf. l'appendice B de l'ouvrage de Th. KISIEL, *The Genesis of Heidegger's Being and Time,* Berkeley/ Los Angeles/ Londres, Univ. of California Press, 1993 : SS. 1916 : *Uebungen über Texte aus den logischen Schriften des Aristoteles.* WS. 1916-1917 : *Grundfragen der Logik.* – WS. 21-22, Séminaire : *Exercices phénoménologiques pour débutants à partir des LU.* II *de Husserl* ; SS. 22 ; *Interprétations phénoménologiques d'Aristote : ontologie et logique.* – 1922 : Séminaire : *Exercices phénoménologiques pour débuts à partir de Husserl, LU.* II, 2. – WS. 1925-1926 *(Logik)* = *Ga.* 21. – SS. 1927 (séminaire pour étudiants avancés) : *L'ontologie d'Aristote et la logique de Hegel.* – SS. 1928, cours : *Logik* (= *Ga.* 26). – WS. 1928-1929 : séminaire : *Die ontologischen Grundsätze und das Kategorienproblem.*

2. *Ga.* 1, 17 : « Seit der Jahrhundertwende hat die wissenschaftliche Logik eine Klärung ihrer Prinzipien vollzogen. Die Möglichkeit und Tatsache einer solchen kritischen Besinnung muß von Grund aus jene traditionelle Vorstellung unterwühlen, nach der die Logik als eine unvermehrbare Summe unvertiefbarer Denkformen und regeln sich darstellt. »

cherche surtout à affronter la question de principe : *« Was ist Logik ? »*

> Qu'est-ce que la logique ? Avec cette question, note Heidegger, Nous sommes ici déjà placés devant un problème dont la solution est réservée à l'avenir [1].

En 1912, le tout jeune Heidegger ne croyait sans doute pas si bien dire.

La permanence de la question pourrait suffire à elle seule à attester le caractère ancien, originel, sérieux de l'intérêt pour la logique tel qu'il s'exprime à travers les recensions de l'année 1912, la dissertation de 1913 (publiée en 1914) : *Die Lehre vom Urteil im Psychologismus. Ein kritisch-positiver Beitrag zur Logik*, mais aussi l'Habilitation de 1915 (publiée en 1916), *Die Kategorien-und Bedeutungslehre des Duns Scotus.*

*
* *

À l'occasion de la première réédition de ces textes dans le volume des *Frühe Schriften* en 1972, Heidegger écrira, dans l'horizon rétrospectif qui est si souvent et volontiers le sien :

> Ces premiers travaux annoncent déjà un *"Wegbeginn"*, le premier frayage d'un chemin encore obstrué,

avant d'ajouter :

> Ce qui s'annonçait, c'est sous la figure du problème des catégories la *Seins*frage, la question de la langue sous la forme d'une doctrine de la signification.

Pour le dernier Heidegger, dans les années 1970, la démarche suivie se laisse donc reconstruire assez facilement : Reprendre à nouveaux frais la question de l'ontologie, élaborer la question du sens de l'être, c'était tout naturellement examiner la problématique de la logique, au moins dans la tradition aristotélicienne qui est, je le souligne en passant, décidément la seule dans laquelle s'inscrive Heidegger. Remarquons sans pouvoir nous arrêter sur ce point, qu'il en irait sans doute tout autrement dans un horizon néoplatonicien – héno-*logique* – ou plus encore dans une perspective assez large pour intégrer la problématique stoïcienne de la logique. Mais c'est là une autre question que nous devons ici laisser entièrement de côté.

1. *Ga.* 1, 12 : «Was ist Logik ? Schon hier stehen wir vor einem Problem, dessen Lösung der Zukunft vorbehalten bleibt.»

Ce qui est remarquable en tout cas, c'est que la façon même qu'a Heidegger d'aborder la question de l'ontologie et de la métaphysique, est directement dépendante de son rapport à la logique – là encore la logique classiquement aristotélicienne, quoi qu'il en soit de ses références aux travaux des logiciens contemporaines dans son étude de 1912 *(Neuere Forschungen über Logik),* puisqu'aussi bien ceux-ci seront très tôt écartés comme relevant de la « logistique » (terme d'époque, qu'on trouve aussi sous la plume de Couturat ou de Poincaré [1]), c'est-à-dire cultivant une proximité dangereuse et en tout cas non féconde avec les mathématiques. J'ajoute, par parenthèses, que c'est peut-être par là aussi que Heidegger est resté, sans le savoir, au plus proche de son maître Husserl, lui qui en 1929 dans *Formale und Transcendentale Logik* se règle encore et toujours, pour sa « critique de la raison logique », sur l'apophantique aristotélicienne : la théorie prédicative et copulative de la proposition.

Mais cette coappartenance : *question de l'être, question de la logique, question du langage*, sur laquelle insiste Heidegger dans l'avant-propos de la première réédition de ses *Frühe Schriften*, avait d'ailleurs déjà été soulignée dans la rétrospective très stylisée que constitue le dialogue avec un Japonais dans *Unterwegs zur Sprache* :

> C'est parce que la méditation de la langue et de l'être oriente depuis le début mon chemin de pensée que l'examen de leur site *(Erörterung)* demeure autant à l'arrière plan ... C'est seulement vingt ans après l'écrit d'habilitation que je me suis risqué dans un cours à situer *(erörtern)* la question en quête de la parole *(die Frage nach der Sprache)* ... Durant le semestre d'été 1934, je fis un cours dont le titre était : "Logique". C'était en fait une méditation sur le λόγος, où je cherchais le déploiement même de la parole ... [2]

1. Sur l'expression « logistique », cf. Henri POINCARÉ, contre Couturat, in *Science et méthode* : À propos de la pasigraphie de Peano dont COUTURAT rendait compte dans son ouvrage *Les principes des mathématiques*, Poincaré note : « Cette invention de Peano s'est appelée d'abord la *pasigraphie*, c'est-à-dire l'art d'écrire un traité de mathématiques sans employer un seul mot de la langue usuelle. Ce nom en définissait très exactement la portée. Depuis, on l'a élevée à une dignité plus éminente en lui conférant le titre de *logistique*. Ce mot est, paraît-il, employé à l'École de Guerre, pour désigner l'art du maréchal des logis, l'art de faire marcher et cantonner les troupes ; mais ici aucune confusion n'est à craindre et on voit tout de suite que ce nom nouveau implique le dessein de révolutionner la logique. » – Cf. aussi l'ouvrage de W.V.O. QUINE, *A System of Logistic*, Cambridge (Mass.), 1934. – HEIDEGGER parle, dans ses "Neuere Forschungen ...", *Ga.* 1, 29 (avec référence à Meinong et plus loin à la « Characteristica universalis » de Leibniz), de « Symbolische Logik » ou de « Logistik ».

2. *Ga.* 12, pp. 88-89.

Pourtant une telle coappartenance mérite d'être considérée de plus près, en marquant plus nettement sans doute que ne le fait Heidegger lui-même les principales étapes de son émergence.

*
* *

Je voudrais à présent considérer rapidement trois moments principaux dans ce chemin qui conduit de la logique à la langue :

Premièrement, l'étape des travaux de jeunesse encore marqués par la problématique de la validité comme première élucidation de l'être dans le jugement.

J'envisagerai ensuite une seconde étape qui est celle de la *destruction* phénoménologique et qui consiste pour l'essentiel à revenir de l'interprétation « scolaire » ou « scolarisée » de la logique aristotélicienne à une problématique plus originelle du λόγος entendu comme un mode de dévoilement parmi d'autres. Cette étape correspond en gros à la période de Marbourg et à l'élaboration de *Sein und Zeit,* ouvrage qui renferme déjà en lui un premier renversement significatif concernant la question du « logique », de son essence ou de son statut.

La troisième étape enfin à laquelle je m'arrêterai principalement est encore une étape de destruction, mais non plus au sens de la destruction phénoménologique, qui signifie toujours retour aux sources donnantes à partir desquelles il s'agit de reconquérir le sens originel d'une signification ou d'une conceptualité sédimentées et recouvertes, après qu'elles se sont historiquement fixées en se vidant de leur première concrètude intuitive ; la troisième étape est de destruction au sens cette fois de l' « ébranlement » *(erschüttern),* du *démantèlement*, ou de la *désorientation,* selon l'image forte du geste qui consiste à faire sortir de ses gonds (image qu'on trouve notamment dans l'*Introduction à la métaphysique* en 1935).

1) On peut soutenir que déjà la définition traditionnelle et triviale de la logique dont part le jeune Heidegger – la logique entendue comme science normative de la pensée, comme discipline qui établit les règles que l'on doit suivre si l'on veut parvenir à la vérité – programme les questions qui demeureront directrices : *Qu'appelle-t-on penser ? Qu'est-ce que la vérité ?*

Et si l'on pose au contraire que la logique est, en termes plus généraux, la science ou l'étude des structures ou des formes de la signification ou du sens – étude destinée à en assurer la validité –, on voit également comment la question heideggérienne du sens, de la signification, de l'en tant que (l'en-tant-que apophantique, le *« als was »* déja clairement dégagé par Husserl dans les *Logische Unter-*

suchungen), trouve immédiatement un possible point d'ancrage dans cette seconde « définition ».

Le jeune Heidegger, ici encore disciple de Husserl, partira de cette détermination de la logique comme science nomologique : sciences des significations et des structures ou des formes valides de signification.

Rappelons la conclusion de la Dissertation de 1913 – dissertation qui se présente, c'est même son sous-titre, comme une « contribution de critique positive à la logique » –, conclusion singulièrement husserlienne :

> Le logicien doit chercher à dégager le *sens univoque* des propositions, à déterminer les formes du jugement d'après les divers sens objectifs, d'après leur structure simple ou complexe, et à les rassembler en un système. Le véritable travail préliminaire pour la logique et le seul qui puisse être fécond, ne saurait être accompli par des recherches psychologiques sur l'origine et la connexion des représentations, mais par les déterminations univoques et l'élucidation des "significations-de-mot" *(Wortbedeutungen)*. Et c'est seulement quand la logique pure est établie et complètement élaborée *(auf- und ausgebaut ist)* sur cette assise fondamentale que l'on pourra aborder avec une plus grande assurance les problèmes de la théorie de la connaissance et articuler dans ses différents modes d'effectivité le domaine total de l' "être", que l'on pourra précisément faire ressortir leur spécificité *(Eigenartigkeit)*, et déterminer le type de connaissance qui lui correspond et sa portée [1].

Heidegger reprend ici à son compte, en référence à Husserl et à Frege (*Ga*. I, 20), la critique du psychologisme : l'objet de la logique n'est pas le procès mental de la pensée, pas davantage bien sûr la réalité physique ou métaphysique, mais le domaine du sens : la signification de la proposition et le contenu idéal du jugement. Dans sa *Dissertation* notamment, (*Ga*. I, 165-166 sv.), Heidegger s'attachera encore à

1. « Der Logiker muß suchen, den eindeutigen Sinn der Sätze herauszustellen und nach den objektiven Sinnverschiedenheiten, nach ihrer einfachen oder zusammengesetzten Struktur die Urteilsformen zu bestimmen und in ein System zu bringen. Die wahre Vorarbeit für die Logik und die allein fruchtbringend verwendbare wird nicht von psychologischen Untersuchungen über Entstehung und Zusammensetzung der Vorstellungen geleistet, sondern durch eindeutige Bestimmungen und Klärungen der Wortbedeutungen. Und erst wenn auf solcher Grundlage die reine Logik auf- und ausgebaut ist, wird man mit größerer Sicherheit an die erkenntnistheoretischen Probleme herantreten können und den Gesamtbereich des "Seins" in seine verschiedenen Wirklichkeitsweisen gliedern, deren Eigenartigkeit scharf herausheben und die Art ihrer Erkenntnis und die Tragweite derselben bestimmen können. » (*Ga*. 1, 186).

mettre en lumière ce fait qu'il y a, à côté du psychique, « encore un autre domaine : celui du logique», *(noch ein Gebiet des Logischen).*

L'empirisme, dont le psychologisme est une variante, adopte comme principe fondamental, de n'accepter *(annehmen)* que ce qui peut être perçu. Le pur logicien peut à meilleur droit faire sien un principe du même genre, mais il en a une compréhension plus radicale :

> Le "pur logicien" s'impose fondamentalement la même exigence : ne pas déformer ni refuser, par quelque interprétation que ce soit, ce qui s'offre à l'évidence, mais le recevoir purement et simplement [1].

Et c'est en raison même de cette exigence qu'il se saurait donc être question de réduire ce qui s'offre au *sinnlich Wahrnehmbares* – à ce qui est susceptible d'être perçu sensiblement.

Être fidèle au principe de la logique « pure », cela implique aussi de mettre en évidence, à côté du processus psychique du jugement un domaine autonome, celui de l'objectité, *(ein selbstständiger Bereich von Gegenständlichem),* car c'est dans ce domaine que se rencontre l'objet propre de la logique : il se présente d'abord dans le jugement. L'étude du jugement, entendu comme « validité » *(Geltung),* s'attache à déterminer le « contenu » ou le « sens » de la proposition.

L'idée selon laquelle la *Geltung*, la validité, définit le mode d'être propre des propositions et des vérités, vient, comme on sait de la *Logique* de Lotze. Dans une note des *Neuere Forschungen über Logik,* Heidegger indiquait à propos de la *Logique* de Lotze, qui venait tout juste d'être rééditée : sa Logique doit toujours être considérée comme l'ouvrage fondamental de la logique moderne [2]. *Grundbuch der modernen Logik.*

Et Heidegger, qui jusqu'ici s'exprimait en disciple fidèle de Husserl, d'ajouter cette question, riche d'avenir pour sa propre pensée :

> Mais se pose aussitôt la question : qu'est-ce que c'est – sens ? [3]

Cette même question est reprise au début du § 2 du second chapitre de la dissertation, intitulé : *Ausblick auf eine rein logisch Lehre vom Urteil* :

1. «Der "reine Logiker" stellt im Grunde dieselbe Forderung: was sich evident darbietet,darf weder um- noch weggedeutet werden, sondern ist einfach hinzunehmen.»
2. *Ga.* 1, 23.
3. *Ibid.*, 170: «denn gleich folgt die Frage: was ist das, Sinn?»

> Quel est le sens, la signification du "sens" ? – *"Was ist der Sinn des Sinnes ?"*
> *Sens* (le terme *"Sinn"*) se tient en étroite connexion avec que que nous désignons de manière très générale par "penser" ; par là nous ne comprenons pas par "penser" le concept large de représentation, mais le penser qui peut être exact ou inexact, vrai ou faux. Chaque jugement est donc accompagné par un sens immanent. La forme d'effectivité du sens est la validité *(das Gelten)* ... Nous avons reçonnu la validité comme la forme d'effectivité du logique ; le sens est cela qui vaut *(der Sinn ist es, der gilt)*. C'est lui qui "incarne" le logique et en tant que ce qui est immanent au processus du jugement il peut être nommé le "contenu" *(Inhalt)*, la face ou le versant logique du juger. Le jugement de la logique est sens. Dès que le jugement est problématisé comme objet de la logique, il doit nécessairement être quelque chose qui vaut [1].

L'ensemble de ces *Recherches* est articulé, comme nous l'avons vu, autour de la question principielle : *Was ist das Logische ?*

Leur première tâche est la délimitation réciproque du « logique » et du « psychologique », du « logique » et du « métaphysique », de la logique et de la grammaire [2], de la logique et de la mathématique, ce qui fournit l'occasion de refuser toute identification de la Logique et des mathématiques, ou en d'autres termes de rejeter toute interprétation « logistique » de la logique :

> ... il importe surtout à mon avis d'indiquer que la logistique ne procède pas de la mathématique et qu'elle ne peut pénétrer jusqu'aux problèmes proprement logiques. J'en vois la limite dans l'application des symboles et des concepts mathématiques, et en particulier du concept de fonction par lequel les significations et les glissements de signification des jugements se trouvent masqués. Le sens plus profond des principes demeure dans l'obscurité, le calcul logique est par exemple un calcul *(Rechnen)* avec des jugements, mais la logistique ne connaît pas les problèmes de la

1. *Die Lehre vom Urteil im Psychologismus*, *Ga.* 1, p. 172 : « *Sinn* steht im engsten Zusammenhang mit dem, was wir ganz allgemein mit Denken bezeichnen, wobei wir unter Denken nicht den weiten Begriff Vorstellen verstehen, sondern Denken, das richtig oder unrichtig, wahr oder falsch sein kann. Jedem Urteilen ist also ein Sinn immanent mitgegeben. Die Wirklichkeitsform des Sinnes ist das Gelten ... Das Gelten erkannten wir als die Wirklichkeitsform des Logischen ; der Sinn ist es, der gilt. Also "verkörpert" er das Logische ; und als das dem Urteilsvorgang Immanente kann er, der Inhalt, die logische Seite des Urteilens genannt werden. *Das Urteil der Logik ist Sinn.* Sobald das Urteil als Gegenstand der Logik zum Problem gemacht wird, muß es etwas sein, das gilt. »

2. Cf. *op. cit.*, pp. 32 sv., en référence à Emil LASK.

théorie du jugement. La mathématique et le traitement mathématique des problèmes logiques parviennent à la limite où leurs concepts et leurs méthodes échouent là précisément où résident les conditions de leur possibilité [1].

Dans ces «Recherches», Heidegger assigne clairement, comme nous l'avons vu, à la logique le domaine du «sens» ou de la «validité» *(Geltung)*:

> Ce qui est fondamental pour reconnaître le caractère insensé et théoriquement non-fécond du psychologisme demeure la distinction de l'acte psychique et du contenu logique, du processus réel de penser qui se déroule dans le temps et du sens idéal, identique et extra-temporel, en un mot la différence entre ce qui "est" et ce qui "vaut". Ce sens pur, ayant en lui-même sa consistance est l'objet de la logique ... Le domaine de la validité doit à présent être dégagé de manière principielle et mis en évidence dans sa pure essentialité, selon toute son extension, tant par opposition à l'étant sensible qu'au supra-sensible métaphysique. C'est encore et toujours Platon qui fournit le type pour cette hypostase du logique en ontologique au sens métaphysique... [2]

La Logique est donc d'emblée appréhendée par le jeune Heidegger comme logique du sens. N'y a-t-il de logique que du sens ? Heidegger

1. «...ist meines Erachtens vor allem nachzuweisen, daß die Logistik überhaupt nicht aus der Mathematik herauskommt und zu den eigentlich logischen Problemen nicht vorzudringen vermag. Die Schranke sehe ich in der Anwendung der mathematischen Symbole und Begriffe (vor allem des Funktionsbegriffes), wodurch die Bedeutungen und Bedeutungsverschiebungen der Urteile verdeckt werden. Der tiefere Sinn der Prinzipien bleibt im Dunkel, das Urteilskalkül z.B. ist Rechnen mit Urteilen, die Probleme der Urteilstheorie kennt die Logistik nicht. Die Mathematik und die mathematische Behandlung logischer Probleme gelangen an Grenzen, wo ihre Begriffe und Methoden versagen, das ist genau dort, wo die Bedingungen ihrer Möglichkeit liegen.» (*Ga.* 1, 42-43)

2. *Loc. cit.*: «Grundlegend für die Erkenntnis der Widersinnigkeit und theoretisch Unfruchtbarkeit des Psychologismus bleibt die Unterscheidung von psychischem Akt und logischem Inhalt, von realem in der Zeit verlaufenden Denkgeschehen und dem idealen außerzeitlichen identischen Sinn, kurz die Unterscheidung dessen, was "ist", von dem, was "gilt". Dieser reine, in sich Bestand habende Sinn ist Gegenstand der Logik, und damit wir ihr von Anfang an der Charakter einer empirischen Disziplin genommen.» (22) «... Dieses Reich des Geltenden muß jetzt seinem ganzen Umfang nach prinzipiell gegenüber dem Sinnlich-Seienden ebenso wie gegenüber dem Übersinnlich-Metaphysischen in seiner reinen eigenen Wesenhaftigkeit herausgehoben werden ... Typisch für die "Hypostasierung" des Logischen zum metaphysisch Seienden wird immer Plato bleiben...»

aura-t-il jamais détruit, déconstruit la logique du sens ? Autant de questions qu'on me permettra ici, aussitôt soulevées, de laisser de côté.

Dans son cours de 1925-1926 (*Logik, die Frage nach der Wahrheit, Ga.* 21, pp. 62 sv.), Heidegger reviendra sur Lotze et sur le concept de validité, dans une perspective plus critique cette fois, au moins pour ce qui concerne la terminologie.

> Husserl ... a reçu une orientation décisive de Lotze, de sa doctrine du monde des idées (monde intelligible) et de son interprétation de la doctrine platonicienne des idées, au livre III de sa "Logique". C'est du même contexte que provient l'expression de *"Geltung"* comme interprétation de l'être idéal. L'expression de *"Geltung"* ainsi que ce qui était visé par là dominent aujourd'hui à travers la logique de Lotze. Mais c'est seulement grâce à la critique husserlienne du psychologisme et et à l'élaboration du mode d'être de l'idéalité que le concept de validité a acquis une clarté suffisante ..., de telle sorte que la logique actuelle peut être caractérisée en générale comme *"Geltungslogik"* [1].

Mais Heidegger s'interroge à présent, de manière critique, sur les présupposés de cette identification : *Wahrheit = wahrer Satz = Geltung.* « Vérité – proposition vraie – validité. »

> Lotze qui a introduit le concept de *"Geltung"* en logique, emploie l'expression "être" dans cette signification étroite d'après laquelle être veut dire autant qu'effectivité des choses, être = "réalité" *(Vorhandenheit)* ... Lotze n'a pas véritablement réussi à surmonter le naturalisme, dans la mesure où il a restreint la signification du terme vénérable "être" à l'être réel, à la réalité ... Dans notre terminologie, nous utilisons à l'inverse [ce terme] être au sens large, en nous rattachant à l'authentique tradition de la philosophie grecque, de telle sorte que être désigne aussi bien la réalité que l'idéalité ou d'autres manières possibles d'être [2].

1. « Aus diesem Zusammenhang aber stammt zugleich der Ausdruck und die Art der Interpretation des idealen Seins als Geltung. Der Ausdruck Geltung und auch das damit Gemeinte ist durch die Lotzesche Logik für die Gegenwart zur Herrschaft gelangt. Allerdings hat erst nach Husserls Kritik des Psychologismus und Herausarbeitung des idealen Seins der Geltungsbegriff an Klarheit gewonnen und wurde auch in die Windelband-Rickertschen Werttheorie aufgenommen, so daß man die heutige Logik überhaupt als sogen. Geltungslogik bezeichnen kann. »

2. *Ga.* 21, pp. 62-63 : « Lotze, der den Geltungsbegriff in die Logik eingeführt hat, gebraucht den Ausdruck Sein in dieser verengten Bedeutung, wonach Sein besagt soviel wie Wirklichkeit der Dinge, Sein gleich "Realität" (Vorhandenheit) ... [Lotze n'a pas véritablement réussi à surmonter le naturalisme], sofern er die Bedeutung des ehrwürdigen Terminus Sein in dieser Einschränkung, gleich reales

2) Avec cette dernière citation, nous sommes déjà parvenus à la seconde étape que j'indiquais tout à l'heure, celle de la « destruction » phénoménologique de la logique ou mieux de sa tradition scolaire.

Pourquoi et comment une première enquête portant sur l'essence du logique devient-elle, selon la formulation du cours de 1925-26, « destruction critique historique » de la logique ?

Ce qui est principalement visé par cette destruction, c'est d'abord ce que l'on peut nommer la « scolarisation » de la logique ; c'est ensuite, de manière plus précise, la thèse traditionnelle, déjà examinée dans la *Dissertation* de 1913, qui détermine le jugement comme le lieu de la vérité. C'est enfin, en un autre sens du mot « destruction », tout à la fois les présupposés et les conséquences de la détermination platonicienne (dans le *Sophiste* notamment) du « λόγος » comme λόγος τινος περί τινος, et de la détermination aristotélicienne de l' ἀπόφανσις.

a) La scolarisation de la logique :

De manière générale, la répétition de la question de l'être implique la « destruction » de ce qui est d'abord conçu, assez péjorativement, par Heidegger comme une « discipline » d'École, selon la tripartition scolaire qui marque le déclin de la grande pensée grecque (Platon – Aristote), à savoir la tripartion Logique, Éthique, Physique : λόγος, ἦθος, φύσις.

Avec cette division scolaire, le λόγος se trouve situé, localisé dans des mots, des « propositions », des « énoncés » *(ausgesprochene Sätze),* il est désormais séparé, régional, et il partage avec l'ensemble de ce qui est le mode d'être de la *Vorhandenheit* ou du *Vorhandensein.*

Dans la mesure où cette « logique scolaire » occulte une problématique originaire, encore vivante chez Platon et Aristote, le premier propos du cours *Logik* est donc d'abord de revenir aux sources vives, aux origines de ce qui est devenu *Schullogik*, pour lui restituer sa physionomie véritable et sa dignité, à la mesure d'une *destruction positive de l'histoire de la logique.*

Ce projet de « destruction positive » vise en effet à découvrir ou à dégager ce qui a été caché, occulté. La logique scolaire provient de l' ἐπιστήμη λογική, de la science du λόγος, entendu non pas au sens de la raison, de la pensée, ou du calcul, mais de la parole ou du discours *(« die Rede »).*

Sein, Realität gebraucht ... In unserer Terminologie ... gebrauchen wir gerade umgekehrt Sein in Anschluß an die echte Tradition der Philosophie der Griechen in dem weiten Sinne, so daß Sein besagt sowohl Realität wie Idealität oder mögliche andere Weisen des Seins ... »

Comme l'indique Heidegger, pris en ce sens, le champ le plus vaste de la « logique » est *das Reden, die Sprache* [1].

> Si nous voulons conquérir un concept plus vivant de la "logique", cela veut dire qu'il nous faut interroger de manière plus pénétrante ce dont elle est la science – science du discourir, de la parole.

Et Heidegger de préciser encore dans ce même cours :

> Le thème de la logique est la parole, dans l'optique de son sens fonamental : faire/laisser voir le monde, l'être-là humain, l'étant en général ... [2]

Le premier résultat de la scolarisation et de l'instrumentalisation de la logique aura donc été de réduire cette acception large du « λόγος » au sens de l'énoncé propositionnel, en prétendant s'appuyer sur l'institution aristotélicienne du λόγος ἀποφαντικός au début du traité *Péri Herméneias,* ce qui aboutit en réalité à faire de la logique, entendue en un sens restreint, le domaine qui donne la mesure et devient le foyer originel de toutes les déterminations ontologiques.

D'emblée, la tradition métaphysique issue de Platon et d'Aristote marque une restriction du λόγος lui-même appréhendé dans sa positivité, comme une réalité disponible parmi d'autres ; la restriction apparaît clairement, si l'on confronte cette interprétation « logique » du λόγος, comme apophantique, à l'acception plus large et fondamentale dont le premier témoin demeure Héraclite. La positivité qui affecte ainsi le logique est liée de son côté à la considération théorétique qui impose le primat exclusif de la *Vorhandenheit.*

La démarche de Heidegger va donc consister d'abord à critiquer les interprétations traditionnelles (représentées ici par Rickert et H. Maier), qui voient dans le jugement, dans l'énoncé propositionnel, le lieu originaire de la vérité, en revenant à la doctrine aristotélicienne elle-même, dont prétend pourtant se réclamer la « logique scolaire », avant d'accomplir un second pas, qui consiste, après ce retour à Aristote, à dégager la restriction temporelle et le privilège accordé au présent qui sous-tendent l'analyse aristotélicienne de l' ἀπόφανσις.

b) C'est d'abord contre Rickert notamment qui, dans son ouvrage de 1892 *(Der Gegenstand der Erkenntnis),* réduisait la connaissance au jugement [3], que Heidegger fait valoir le caractère intentionnel du

1. *Ga.* 21, pp. 1 et 5.

2. *Ibid.*, p. 6. « Für die Logik ist die Rede Thema im Hinblick auf deren Grundsinn : Welt und menschliches Dasein, überhaupt Seiendes sehen zu lassen. »

3. « Jede Erkenntnis beginnt mit Urteilen, schreitet im Urteilen fort und kann nur im Urteilen bestehen. », cité par Heidegger, *Ga.* 21, p. 84.

connaître, ordonnée à l'intuition. Envisagé comme *phänomenologisches Verhalten*, le connaître est intentionnel, et à ce titre la question qui doit d'abord s'imposer est celle qui porte sur son «objet» précisément, ou mieux son *Worauf*, ce vers quoi, ce sur quoi, ou comme l'écrit, de manière inimitable Heidegger, sa *Woraufheit*[1], avant de déterminer finalement le «Worauf» comme : *Das Seiende selbst* – l'étant même.

Connaître, c'est appréhender, saisir, avoir *(das erfassende Haben)* l'étant même en chair et en os *(in seiner Leibhaftigkeit)*, de sorte qu'il est légitime de dire, suivant Husserl, que c'est l'intuition qui donne la chose même[2].

Or c'est précisément cette connexion entre la vérité de la proposition ou du jugement et la vérité de l'intuition qui impose la «nécessité d'un retour à Aristote». Heidegger le souligne expressément:

> Nous pouvons établir – au fil conducteur de ce retour à Aristote – que la vérité n'est pas déterminée prioritairement en référence à la proposition, mais en référence au connaître comme intuition[3].

La vérité n'est pas d'abord «correspondance» ou «adéquation», mais identité *(Selbigkeit)* du visé et de l'intuitionné[4]. Cette position critique à l'égard de la tradition ici représentée par Rickert, position critique qui se réclame aussi bien de Husserl que de la noétique aristotélicienne permet permet de poser à nouveaux frais la question du «lieu de la vérité»[5], en faisant ressortir l'impossibilité de fixer unilatéralement la proposition comme lieu de la vérité.

Certes, l'interprétation traditionnelle prétend elle aussi se réclamer d'Aristote, comme on le voit encore par exemple dans l'ouvrage classique d'Heinrich Maier *Die Syllogistik des Aristoteles* I (1896), que cite et discute Heidegger.

> Le concept de "vérité" – écrivait H. Maier, pp. 13 sv. – a son domaine de souveraineté propre dans le jugement qui est "la vérité originelle". Avec la vérité de la perception et la vérité de la

1. *Ga.* 21, p. 100.

2. *Ibid.*, 105: «Die Sache selbst gibt die Anschauung.»

3. *Ibid.*, 109: «Notwendigkeit eines Rückganges zu Aristoteles ... Wir halten fest, daß jetzt die Wahrheit bestimmt ist nicht primär in Bezug auf den Satz, sondern in Bezug auf das Erkennen als Anschauung.»

4. *Ibid.*, «Wahrheit ist Selbigkeit (Identität) des Gemeinten und Angeschauten – ... Wahrheit wird hier im Hinblick auf Identität interpretiert, und zwar Identität des Gemeinten und Angeschauten.»

5. *Ga.* 21, § 11.

représentation, on a affaire au concept "modifiée" et "transposée" de vérité.

À titre de représentant de l'interprétation traditionnelle, Heidegger aurait pu aussi bien citer le Franz Brentano de la Dissertation (*Von den mannigfaltigen Bedeutungen des Seienden bei Aristoteles* ..., pp. 31-32) s'efforçant en ces termes de concilier les exposés aristotéliciens, apparemment contradictoires, de *Métaphysique* E 4 et Θ 10 :

> Nous avons un concept pluriel du vrai et du faux – écrit Brentano, en suivant Aristote – 1) vérité et erreur au sens premier et véritable. Elles ne se trouvent que dans le jugement. C'est d'après ce concept tout d'abord que vaut l'affirmation selon laquelle il est impossible que quelque chose soit en même temps vrai et faux. – 2) le vrai et le faux qui sont ceux de la simple perception de l'entendement, des définitions et des sens ... – 3) la vérité et la fausseté dans les choses ... Or si le vrai et le faux se trouvent d'abord dans le jugement de l'esprit, comment une chose pourra-t-elle être appelée vraie ou fausse ? Manifestement, seulement pour autant qu'elle constitue l'objet d'un jugement vrai ou faux. C'est donc eu égard à notre jugement que les choses sont appelées vraies ou fausses ...

C'est d'abord à l'encontre d'interprétations traditionnelles de ce genre que s'exerce la « destruction » : le retour à Aristote et à ce qui pour Aristote constituait l'expérience originelle ou l'ouverture première à l'étant donné, permet de montrer que, bien loin de déterminer jamais la vérité comme telle *durch Rückgang auf den Satz,* par référence à la proposition, c'est la proposition elle-même comme discours *(Rede)* susceptible d'être vrai ou faux, qui renvoie à ces « déterminations » qui excèdent la sphère proprement judicative, que sont le vrai et le faux.

Citant le passage célèbre du *De interpretatione* 4, 17 a 1-3 : ἔστι δὲ λόγος ἅπας μὲν σημαντικός ... ἀποφαντικὸς δὲ οὐ πᾶς, ἀλλ'ἐν ᾧ τὸ ἀληθεύειν ἢ ψεύδεσθαι ὑπάρχει, Heidegger le commente ainsi :

> C'est la proposition qui est définie eu égard à la vérité, et non pas à l'inverse la vérité qui procède de la proposition [1].

La destruction phénoménologique aboutit ici à faire ressortir les deux traits fondamentaux qui caractérisent le λόγος comme apophantique : l'*Entdecken* et le *Verdecken* – le découvrir vs. masquer ou occulter.

1. « Der Satz ist definiert mit Rücksich auf Wahrheit und nicht etwas umgekehrt, Wahrheit kommt von Satz her. »

L'interprétation traditionnelle repose donc non seulement sur un concept trop étroit de la vérité, mais encore et surtout sur une analyse insuffisante de la proposition et de son sens, qui méconnaît sa dimension foncièrement phénoménologique :

> L'essence de la proposition est l' ἀποφαίνεσθαι – laisser voir un étant à partir de lui-même. – *Das Wesen des Satzes ist das ἀποφαίνεσθαι – sehenlassen ein Seiendes, ἀπό, von ihm selbst her.*

D'où cette première conclusion :

> La proposition n'est pas ce en quoi la vérité est d'abord possible, mais à l'inverse, la proposition n'est elle-même possible que dans la vérité, dès lors que l'on a aperçu le phénomène que visaient les Grecs avec la vérité, ce phénomène qu'Aristote a pour la première fois saisi conceptuellement avec précision. La proposition n'est pas le lieu de la vérité, mais la vérité est le lieu de la proposition [1].

c) Mais une telle conclusion n'est encore que provisoire, car hommage ayant été ainsi rendu à Aristote, un second renversement s'opère ici par lequel la destruction historico-critique de la tradition devient proprement destruction phénoménologique. La première démarche de Heidegger était en effet, contre toutes les interprétations restrictives qui identifiaient la logique à l'étude du jugement comme premier support de la vérité, de mettre en lumière le sens authentique de l'apophantique aristotélicienne et la fonction proprement phénoméno-logique du λόγος : faire apparaître, manifester *(Offenbarmachen)* :

> On a vu, en étudiant le discours *(Rede)* que son opération fondamentale résidait en ceci : rendre visible, rendre manifeste ce dont il est parlé en lui [2].

Mais cela signifie également que le λόγος est ainsi d'emblée compris comme *Bereden von etwas*, et comme *reden über etwas* : parler de quelque chose, sur quelque chose. Nous avons vu que le cours de 1925-1926 commençait par une relecture du *De Interpretatione*, relecture destinée à reconduire la logique à sa matrice aristotélicienne – exempte de tout formalisme, riche en revanche de portée ontologique

1. *Op. cit.*, p. 135 : «Der Satz ist nicht das, darin Wahrheit erst möglich wird, sondern umgekehrt, der Satz ist erst in der Wahrheit möglich, sofern man das Phänomen gesehen hat, das die Griechen mit Wahrheit meinten und das Aristoteles zum ersten Mal begrifflich scharf gefaßt hat. Satz ist nicht der Ort der Wahrheit, sondern Wahrheit der Ort des Satzes.»

2. *Ga.* 21, p. 6.

en vertu de la fonction de dévoilement du λόγος ἀποφαντικός. Ainsi le λόγος, loin d'être instrumentalisé, s'est trouvé instituer l'ontologie ou l'enquête ontologique. Telle est la situation platonico-aristotélicienne. Or c'est elle ultimement qu'il importe maintenant de « dépasser », de renverser conformément au projet de l' « ontologie fondamentale ».

L'entreprise phénoménologique de *Sein und Zeit* (cf. notamment le § 7) implique le travail d'interprétation du *Peri Herméneias* mené dans le cours de 1925-26, mais elle opère cependant un renversement décisif au § 33 :

> Nous devons souligner, en montrant la secondarité de l'énoncé par rapport à l'*Auslegung* (explicitation) et au comprendre, que la "logique" du λόγος est enracinée dans l'analytique existentiale de l'existence *(Dasein)*. Reconnaître l'insuffisance ontologique de l'interprétation traditionnelle du λόγος contribue en même temps à faire mieux apercevoir le caractère non-originaire de la base méthodologique sur laquelle l'ontologie antique s'est édifiée [1].

De la même façon le cours sur le *Sophiste* en 1924 avait déjà souligné la secondarité du λόγος entendu comme énoncé propositionnel pour toute question de la vérité déployée à la mesure de son sens originellement grec (*Ga.* 19, 182) :

> La parole discursive n'est pas le support premier et unique de l'alèthès ; elle est une instance en laquelle le vrai (alèthés) peut, mais ne doit pas nécessairement survenir. Le "logos" n'est pas le lieu en lequel l'alètheuein est chez lui, sur un sol ferme [2].

Depuis Platon et Aristote, le λόγος a été pris comme fil conducteur de la *Seinsforschung*. C'est pourquoi l'ontologie est toujours onto-logique, et que toute répétition de la question de l'être doit commencer par une destruction de la logique. Dire que le λόγος est le fil conducteur de la *Seinsforschung*, c'est souligner aussi que l' οὐσία, l' ὑποκειμένον *(= das, worüber gesprochen ist)* sont, dès le départ, les

1. *SuZ*, p. 160 : « Vorläufig galt es nur, mit dem Nachweis der Abkünftigkeit der Aussage von Auslegung und Verstehen deutlich zu machen, daß die Logik des Logos in der existenzialen Analytik des Daseins verwurzelt ist. Die Erkenntnis der ontologisch unzureichenden Interpretation des Logos verschärft zugleich die Einsicht in die Nichtursprünglichkeit der methodischen Basis, auf der die antike Ontologie erwachsen ist. »

2. *Ga.* 19, p. 182 : « Die Rede ist nicht der primäre und einzige Träger der alèthés ; sie ist so etwas, in dem das alèthés vorkommen kann, aber nicht vorkommen muß. Der "logos" ist nicht die Stätte, in der das alètheuein zu Hause, bodenständig ist. »

concepts fondamentaux pour toute ontologie. Faire ressortir le fil conducteur du λόγος, c'est encore pour Heidegger de manière décisive, à partir de 1923, dégager la structure *temporelle* d'une interprétation logico-ontologique centrée sur le présent :

> Cette irruption du λόγος, du logique, en ce sens strictement grec, dans la problématique de l' *ὄν* trouve sa motivation dans le fait que l' ὄν, l'être de l'étant lui-même est primordialement interprété comme *Anwesenheit – présence ou présenteté*, et que le λόγος est la manière selon laquelle je me rends primordialment présent ce sur quoi je parle [1].

Après avoir rétabli dans son droit entier la détermination aristotélicienne du λόγος comme ἀπόφανσις, Heidegger s'interroge sur sa structure fondamentale et sur le phénomène de la signification qu'elle présuppose. La question est ici celle de la possibilité du λόγος ἀποφαντικός.

Au retour à Aristote contre les interprétations scolaires, fait donc suite à présent une enquête qui porte sur la condition de possibilité du λόγος ἀποφαντικός lui-même et sur sa signification : le λόγος n'est pas reconduit à la *Lebenswelt* ou à l'expérience antéprédicative, comme chez Husserl, mais au *Besorgen*, selon une démarche, bien connue, qui met en lumière tout ce qui, dans le rapport à l'étant, ne relève pas de l'attitude théorétique, cognitive, mais bien plûtot d'un commerce quotidien avec les choses d'usage, les πράγματα.

Inutile ici de rappeler les analyses heideggériennes, déjà déployées dans le cours *Logik*, qui font ressortir derrière la structure de l'en-tant-que apophantique, telle qu'elle appartient au jugement, une structure anté-prédicative plus fondamentale [2]. La structure de l'en-tant-que renvoie à un socle signifiant (celui du *Bedeuten* précisément ou de la *Bedeutsamkeit*, comme le dira *Sein und Zeit*), antérieur à la discursivité langagière. La structure de l'en-tant-que appartient à la sphère fondamentale, en deçà de la logique, du *Verhalten* – « comportement », qui est toujours *als-haftes Verhalten*, un comportement qui abrite en lui l'articulation de l'en-tant-que :

> Ce “comme-quoi” [en-tant-que quoi] *(als-was)* est d'emblée compris, c'est à partir de lui que ce qui vient à l'encontre, ce à quoi

1. *Ibid.*, p. 22 : «Dieser Einbruch des λόγος, des Logischen in diesem streng griechischen Sinn, in diese Fragestellung nach dem ὄν ist dadurch motiviert, daß das ὄν, das Sein dieses Seienden selbst primär als Anwesenheit interpretiert ist, und der λόγος die Art ist, in der ich mir etwas, nämlich das, worüber ich spreche, primär vergegenwärtige.»

2. Cf. *op. cit.*, p. 144.

j'ai affaire, est d'abord compréhensible comme tel ... Mon être au monde n'*est* rien d'autre qu'un tel se-mouvoir toujours déjà compréhensif ... Déjà se révèle ici une structure immanente à la saisie simple, structure du comportement à la mesure de l'en-tant-que *(als-mäßiges Verhalten),* cette structure qu'une analyse plus fouillée fait apparaître comme le *temps* [1].

La destruction phénoménologique, ou fondamental-ontologique, de la logique doit aller jusque là : jusqu'à mettre en évidence la temporalité originelle du « se mouvoir compréhensif », ou la temporalité comme la structure la profonde de cette articulation de l'en-tant-que que la détermination « logique » de l'ἀπόφανσις ou de la proposition comme « λέγειν τι κατά τινος » ne laisse émerger que sous une figure réduite ou nivelée. C'est, en dernière analyse, le concept traditionnel de la vérité propositionnelle qui présuppose un temps « nivelé » : ce « nivellement de la compréhension primordiale » qui occulte l'entente primaire de la *Bedeutsamkeit* ou du *Zu-tun haben mit.*

Ce qui caractérise alors l'énoncé propositionnel, c'est la « détermination », le *Bestimmen* en vertu duquel les choses usuelles, d'usages, les choses du monde ambiant *(Umweltdinge – Gebrauchsdinge)* sont nivelées et réduites à n'être plus que de *bloß vorhandene Dinge* :

> C'est pourquoi, peut conclure Heidegger, la détermination énonciative n'est jamais un découvrir primaire ou primordial, la détermination énonciative ne définit jamais un rapport primordial et originaire à l'étant, et c'est aussi pour cette raison que *ce logos ne peut jamais être pris pour fil conducteur de la question de savoir ce qu'est l'étant.* Mais dans la logique et l'ontologie grecques tout comme dans celles qui sont traditionnelles jusqu'à Husserl, c'est précisément le *logos* au sens du déterminer qui fournit le fil conducteur selon lequelle l'être est interrogé ... [2]

1. *Op. cit.*, pp. 146-147 : « Dieses Als-was ist im vorhinein verstanden, aus ihm her wird das Begegnende, mit dem ich zu tun habe, als solches erst verständlich ... Mein Sein in der Welt *ist* nichts anderes als dieses schon verstehende Sichbewegen in diesen Weisen des Seins ... Es zeigt sich hier schon eine immanente Struktur des schlichten Erfassens, des als-mäßigen Verhaltens, die nun bei genauerer Analyse sich herausstellt als die *Zeit.* »

2. *Op. cit.*, p. 159 : « Daher ist das aussagende Bestimmen nie ein primäres Entdecken, das aussagende Bestimmen bestimmt nie ein primäres und ursprüngliches Verhältnis zum Seienden, und deshalb kann es, dieser Logos, nie zum Leitfaden gemacht werden für die Frage, was das Seiende sei. In den griechischen Logik und Lehre vom Sein sowohl wie in der traditionellen bis zu Husserl, ist aber gerade der Logos im Sinne des Bestimmens der Leitfaden, an dem nach dem Sein gefragt wird ... »

Par là l'étant est ainsi d'emblée appréhendé comme « l'objet d'une possible détermination »[1]. Or, nous l'avons vu, la structure du *Bestimmen* est elle-même seconde, dérivée, et elle ne saurait en aucune façon fournir un véritable point de départ si l'on veut poser la question de l'être, si l'on veut appréhender radicalement « le phénomène être » *(das Phänomen Sein)*. Voilà déjà un des enjeux majeurs de la destruction phénoménologique de la logique : rendre à nouveau possible une interrogation radicale prenant en vue le « phénomène être ».

3) Il faut sans doute évoquer rapidemment pour finir une troisième étape qui nous entraîne au delà de la période à laquelle j'ai voulu m'en tenir d'abord (1919-1929), puisque cette nouvelle étape s'ouvre, me semble-t-il, en 1929 : Je veux parler de cette forme nouvelle de « destruction » de la logique qui est à l'œuvre dans la Leçon inaugurale de Fribourg en 1929 *Was ist Metaphysik ?*

Je rappelle très rapidement le mouvement de la Conférence : le néant *(das Nichts)* est ce qui vient à l'encontre dans l'expérience fondamentale de l'angoisse, mais il ne se laisse pas dire sans violer les règles élémentaires de la logique. Pourquoi cette impossibilité logique de dire ? Parce que le «néant» n'est ni un objet *(Gegenstand),* ni un « étant » *(Seiendes),* et pas non plus, comme l'expérience de la *Grundstimmung* suffit à l'attester, rien de rien ; il ne s'agit pas davantage de quelque chose de déductible à partir d'autre chose, par exemple de la langue, de la proposition, de la négation, du jugement négatif : « ceci n'est pas cela ... ». La *Verneinung*, la négation est considérée ici comme ce qui témoigne de la l'apérité continue et diffuse, encore que dissimulée, du Néant dans notre existence[2]. Le « ne pas », ce n'est pas la négation *(die Verneinung)* qui l'engendre, mais la négation est « fondée » sur le « ne pas » (le *Nicht*), lequel à son tour trouve son origine dans le néantir du néant *(das Nichten des Nichts)*[3].

On retrouve ici un geste classiquement heideggérien : reconduire au *Verhalten* et à ses guises multiples, au delà de l'énoncé et de toute attitude théorique. Telle est la thèse centrale de la Conférence, contre laquelle réagira Carnap notamment :

> Le néant est l'origine de la négation et non pas l'inverse.
> *Das Nichts ist der Ursprung der Verneinung, nicht umgekehrt.*

1. «Gegenstand möglicher Bestimmung, möglicher Bestimmbarkeit.»

2. Cf. *Ga.* 9, p. 166 : «... ständige und ausgebreitete, obzwar verstellte Offenbarkeit des Nichts in unserem Dasein».

3. *Ibid.* : «Die Verneinung ist aber auch nur eine Weise des nichtenden, d. h. auf das Nichten des Nichts vorgängig gegründeten Verhalten.»

Et le corrolaire qui ici nous intéresse au premier chef :

> Lorsque la puissance de l'entendement se trouve ainsi brisée dans le champ de la question du néant et de l'être, alors se décide également par là le destin de l'empire de la "logique" à l'intérieur de la philosophie. *L'idée de "logique" elle-même se dissout dans le tourbillon d'une interrogation plus originelle.*

Heidegger ajoutera en note marginale sur son exemplaire : *Logik, d. h. die* überlieferte *Auslegung des Denkens* – « logique, c'est-à-dire l'interprétation traditionnelle, reçue de la pensée »[1]. On comprend alors que la question qui s'impose dès lors puisse s'énoncer : *Was heißt Denken ?* et que cette question cherche à se formuler à la mesure de son enjeu proprement révolutionnaire.

Je rappelle encore cette autre formulation de la thèse fondamentale de la Conférence, qui intéresse ici notre propos :

> La question portant sur le rien traverse en même temps l'ensemble de la métaphysique, dans la mesure où elle nous oblige à nous placer devant le problème de l'origine de la négation, c'est-à-dire au fond devant la décision touchant la *souveraineté légitime* de la "logique" dans la métaphysique. [Note marginale : *d. h. immer der überlieferten Logik und ihr λόγος als Ursprung der Kategorien.*] [2]

Et c'est encore cette question de la souveraineté ou de la domination *(Herrschaft)* de la logique qui sera examinée dans l'*Einführung in die Metaphysik*, selon une acception toujours plus résolument polémique de la destruction : il s'agit désormais de contrecarrer une domination, de renverser une « souveraineté » dont l'empire est tel qu'il est permis de négliger toutes les différences secondaires, et en particulier celles qui marqueraient quelque chose comme un progrès de la logique. La « logique » est achevée, close dans ses traits fondamentaux, souligne Heidegger, en renvoyant au célèbre verdict de Kant : « La logique n'a pas fait, semble-t-il, un pas en avant depuis Aristote ».

Et Heidegger (non plus en 1787, mais en 1935) de confirmer :

> Ce n'est pas là une simple apparence. Il en est bien ainsi ... Car la logique, en dépit de Kant et de Hegel n'a pas fait, pour ce qui regarde l'essentiel et l'inaugural, un seul pas en avant. L'unique progrès possible est celui qui consiste à la faire fondamentalement

1. *Ga.* 9, p. 117.
2. *Ibid.*, p. 120 et note a.

sortir de ses gonds pour autant qu'elle demeure l'orientation dominante dans l'interprétation de l'être [1].

Formule qui fait écho à celle de l'année précédente, quand Heidegger évoquait la nécessité d'ébranler *(erschüttern)* la logique.

Dans l'*Introduction à la Métaphysique,* Heidegger évoquera encore une fois « la puissance qui s'accroît constamment de la logique » [2], cette « puissance » dont il trouve la formulation la plus tranchée dans *l'Encyclopédie* de Hegel (§ 19) :

> La logique est la forme absolue de la vérité, et plus encore, la pure vérité elle-même. – *Das Logische ist die absolute Form der Wahrheit und, noch mehr als dies, die reine Wahrheit selbst.*

Et dans ce cours Heidegger formule à nouveau l'ensemble des questions directrices [3] :

> Wie geschieht das ursprüngliche Auseinandertreten von λόγος und φύσις ?
> Wie kommt es zum Heraustreten und Auftreten des λόγος ?
> Wie wird der λόγος (das "Logische") zum Wesen des Denkens ?
> Wie kommt dieses λόγος als Vernunft und Verstand zur Herrschaft über das Sein im Anfang der griechischen Philosophie ?

À cette thèse logico-spéculative, la Postface à la conférence *Was ist Metaphysik* ? avait déjà répondu en 1943, en marquant que « la logique » (le terme est désormais utilisé entre guillemets) est seulement *une* interprétation de l'essence de la vérité :

> ... la question à peine formulée se fait à présent nécessaire, de savoir si cette pensée se tient bien dans la loi de sa vérité, quand elle suit uniquement la pensée que la "logique" contient dans ses formes et règles. Pourquoi la conférence met-elle ce terme entre guillemets ? Pour indiquer que la "logique" n'est qu'*une* interprétation de l'essence de la pensée, celle précisément qui repose, comme le mot l'indique, sur l'épreuve de l'être atteinte dans la pensée grecque. La défiance envers la "logique" dont la logistique peut être considérée comme la naturelle dégénérescence, surgit du savoir de cette pensée qui trouve sa source dans l'épreuve

1. *Einführung in die Metaphysik, Ga.* 40, p. 197 : «Es scheint nicht nur so. Es ist so. ... Denn die Logik hat trotz Kant und Hegel im Wesentlichen und Anfänglichen keinen Schritt mehr getan. Der einzig mögliche Schritt ist nur noch der, sie (nämlich als die maßgebende Blickbahn der Auslegung des Seins) von ihrem Grund her aus der Angeln zu heben.» – Cf. aussi *ibid.*, pp. 128 sv.

2. *Ga.* 40, p. 130 : «... die sich ständig steigernde Machtstellung des Logischen.»

3. *Ibid.*, 40, p. 131.

> de la vérité de l'être, et non dans la considération de l'objectivité de l'étant ... La pensée originelle est l'écho de la faveur de l'être, dans laquelle s'éclaircit et se laisse advenir l'unique réalité : que l'étant est. Cet écho est la réponse humaine à la parole de la voix silencieuse de l'être. La réponse de la pensée est l'origine de la parole humaine, parole qui seule donne naissance au langage comme divulgation de la parole dans les mots ...[1]

Cette dernière acception de la destruction : faire sortir de ses gonds ou peut-être déboussoler la logique, en vue d'une méditation de la parole comme réponse à la voix de l'être, s'annoncait pour la première fois dans le cours du Semestre d'été 1934 : *Logique – Langage. Über Logik als Frage nach der Sprache*[2], à travers la déclaration programmatique :

> Wir wollen die Logik *erschüttern.*

Nous voulons ébranler la logique, l'ébranler jusqu'à son effondrement, la démanteler. La métaphore est bien ici celle de la « démolition ». Dans le sombre contexte d'époque Heidegger commence par évoquer la critique commune de l'intellectualisme, mais c'est pour accomplir aussitôt, selon un geste qui lui est familier, un pas en arrière significatif : Cela ne sert à rien, remarque-t-il, de manier comme une injure le terme « intellectualisme », ce qu'il faut, c'est d'abord prendre la mesure de la *« Macht der überlieferten Logik »,* si du moins l'on veut vraiment la briser. Ce qui implique d'abord de prendre au sérieux la logique !

> Nous renonçons à la présomption à bon marché qui ne voit dans la logique que des "chinoiseries" *(Formelkram)* – des formules creuses ... La logique est pour nous [...] le lieu où l'homme vient en question *(die Stätte der Fragwürdikgeit des Menschen).*

Ce qui avec la logique se trouve ultimement remis en question, c'est en effet la détermination de l'essence de l'homme, par exemple (!) comme ζῷον λόγον ἔχον, s'il est vrai, comme le souligne ici encore Heidegger, que la question de « l'essence de la langue *(Sprache)* est la question directrice fondamentale de la logique. » Nous demandons alors, poursuit Heidegger :

> La langue constitue-t-elle un secteur particulier ? Question préalable : Quel est le mode d'être de la langue ?

1. *Was ist Metaphysik ?*, *Nachwort*, *Ga.* 9, p. 308.
2. Nachschrift H. Weiß, publiée par Victor Farias, Madrid, 1991.

La question du « mode d'être de la langue» renvoie au *Sprechen*, au « parler», et par là au mode d'être de l'homme. Ainsi la question préalable se transforme en question de l'essence de l'homme, en question « qui ? » Qui sommes-nous ?

On me permettra de terminer sur quelques questions qui pour moi restent ouvertes :

Dans quelle mesure la méditation heideggérienne de la logique ou le passage du λόγος à la parole, à la *Sprache* entendue comme *die Sage*, a-t-elle véritablement opéré une destruction de la logique ? Qu'est-ce qui se trouve maintenu de la logique métaphysique jusque chez le dernier Heidegger ? Dans quelle mesure les principes fondamentaux de la logique (identité, non-contradition, tiers-exclu ...) sont-il radicalement dépassés ou déconstruits ? Dans quelle mesure la transition de la question de la logique à la question du langage a-t-elle radicalement ébranlé le règne de la logique, et en particulier celui du sens ? Autrement demandé, est-ce que la détermination du « Wesen der Sprache » chez le dernier Heidegger suffit à remettre en question les principes de la logique ou ses positions de fond ? Est-ce que la radicalisation de la destruction phénoménologique en ébranlement, voire démolition constitue une réponse à hauteur de la question initiale : *Was ist das, das Logische ?*

On peut en douter, non seulement en raison des limitations déjà soulignées dans la mise en perspective de l'histoire de la logique, non seulement en raison de traits fondamentaux qui gouvernent encore l'enquête du dernier Heidegger sur le *Wesen der Sprache* – le « privilège » du mot, l'unité de sa signification, l'importance de l' ἔτυμον ..., mais aussi et peut-être surtout en raison des difficultés qu'il y a à réduire purement et simplement la « logistique » au calcul ou à la pensée calculante, jusqu'à en faire, pour le dernier Heidegger, avec la « cybernétique », une détermination centrale du « Gestell » ou du dispositif de l'arraisonnement.

Jean-François COURTINE
École Normale Supérieure / Paris X (Nanterre)

LA QUESTION DU λόγος DANS L'ARTICULATION DE LA FACTICITÉ CHEZ LE JEUNE HEIDEGGER, LECTEUR D'ARISTOTE

1. La place du λόγος dans le programme philosophique du jeune Heidegger

Dans le cours universitaire sur la *Rhétorique* d'Aristote donné à Marbourg durant le semestre d'été 1924 – celui qui commence par le célèbre résumé de la biographie d'Aristote : « Er war dann und dann geboren, er arbeitete und starb », et qui est un des plus beaux parmi les cours de Heidegger – on trouve une traduction surprenante de la définition aristotélicienne de l'homme comme être vivant doué de λόγος. Heidegger traduit la célèbre formule ζῷον λόγον ἔχον, que les Romains rendirent par *animal rationale*, en ces termes : « L'homme est un vivant qui lit les journaux »[1]. Il ajoute bien sûr des précisions qui expliquent et éclaircissent la provocation : « Les Grecs existent dans la parole *(Rede)* » et leur « détermination fondamentale de l'être de l'homme est l'être l'un avec l'autre *(das Miteinandersein)*, porté par le λόγος » ; celui-ci est « le discourir moyen sur les choses dont on a une certaine connaissance, sans avoir à se les présentifier. C'est à partir de là que naît la possibilité de la pure effectuation et en cela que réside la possibilité de la véritable monstration »[2]. Ce qui fait, donc, que l'homme est « un étant qui a sa véritable existence dans la conversation et dans le parler ». Le λόγος – soit dans sa réalité quotidienne, soit dans son actuation par excellence

1. « Der Mensch ist ein Lebendes, das Zeitung liest. »

2. « ... das durchschnittliche Reden über die Sachen, über die man eine gewisse Auskenntnis hat, ohne sie sich zu vergegenwärtigen. Aus ihm erwächst die Möglichkeit des reinen Vollzugs und in ihm selbst die Möglichkeit des rechten Aufzeigens. »

dans le discours philosophique – est l'horizon dans lequel la vie humaine est toujours enveloppée. Il s'agit d'un problème fondamental, celui du λόγος comme articulation intrinsèque de la vie humaine, que Heidegger aborde sur le plan philosophique général et qui l'amène à revenir plusieurs fois sur cette même définition aristotélicienne. Dans le cours du semestre précédent, celui de l'hiver 1923/24, il avait dit : « Le pouvoir d'advoquer et de discuter ce qui vient à l'encontre (monde et soi), pouvoir qui n'a pas besoin d'être philosophie, voilà ce qu'Aristote caractérise comme être-homme : λόγον ἔχειν, le fait d'avoir la parole »[1]. Et dans presque tous les cours suivants Heidegger répétera son effort en vue de saisir le sens le plus profond de la définition aristotélicienne dans le cadre d'une compréhension philosophique de la vie humaine en ses caractères propres.

La traduction heideggérienne garde quand même sa force de provocation. D'abord, à travers cette version paradoxale et frappante, Heidegger nous oblige à chercher une traduction acceptable. Un défi qui nous met immédiatement dans l'embarras : comment traduire ce terme ? Par « langage » ? « parole » ? « raison » ? « pensée » ? Mais au delà de la traduction de λόγος, Heidegger nous invite surtout, par cette transposition frappante de la langue philosophique grecque dans le vocabulaire contemporain, à le suivre dans sa compréhension du phénomène du λόγος conçu comme articulation spécifique de la vie humaine. Quelle est donc l'attitude de Heidegger face à ce problème ?

Dans *Sein und Zeit* la question du λόγος est décidée de manière résolue et l'attitude de Heidegger demeure assez critique :

1) Dans tous les passages où il en parle, Heidegger déclare que la tradition métaphysique a restreint et réduit le λόγος, d'une manière unilatérale, à sa dimension propositionnelle et catégoriale, assignant la primauté au λόγος ἀποφαντικός, donc à la prédication et au jugement.

2) Heidegger ne peut accepter, en conséquence, la définition de l'homme comme animal doué de λόγος si celui-ci est compris en ce sens restrictif, réduisant l'humanité de l'homme à sa rationalité. Un refus qu'il partage avec Kant – qui pense que l'humanité de l'homme n'est déterminée ni par son animalité *(Tierheit)* ni par sa rationalité *(Vernünftigkeit)*, mais par sa spiritualité *(Geistigkeit)*, c'est-à-dire par

1. « Das Ansprechen- und Besprechenkönnen des Begegnenden (Welt und Selbst), welches nicht Philosophie zu sein braucht, charakterisiert er [Aristoteles] als Menschsein : λόγον ἔχειν, Sprache haben. » (*Ga.* 17, p. 18). Les écrits de HEIDEGGER sont cités d'après la *Gesamtausgabe* (Francfort, Klostermann, 1975 sv.).

sa personnalité, qui est fin en soi – ce qui le rapproche, au moins sur un plan programmatique, de l'anthropologie philosophique esquissée par Max Scheler dans la conférence *Die Stellung des Menschen im Kosmos*. En voici les raisons :

a) Toute définition, en tant qu'énonciation théorique, soumet la vie humaine à une saisie de type catégorial qui n'arrive jamais à l'appréhender comme totalité : car pour mettre en acte sa saisie elle a besoin d'une articulation discursive et d'un réseau catégorial correspondant qui divise, partage et analyse son objet, ce qui fait qu'*a priori* celui-ci doit lui échapper comme totalité.

b) Déterminer le caractère spécifique de homme par le λόγος signifie accorder aux actes de connaissance supérieurs le privilège d'être le fil conducteur et le repère déterminant dans la compréhension de la vie humaine. Ce qui revient aussi à accorder une primauté à la théorie, comme attitude de connaissance dans laquelle le λόγος se déploie le mieux, et à la présence, comme modalité d'être de l'étant qui correspond le mieux à l'attitude théorique.

En d'autre termes : le jeune Heidegger considère tous les concepts et les définitions traditionnels insuffisants pour saisir l'essence de l'homme sans la réduire à une chose parmi d'autres choses ; sa détermination traditionnelle comme vivant doué de λόγος ne saurait donc le satisfaire car elle aussi laisse échapper la « motilité » *(Bewegtheit)* propre à la vie humaine. Dans son programme philosophique Heidegger envisage en revanche une compréhension originaire et radicale de l'homme en termes de *Dasein*, renonçant à la détermination du λόγος – comme d'ailleurs à toute catégorie métaphysique d'observation – puisque elle ne serait pas en mesure de saisir la vie humaine dans sa motilité originaire et spécifique, c'est-à-dire en ses caractères propres : les catégories théoriques, tirées de la considération de la nature et des objets du monde extérieur, demeurent liées à l'horizon métaphysique de la présence et à la primauté corrélative de l'attitude théorique qui se borne à observer et décrire la motilité propre de la vie humaine, figeant et réifiant par là la dynamique originaire de la *praxis*.

La question qui se pose est alors de savoir comment Heidegger comprend et interprète le caractère de la vie humaine que la métaphysique pensait sous la détermination du λόγος. En d'autres termes : Quel est le rôle et quelle est la valeur qu'il assigne au phénomène que la tradition a saisi et en même temps occulté comme λόγος, c'est-à-dire au langage et au discours ?

Dans la compréhension de la vie humaine – prise en vue dans le programme philosophique du jeune Heidegger selon des titres à la fois différents : science théorique originaire, herméneutique de la facticité, analytique de l'existence –, pour mettre hors jeu tout risque de compréhension catégorielle réifiante, Heidegger évite la définition par le λόγος et il essaie d'établir de nouvelles déterminations propres au *Dasein* qu'il appelle « existentiaux » pour les distinguer des catégories traditionnelles. Les trois existentiaux fondamentaux sont le *Verstehen*, la *Befindlichkeit* et la *Rede*. La question qui se pose alors est la suivante : Quelle place a le langage dans cette nouvelle compréhension de l'homme ? Où se situe-t-il parmi les déterminations heideggériennes de l'existence ? Y a-t-il chez le jeune Heidegger une réflexion thématique et suffisante de ce problème, d'un niveau comparable à celui de ses dernières réflexions sur le langage ?

Joseph J. Kockelmans a soutenu la thèse que dans *Sein und Zeit* « le langage ne fut jamais mis explicitement en jeu »[1]. Certes dans son *opus magnum* Heidegger ne semble pas assigner à la question du langage un rôle central. Le langage y est traité en termes d'analyse existentiale sous le titre de *Rede*, « le parler », qui est conçu comme une « articulation » du *Dasein* cooriginaire à la *Befindlichkeit* et au *Verstehen*, et constituant avec ceux-ci la structure ontologique de base du *Dasein*. La *Rede* est le lieu, dans l'existence, où se situent les conditions de possibilité de la parole, notamment dans son effectuation inauthentique (dans le *Gerede*, le « bavardage ») ou bien authentique (sous le mode du *Schweigen*, le « faire-silence »).

S'il est donc effectivement vrai que la question du langage ne joue pas chez le jeune Heidegger le rôle décisif qu'elle aura après le « tournant » et chez le dernier Heidegger, il s'agit pourtant d'une question déja centrale. J'essayerai de montrer quelle valeur et quelle position elle occupe dans la compréhension de la vie humaine en termes d'analyse de l'existence, telle que la développe le jeune Heidegger. Dans cette perspective, je laisserai de côté le premier traitement de la question du langage dans la thèse d'habilitation *Die Kategorien- und Bedeutungslehre des Duns Scotus* (1915), qui dépend encore visiblement de Husserl, notamment des *Logische Untersuchungen*. Je délaisserai également la thématisation du langage chez le dernier

1. Cf. J.K. KOCKELMANS, "Zeit und Sprache im Ereignis", in *Phänomenologische Forschungen*, 21, 1988, 51-88, en particulier p. 52 ; cf. aussi F.-W. von HERRMANN, *Subjekt und Dasein*, Francfort, Klostermann, 1985², et l'étude monographique de C. LAFONT, *Sprache und Welterschließung. Zur linguistischen Wende der Hermeneutik Heideggers*, Suhrkamp, Francfort, 1994.

Heidegger, ce qui demanderait une étude spécifique. Je me limiterai donc aux points suivants.

1) Je montrerai d'abord que Heidegger déploie la question suivant le fil conducteur d'une interprétation du phénomène du λόγος chez Aristote – une interprétation qu'il répète et reprend plusieurs fois dans ses cours universitaires, de 1919 jusqu'à 1929. Il en vient par là à déterminer le langage comme l'articulation fondamentale du caractère « ouvrant » qui caractérise la structure ontologique du *Dasein,* donc son *Entdecktheit* ou *Erschlossenheit,* notamment son rapport découvrant à lui-même, au monde d'autrui et au monde de l'étant non conforme au *Dasein.* Heidegger est ici en quête de l'*apriori* ontologico-existential du langage et il exploite volontiers ce qu'Aristote dit à propos du λόγος comme caractère de la vie humaine pour en tirer, à travers une opération que je qualifierai d' « ontologisation », la structure de l'existence, son *Artikulation* ou *Artikuliertheit.*

2) J'essayerai ensuite de montrer, à grand traits, comment à l'occasion d'une nouvelle reprise de son interprétation du phénomène du λόγος chez Aristote dans le semestre d'hiver 1929/30 Heidegger introduit, sinon un véritable tournant, du moins un important changement dans sa conception du langage, qui amorce la vision d'une imbrication essentielle entre l'être et le langage. Ici aussi Heidegger effectue – pourrait-on dire – une seconde « ontologisation » du phénomène du langage. Mais la direction envisagée dans sa mise en question « ontologisant » le phénomène n'est plus celle de l'*apriori* ontologico-existential. Elle est plutôt celle de la génèse ontologico-historiale du langage, dans laquelle le langage est vu comme un événement fondamental dans le *Dasein,* comme un événement qui précède et conditionne les autres caractères de la vie humaine. De l'attention pour la réalisation authentique ou inauthentique du λόγος Heidegger passe ici décidément au problème de l'événement qui nous donne le λόγος et donc à la détermination du lieu que le langage occupe dans l'événement de l'être.

Pour indiquer en une formule le fil conducteur de mon exposé, je dirais donc que Heidegger aborde la question du λόγος, d'après Aristote, effectuant une double « ontologisation » du phénomène :

1) Premièrement il examine la question du langage en quête de l'*apriori* ontologico-existential qui rend possible la parole, donc en essayant de reconstruire la genèse active du langage et en faisant de celui-ci, conçu dans le sens de la discursivité et de la linguisticité, une structure fondamentale du *Dasein.*

2) En second lieu – considérant le langage comme un phénomène éminent, « exposé » – Heidegger attire l'attention sur sa genèse passive et indique la dimension ontologico-historiale d'où le phénomène prend son origine : elle dépasse l'horizon existential du *Dasein* et le conditionne. La question porte ici sur le langage comme trace de l'historialité et des destinations épochales de l'être lui-même, donc comme dimension prédonnée, indépassable, qui se situe au delà de tout acte linguistique volontaire effectué par le *Dasein.*

Il me faut présenter encore une dernière considération méthodologique préalable avant d'entrer dans le vif du sujet. Eu égard aux textes nouveaux et nombreux mis à notre disposition par la *Gesamtausgabe* – et qui nous permettent de suivre et de reconstruire dans toutes ses étapes le chemin de pensée parcouru par Heidegger –, ce serait une erreur fatale que d'attribuer à *Sein und Zeit* une fonction heuristique pour donner un sens précis, dès le début, à tout ce parcours. Certes, *Sein und Zeit* demeure le but du travail de cette période. Mais maintenant qu'il est possible de le faire, chaque étape du programme philosophique du jeune Heidegger doit être considérée dans la dynamique du problème et des concepts qui lui appartiennent et non pas en vue ou à partir du point final auquel elle aboutira en 1927.

2. L'ontologisation analytico-existentiale du langage : le Dasein comme être-découvrant (ψυχὴ ὡς ἀληθεύειν) et le langage (λόγος) comme modalité excellente du découvrir

Comme on sait, et comme il est maintenant possible de le documenter sur la base des textes publiés, Heidegger conçoit son programme d'une compréhension rigoureuse de la vie humaine en prenant comme paradigme Aristote et notamment sa philosophie pratique. Suivant ce modèle, Heidegger gardes ses distances tant avec l'irrationalisme de la philosophie de la vie, qu'avec les abstractions théoriques du néokantisme et de la philosophie des valeurs. D'après l'indication autobiographique donnée dans *Mein Weg in die Phänomenologie,* le travail sur Aristote commença en 1919 en vue d'un livre dont les thèses fondamentales devaient être exposées dans un article à paraître dans le *Jahrbuch für Philosophie und phänomenologische Forschung* de Husserl. Pour des raisons que Theodor Kisiel a excellement reconstruites [1], en dépit des matériaux accumulés, le

1. Cf. Th. KISIEL, *The Genesis of Heidegger's Being and Time*, Berkeley/ Los Angeles/ Londres, Univ. of California Press, 1993.

projet du livre sur Aristote ne fut pas réalisé, mais les traces profondes de l'explication avec Aristote – surtout de l'interprétation de textes tels que l'*Éthique à Nicomaque,* les premiers livres de la *Physique,* la *Métaphysique* et le *De interpretatione* – demeurent bien visibles dans tous les cours de son premier enseignement universitaire. Au delà des témoignages épistolaires de Husserl et des mentions de Gadamer, qui ont une valeur surtout historique [1], nous disposons aujourd'hui des textes heideggériens eux-mêmes, à savoir d'une grand partie des cours de Fribourg et de Marbourg, et du *Natorp-Bericht* [2]. Cela nous permet de suivre de très près le chemin philosophique du jeune Heidegger. Étant donnée l'impossibilité d'entrer ici dans une interprétation détaillée et de mettre en place une microanalyse des textes, je me bornerai à esquisser une vue d'ensemble afin de saisir la dynamique du problème envisagé par Heidegger. Aussi ne prendrai-je pas comme repère privilégié un cours particulier, mais je m'orienterai sur la configuration constante du problème lui-même, essayant de montrer sa présence structurelle à travers les cours et les différentes étapes du chemin heideggérien.

Prenant comme *terminus a quo* de l'explication avec Aristote l'année 1919, indiquée par Heidegger lui-même, on voit que le problème du λόγος comme caractère propre à la vie humaine est régulièrement repris dans presque tous les cours universitaires du jeune Heidegger jusqu'à *Sein und Zeit* et même au-delà : le cours de 1929/30 contient une dernière analyse importante du *De interpretatione* et nous le prendrons ici comme *terminus ad quem.* Dans tous les

1. Cf. E. HUSSERL, *Briefe an Roman Ingarden. Mit Erläuterungen und Erinnerungen an Husserl,* La Haye, Nijhoff, 1968 (Phaenomenologica 25) pp. 25-27. Gadamer, à qui Heidegger avait donné une copie du « Natorp-Bericht », a parlé plusieurs fois de ce texte légendaire insistant sur l'importance de l'explication avec Aristote chez le jeune Heidegger. Entre autre, il a cité une lettre que Heidegger lui adressa en 1921 dans laquelle est décrit le contenu de l'article qui aurait dû être publié dans le « Jahrbuch » de Husserl : « Der erste Teil (etwa 15 Bogen) – écrit Heidegger à Gadamer – betrifft *Eth. Nic.* Z, *Met.* A, 1-2, *Phys.* A, 8 ; der zweite (in gleichem Umfang) *Met.* ZHΘ, *De motu an.*, *De anima.* Der dritte erscheint später. Da das Jahrbuch erst später ausgegeben wird, kann ich Ihnen wohl mit einem Separatabzug dienen » (H.-G. GADAMER, *Heideggers Wege*, Tübingen, Mohr, 1983, p. 118).

2. Édité à l'occasion du centenaire par H.-U. LESSING avec une préface de Gadamer : "Phänomenologische Interpretationen zu Aristoteles (Anzeige der hermeneutischen Situation)", in *Dilthey-Jahrbuch,* 6, 1989, pp. 235-74, et publié en édition bilingue par J.-F. COURTINE : *Interprétations phénoménologiques d'Aristote*, Mauvezin, Trans-Europ-Repress, 1992. Voir également J.-F. COURTINE, "Une difficile transaction : Heidegger, entre Aristote et Luther", in : B. Cassin, éd., *Nos Grecs et leurs modernes*, Paris, Le Seuil, 1992, pp. 337-62.

textes de cette période on voit clairement que Heidegger définit la fonction du langage dans la compréhension du *Dasein* s'orientant sur la détermination aristotélicienne du λόγος, interprété comme une ouverture et un accès privilégié à l'étant, donc comme une forme par excellence de l'être-découvrant de la vie humaine. Un propos qui s'intègre dans le programme philosophique du jeune Heidegger d'une analyse des significations multiples des sens de l'étant – 1) ὂν κατὰ συμβεβηκὸς ἢ καθ' αὑτό, 2) ὂν ὡς ἀληθὲς ἢ ψεῦδος, 3) ὂν δυνάμει ἢ ἐνεργείᾳ, 4) ὂν κατὰ τὰ σχήματα τῶν κατηγοριῶν – notamment d'une analyse de l' ὂν ὡς ἀληθές en vue d'une saisie de la signification fondamentale et unitaire de l'être.

L'analyse de l'étant dans le sens du vrai s'entrelace et se croise avec l'analyse du phénomène du λόγος pour une double raison : d'abord parce que le λόγος a été considéré dans la tradition philosophique comme le siège par excellence de la vérité ; en second lieu parce que, selon l'interprétation heideggérienne d'Aristote, le λόγος comme articulation propre à l'homme montre comment tous les actes de la vie humaine ont un caractère dévoilant, découvrant, donc vrai, au sens où la ψυχή est un ἀληθεύειν. Il s'agit donc : 1) de mettre en question la réduction métaphysique du phénomène de la vérité à la dimension du λόγος dans le sens de l'assertion prédicative et du jugement ; 2) de montrer l'unilatéralité de la thèse selon laquelle la vérité serait une *adaequatio intellectus et rei ;* 3) de refuser l'attribution à Aristote de la paternité de cette double réduction.

Heidegger présente en forme concise cette triple mise en question dans les paragraphes 7 B, 33 et 44 de *Sein und Zeit,* mais dans les cours antérieurs de Fribourg et de Marbourg on trouve, déployées tout entières, l'interprétation d'Aristote et l'argumentation philosophique qui sont à la base des thèses présentées dans *Sein und Zeit*. Sans entrer ici ni dans l'analyse des paragraphes indiqués de *Sein und Zeit* ni dans celle des cours universitaires en question, je me borne à indiquer les démarches de l'argumentation qui y est développée.

1) Heidegger interprète d'abord le λόγος ἀποφαντικός comme une modification éminente du λέγειν, du parler. C'est la modalité du discours qui, par l'indication et la déclaration (ἀπόφανσις), intensifie la signification (σημαίνειν) propre à tout discours. Le fondement de la possibilité de cette forme par excellence du discours est la structure prédicative, c'est-à-dire la synthèse (σύνθεσις) ou la séparation (διαίρεσις) de représentations simples (νοήματα) par la copule, ce qui constitue l'essence de la prédication et que Heidegger définit comme la structure du *Als* apophantique.

2) Faisant un pas de plus, Heidegger montre que la structure du *Als* apophantique, qui est à la base de la prédication, n'est pas originaire. Elle est fondée sur une structure plus profonde, appelée par Heidegger le *Als* herméneutique, qui caractérise le λέγειν en tant que tel, donc le langage en général, dans la mesure où il est l'articulation par excellence du σημαίνειν ou ἀληθεύειν de la ψυχή humaine.

Dans le langage, notamment dans la prédication, se manifeste donc par excellence la structure synthétisante ou « diérétique » du λόγος. Pourtant, elle n'opère pas uniquement sur le plan verbal, mais aussi dans les autres attitudes et les autres comportements de la vie humaine, de type théorique, pratique et poïétique. La structure synthétisante-diérétique du λόγος appartient à l'*Erschlossenheit* pré-verbale du *Dasein,* elle en articule et en caractérise la constitution, rendant par là possibles tous les comportements, soit linguistiques soit prélinguistiques, de la vie humaine.

3) Dans son approfondissement des conditions ontologiques de possibilité de la vérité Heidegger ne s'arrête pas au caractère véritatif de la ψυχή, aux comportements découvrants du *Dasein*. L'être-découvrant de celui-ci trouve à son tour son fondement dans le fait que l'étant lui-même se manifeste et se dévoile, donc dans l'essence manifestative de l'étant, dans l' ὂν ὡς ἀ-ληθές. Cet être-dévoilé, ce caractère manifestatif de l'étant, l' ἀ-λήθεια, est le sens ontologique originaire de la vérité que Heidegger croit pouvoir tirer de la détermination aristotélicienne de l' ὂν ὡς ἀ-ληθές tel qu'il est traité dans *Metaph.* Θ 10.

L'argumentation heideggérienne s'appuie, dans tous ses cours, sur la partie philosophique du *De interpretatione*. Comme on sait, l'ordre des traités de l'*Organon* est rigoureux [1] : après avoir considéré dans les *Catégories* les genres simples suprêmes de l'être et de la prédication,

1. C'est THOMAS D'AQUIN qui a le mieux montré que l'ordre de l'*Organon* correspond à l'ordre de trois actes de la connaissance :

1) La problématique des *Catégories* correspond à l'acte de la saisie simple des essences (*simplex apprehensio*, *intellectio indivisibilium*, ἡ τῶν ἀδιαιρέτων νόησις, cf. *De an.* III, 6, 430 a 27). La saisie est exprimée par une catégorie, un terme simple.

2) La problématique du *De interpretatione* correspond à l'acte de connaissance du jugement qui relie par la copule des notions simples (*iudicium*, *proloquium*, σύνθεσις νοημάτων ὥσπερ ἓν ὄντων). Elle est exprimée dans la proposition prédicative, avec laquelle il y a la possibilité du vrai et du faux.

3) Il y a enfin la saisie discursive par le syllogisme *(ratiocinatio, proloquiorum summa),* qui peut être apodictique, c'est-à-dire scientifique (et qui est traitée dans les *Analytiques*) ou bien dialectique, c'est-à-dire préscientifique (qui est traitée dans les *Topiques*).

Aristote passe dans le *De interpretatione* à l'analyse du λόγος et de sa structure synthétique selon laquelle se composent les déterminations simples. Le traité commence par une discussion philosophique serrée du rapport entre réalité, pensée et langage, il analyse dans les six premiers chapitres les parties du λόγος, le nom (ὄνομα) et le verbe (ῥῆμα), puis le λόγος en tant que tel, et enfin il examine la structure de la prédication et sa propriété d'être vraie ou fausse. Dans les huit chapitres qui restent Aristote s'occupe des formes et des modalités des assertions, de leur qualité (affirmative ou négative), de leur quantité (universelle, particulière et infinie) et de leur modalité (possibilité, réalité, nécessité). Pour ce qui concerne la partie philosophique de ce traité, on peut dire qu'Aristote la traite en des termes très concis et condensés au début : une fois qu'il a tracé le cadre général et indiqué le rapport qu'il y a entre l'être et la pensée, la pensée et le langage, le langage et l'écriture, il délaisse les questions philosophiques et se concentre sur une analyse plutôt linguistique du λόγος et de sa structure.

Dans son exégèse du *De interpretatione*, effectuée à plusieurs reprises de 1923/24 jusqu'à 1929/30, Heidegger renverse la focalisation aristotélicienne des problèmes – qui prend son point de départ dans des questions philosophiques générales pour passer ensuite aux problèmes proprement linguistiques – et il interprète toutes les notions linguistiques d'Aristote comme des déterminations ontologiques. Heidegger considère la proposition, et en général le langage, comme un acte découvrant, comme un comportement dévoilant que la vie humaine met en train dans son rapport à l'étant, et prend ceci comme le point de départ pour une mise en question qui entraîne un saut, un changement radical d'attitude, qui transporte de la considération ontique des fonctions internes au langage à la saisie des conditions prélinguistiques de possibilité du langage. Heidegger n'interprète donc pas la problématique du *De interpretatione* dans un sens linguistique ou logique, mais dans une optique fort ontologisante. Un seul exemple suffit à mettre en évidence cette tendance de Heidegger. Si on prend le cours du 1923/24, où est dégagée une première interprétation du *De interpretatione*, et si on lit attentivement les traductions que Heidegger propose, on voit qu'il rend les expressions « ontiques » d'Aristote par des concepts « ontologiques ». En voici un exemple : la célèbre définition du langage qui dit : λόγος δέ ἐστι φωνὴ σημαντική (*De int.* 4, 16 b 26) est traduite par Heidegger : « λόγος ist lautliches Sein, das bedeutet, ist Stimme » (*Ga.* 17, p. 15). Donc même un terme apparemment aussi simple et non problématique que φωνή devient chez Heidegger une catégorie philosophique : *lautliches Sein*.

Mais rappelons quelle est la détermination aristotélicienne du λόγος et voyons de plus près comment Heidegger l'interprète et la transforme.

Aristote distingue la communication (ἑρμηνεία) des animaux de celle qui est humaine : les sons que rendent les animaux sont ἀγράμματοι ψόφοι, *voces non articulatae,* tandis que les êtres humains sont capables de φωναὶ σημαντικαί, de *voces significativae* ou *litteratae*. Les voix signifiantes constituent les unités fondamentales du langage. Elle peuvent être simples ou bien complexes. Dans le premier cas on a une simple diction (φάσις, *dictio*), c'est-à-dire la prononciation de noms (ὀνόματα, *nomina*) ou de verbes (ῥήματα, *verba*) ; dans le second cas, on a le λόγος *(oratio, sententia, sermo),* le discours au sens propre du terme qui consiste dans la connexion des représentations grâce à la copule. Le λόγος peut être apophantique ou non apophantique, c'est-à-dire indicatif ou non indicatif. Non indicatifs sont les types de discours tels que la prière ou le commandement (εὐχή, ἐντολή) ou bien les autres genres de discours qu'Aristote traite dans la *Poétique* et dans la *Rhétorique,* à savoir les discours qui ont une forme vocative, interrogative, optative ou impérative. Indicative est au contraire l' ἀπόφανσις, l'assertion ou énonciation ou jugement *(proloquium, oratio enuntiativa, propositio, assertio).* C'est la forme par excellence du λόγος : elle peut être affirmative, quand elle effectue une attribution (κατάφασις, *dedicatio, adfirmatio*), ou bien négative, quand elle dénie un prédicat (ἀπόφασις, *abdicatio, negatio*).

Ces considérations se laissent illustrer par le schéma suivant :

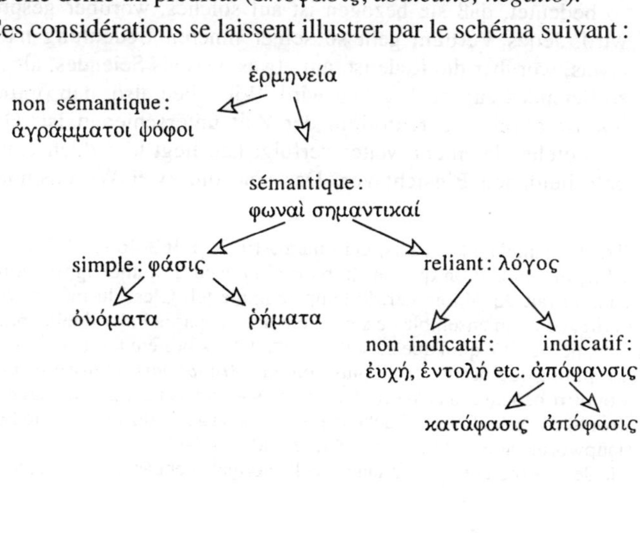

Pour préciser ultérieurement ce cadre il faut avoir présentes à l'esprit la traduction et l'exégèse des termes aristotéliciens que Heidegger propose dans ces cours, notamment dans celui du semestre d'hiver 1923/24 (*Ga.* 17), qui contient la première interprétation détaillée du texte, dans celui du semestre d'hiver 1925/26 qui marque un passage important, et dans celui de 1929/30 (*Ga.* 29/30), où Heidegger reprend et modifie sa première interprétation du λόγος. Les traductions et les définitions qu'il donne des déterminations aristotéliciennes des parties du discours sont les suivantes :

La définition aristotélicienne du nom énonce : ὄνομα μὲν οὖν ἐστὶ φωνὴ σημαντικὴ κατὰ συνθήκην ἄνευ χρόνου ἧς μηδὴν μέρος ἐστὶ σημαντικὸν κεχωρισμένον (*De int.* 2, 16 a 19 sv.). Heidegger la rend en allemand ainsi :

> Die Nennung aber ist nun eine Verlautbarung, die bedeutet aufgrund des Übereinkommens, ohne im Nennen die Zeit als solche zu meinen. Es ist zugleich eine φωνὴ σημαντική, ein Ganzes von Lauten, davon kein einzelner Teil für sich genommen etwas bedeutet (*Ga.* 29/30, p. 465)[1].

Quant au verbe, sa définition par Aristote est la suivante : ῥῆμα δέ ἐστι τὸ προσσημαῖνον χρόνον οὗ μέρος οὐδὲν σημαίνει χωρίς [καὶ ἐστιν ἀεὶ][2] τῶν καθ' ἑτέρου λεγομένων σημεῖον (*De int.* 3, 16 b 6-7). Heidegger paraphrase et commente :

> Ein Sagen, ein Verbum, ist das, was die Zeit dazu meint, zu dessen Wesen es gehört, die Zeit dazuzumeinen, nämlich zu dem dazu, was sonst im Verbum gemeint ist ; es ist immer eine Bedeutung, die so bedeutet, daß sie bezogen ist auf solches, worüber gesprochen wird. Jedes Verbum geht so seiner inneren Bedeutung nach auf etwas, worüber die Rede ist, auf etwas, was als Seiendes, als so und so Seiendes zugrunde gelegt wird. Wir sehen also, daß ῥῆμα vom ὄνομα durch das Kriterium der Zeit unterschieden ist. Obwohl Aristoteles das nicht weiter verfolgt hat, liegt hier doch eine ganz entscheidende Einsicht vor. Das sind die zwei Wesensmomente,

1. Tr. fr. Daniel Panis, Paris, Gallimard, 1992, p. 462-463 : « La dénomination est [...] une élocution qui, sur la base d'un accord, a une signification sans viser, dans le fait de dénommer, le temps comme tel. C'est du même coup une φωνὴ σημαντική, un ensemble de sons, dont aucune partie individuelle, prise pour elle-même, ne signifie quoi que ce soit. » – HEIDEGGER préfère ici rendre ὄνομα par *Nennung* plutôt que par le terme plus commun *Hauptwort*. Il justifie son choix ainsi : « ὄνομα bedeutet das Wort, der Name, was etwas nennt. Wir sagen Hauptwort, obwohl das schief ausgedrückt sein kann, da ja auch ein verbum die Funktion eines Haupwortes annehmen kann » (*Ga.* 29/30, p. 465).

2. Heidegger préfère cette variante à celle normalement acceptée ἔστι δέ.

> die das Verbum charakterisieren : Zeit mitzumeinen und in diesem Bedeuten immer auf etwas bezogen zu sein, worüber die Rede ist, auf Seiendes. Dies deutet darauf hin, daß alle Setzung von Seiendem notwendig auf Zeit bezogen ist. Wir nennen daher entsprechend im Deutschen das Verbum Zeitwort (*Ga.* 29/30, pp. 465-66)[1].

Pour ce qui concerne la définition du λόγος, Aristote dit : λόγος δέ ἐστι φωνὴ σημαντική, ἧς τῶν μερῶν τι σημαντικόν ἐστι κεχωρισμέμον ὡς φάσις ἀλλ' οὐχ ὡς κατάφασις (*De int.* 4, 16 b 26-28). On a déjà remarqué le caractère fort ontologisant de la traduction que Heidegger propose en 1923/24. Dans le cours de 1929/30 il n'attire pas tellement l'attention sur le discours en général mais passe tout de suite à la détermination du discours prédicatif, à l'assertion. La définition d'Aristote déclare : ἔστι δὲ ἡ μὲν ἁπλῆ ἀπόφανσις φωνὴ σημαντικὴ περὶ τοῦ ὑπάρχειν τι ἢ μὴ ὑπάρχειν ὡς οἱ χρόνοι διῄρηνται (*De int.* 5, 17 a 23-24). Ce que Heidegger traduit en ces termes :

> Es ist also die einfache Aussage eine Verlautbarung, die etwas bedeutet, und zwar meinend etwas aussagt, indem sie handelt über das Vorhandensein von etwas oder Nichtvorhandensein, und zwar in der Weise, die jeweils die Zeiten auseinandergehalten sind – also grammatisch gesprochen, Präsens, Perfekt oder Futurum (*Ga.* 29/30, p. 464)[2].

Or la prédication, le λόγος ἀποφαντικός, *aufweisender Satz,* est la modalité par excellence du discours. C'est la seule modalité du dis-

1. Tr. fr. cit., p. 463 : « Un dire, un verbe, est ce qui par surcroît vise le temps ; c'est ce à l'essence de quoi il appartient de viser par surcroît le temps, c'est-à-dire par surcroît à ce qui, par ailleurs, est visé dans ce verbe. C'est toujours une signification qui signifie de telle façon qu'elle est rapportée à ce sur quoi porte la parole. De par sa signification interne, tout verbe concerne donc quelque chose dont il est question, quelque chose qui, en tant qu'étant, est posé à la base en tant que tel ou tel étant. Nous voyons donc que le ῥῆμα est différencié de l' ὄνομα par le critère du temps. Bien qu'Aristote n'ait pas donné suite à cela, il y a malgré tout ici une vue tout à fait décisive. Tels sont les deux éléments essentiels qui caractérisent le verbe : viser le temps et, dans cette signification, toujours être rapporté à quelque chose dont il est question, à de l'étant. Cela indique que toute position d'étant est nécessairement rapportée à du temps. C'est donc en conformité à cela qu'en allemand nous appelons le verbe : *Zeitwort.* »

2. Tr. fr. cit., p. 462 : « L'énoncé simple est donc une élocution qui signifie quelque chose, et en voulant dire, cette élocution énonce quelque chose où elle traite de l'être-là ou du non-être-là de quelque chose, selon une modalité où les temps sont à chaque fois distingués – grammaticalement parlant : le présent, le passé ou le futur. »

cours qui a la propriété d'être vraie ou fausse : ἐστι δε λόγος ἅπας μὲν σημαντικός ... ἀποφαντικός δὲ οὐ πᾶς, ἀλλ' ἐν ᾧ τὸ ἀληθεύειν ἢ ψεύδεσθαι ὑπάρχει (*De int.* 4, 17 a 2-3). Ce que Heidegger traduit :

> Jedes Reden weist zwar auf etwas hin (bedeutet überhaupt etwas) – aufweisend, sehenlassend dagegen ist nicht jedes Reden, sondern nur das, darin das Wahrsein oder Falschsein vorkommt (als die Weise des Redens) (*Ga.* 21, p. 129)[1].

(Il faudrait comparer cette définition avec ce que Heidegger dit dans *Sein und Zeit*, § 33, où il détermine l'*Aussage* dans les trois sens de *Aufzeigung, Prädikation et Mitteilung.*)

C'est ce cadre général, tiré d'Aristote, qui constitue la base de la conception traditionnelle qui pose que le λόγος, notamment dans sa forme prédicative, représente le lieu par excellence de la vérité. La lecture ontologisante de Heidegger s'oppose décidément à cette conception. Car le fait que la possibilité de la vérité ou de la fausseté se donne seulement au niveau de la proposition prédicative ne signifie pas selon Heidegger qu'Aristote réduise le phénomène de la vérité à la dimension prédicative, catégoriale. Le λόγος ἀποφαντικός n'est pas la seule modalité de l'ἀληθεύειν, du comportement dévoilant, découvrant, « véritatif» de l'âme humaine, bien qu'il soit la modalité éminente par laquelle l'homme se rapporte à l'étant et, l'arrachant au voilement, le rend manifeste. En conséquence, Heidegger introduit, dans le cours de 1925/26, une distinction terminologique subtile mais importante entre l'être-vrai *(Wahrsein)* propre au λόγος ἀποφαντικός et le phénomène plus large de la vérité *(Wahrheit)* au sens de l' ἀ-λήθεια, interprétée comme l'être-découvert, dévoilé de l'âme humaine, du *Dasein*[2]. L'ouverture de l'étant, que la vie humaine

1. « Tout discourir fait certes signe en direction de quelque chose (il signifie quelque chose) – cependant tout discourir ne montre pas, ne fait pas voir, mais seulement celui auquel survient l'être-vrai ou l'être-faux (à titre de modalité du discours). »

2. Ce n'est pas le cas de discuter ici l'interprétation de l' ἀ-λήθεια selon Heidegger et sa thèse que les Grecs exprimaient le phénomène de la vérité par un concept négatif (formé avec l'α privatif, que Heidegger restitue par l'*Un-* de *Unverborgenheit*, et la base de λαθεῖν : «être latent, caché»), tandis que le latin *veritas* et l'allemand *Wahrheit* sont des concepts positifs. Sur cette interprétation de l' ἀ-λήθεια Heidegger eut une controverse avec le philologue classique Paul Friedländer, son collègue à Marbourg, qui dans sa monographie sur *Platon* soutient que les occurences les plus antiques, chez Homère, donnent ce terme en connexion avec les *verba dicendi* et donc, dès les origines grecques, le phénomène de la vérité dépend du domaine de la langue. Selon Heidegger, au contraire, l' ἀ-λήθεια signifie à l'origine une ouverture ontologique, préverbale (cf. *Wegmarken* in : *Ga.*

effectue par le langage se fonde donc sur le fait ontologiquement plus originaire que la constitution de l'âme humaine, le *Dasein*, est par essence un pouvoir-être-découvrant, une *Entdecktheit* (comme le dit Heidegger dans ses premiers cours de Fribourg et de Marbourg) ou *Erschlossenheit* (selon le vocabulaire définitif adopté dans *Sein und Zeit*).

Cette conception de la vérité conditionne la compréhension heideggérienne du langage. Heidegger montre que le λόγος ἀποφαντικός, comme forme éminente du discours, et le λόγος en général, donc le langage en tant que tel, sont enracinés dans un fondement plus originaire qui est leur condition de possibilité. En d'autres termes, la propriété du λόγος ἀποφαντικός d'être vrai ou faux a pour ancrage une structure de base qui la rend possible. Cette structure de base est la capacité, constitutive du λόγος, de relier par une synthèse (σύνθεσις) ou de séparer par une division (διαίρεσις) des représentations simples, déterminant par là quelque chose en tant que quelque chose (λέγειν τι κατὰ τινός). C'est la structure que Heidegger appelle le *Als* apophantique.

Mais Heidegger n'arrête pas sa mise en question du catégorial et du prédicatif à ce niveau ; au contraire, il pousse davantage son inter-

9, p. 443). Dans la troisième édition de sa monographie Friedländer a partiellement admis les raisons de Heidegger (*Platon*, Berlin, de Gruyter, 1964, vol. I, p. 252). À son tour Heidegger a rétracté sa thèse selon laquelle l' ἀ-λήθεια, conçue chez les Présocratiques comme un caractère de l'être lui-même, aurait subi chez Platon un changement essentiel devenant ὀρθότης, la rectitude de la vision rapportée au regard d'un sujet qui la saisit: «Im Gesichtskreis dieser Frage muß anerkannt werden, daß die 'Α-λήθεια, die Unverborgenheit im Sinne der Lichtung von Anwesenheit sogleich und nur als ὀρθότης, als die Richtigkeit des Vorstellens und Aussagens erfahren wurde. Dann ist aber auch die Behauptung von einem Wesenswandel nicht haltbar» (M. HEIDEGGER, *Zur Sache des Denkens*, Tübingen, Niemeyer, 1969, p. 78). Quant aux sources cachées de Heidegger, outre les vieux dictionnaires grecs de Pape et Benseler, je renvoie à l'article sur le concept d' ἀλήθεια rédigé par Rudolf BULTMANN pour le *Theologisches Wörterbuch zum Neuen Testament* de Gerhard Kittel, largement utilisé par Heidegger, et surtout au texte, qu'il connaissait, de Ernst von LASAULX, *Neuer Versuch einer alten, auf die Wahrheit der Thatsachen gegründeten Philosophie der Geschichte*, Munich, Literarisch-artistische Anstalt, 1856, qui remarque deux fois le caractère négatif de l' ἀ-λήθεια. L'étymologie soutenue par Heidegger est d'ailleurs attestée déjà dans l'Antiquité, par exemple dans *Adversus Mathematicos* de Sextus EMPIRICUS, et aussi à l'âge moderne, par exemple chez François DE LA MOTHE LE VAYER dans le premier de ses *Dialogues faits à l'imitation des Anciens* de 1632: «La vérité est nommée des Grecs, ἀλήθεια, *quasi ἀλή-θεια, erratio seu vagatio divina*, comme despendant plustost, s'il y en a, d'une extravagance divine, que du discours de nostre humanité. Si ce n'est que nous prenions le vraisemblable ou apparent, appellé ἀληθές, *quasi μὴ λῆθον, non latens*, pour une vérité essentielle.»

rogation ontologisante. La prédication est possible car le mode d'être de celui qui la prononce et qui parle, le *Dasein*, est lui-même caractérisé par une ouverture ontologique ou bien une constitution « ouvrante », que Heidegger appelle le *Als* herméneutique, articulé en des significations originaires pré-verbales. La structure apophantique verbale du *Als* – comme structure de la proposition déclarative – est reconduite à la structure pré-verbale appelée *Als* herméneutique, qui représente une détermination ontologique du *Dasein* lui-même, notamment de son *Verstehen* en tant qu'il constitue la modalité productive de se rapporter au monde en articulant des significations. Heidegger met donc en question la primauté traditionnelle du λόγος ἀποφαντικός pour arriver à cerner dans la structure ontologique de l'existence, dans le *Dasein*, le fondement de la possibilité du langage.

On retrouve cette thèse dans *Sein und Zeit* (dans les §§ 33, 44 B). Mais elle est esquissée, en termes d'ailleurs plus développés, dans les cours de jeunesse, notamment dans celui du semestre d'hiver 1925/26 – un cours important pour la prise de position de Heidegger quant à la question du λόγος et du langage, et aussi bien déterminant sur un plan général, dans une perspective génétique, car on y voit documentée la transition de l'intérêt prévalant pour Aristote à la découverte de Kant, suivant le fil conducteur de la question du λόγος. Heidegger se prononce ici en de termes tels qu'on comprend que la reconduction de la structure apophantique à la structure herméneutique signifie au fond pour lui – avec des différences considérables par rapport à la dernière phase de sa pensée – que le langage doit être ramené à des conditions de possibilité pré-langagières. Le phénomène fondamental envisagé ne relève pas de l'ordre du langage, mais de celui de la constitution ontologique du *Dasein* lui-même.

> Ein Phänomen gilt es zu fassen, – déclare Heidegger – das an ihm selbst Verbinden und Trennen ist und vor sprachlichen Ausdrucksbeziehungen und deren Zusprechen und Absprechen liegt, und andererseits das ist, was möglich macht, daß der λόγος wahr oder falsch, entdeckend oder verdeckend sein kann (*Ga.* 21, p. 141)[1].

C'est précisément cette exigence de remonter du langage à ses conditions de possibilité prélangagières qui pousse Heidegger à couper le fil conducteur suivi jusque là, c'est-à-dire Aristote et les Grecs, car

1. « Il faut appréhender un phénomène qui est en lui-même liaison et séparation et qui réside avant toute relation langagière d'expression, avant tout assentiment ou dénégation, et qui, d'autre part, est ce qui rend possible que le λόγος soit vrai ou faux, découvrant ou recouvrant. »

pour eux l'expérience du λόγος reste déterminante et indépassable. Voilà son interrogation critique :

> Aber woran soll denn überhaupt noch die Orientierung gewonnen werden, um das zu erfassen, was die Grundstruktur des λόγος qua Aussage konstituiert ? Von einer wesentlichen, aber doch wieder zu unbestimmten Anweisung abgesehen, versagt Aristoteles selbst die Auskunft. Er und die Griechen – und die weitere Tradition überhaupt – haben es unterlassen, diesem Strukturphänomen noch eigens nachzufragen. Verbinden und Trennen sind die Strukturen, mit denen als einem Letzten die Aussage, das Urteil geklärt wird, und mit dieser Interpretation hat sich dann in unseliger Weise die von analytischen und synthetischen Urteilen verschlungen, so daß die Konfusion groß ist – und in der scheinbar fertigen und sicheren Wissenschaft Logik im Grunde nichts ins Reine gebracht ist. Um bei Aristoteles selbst zu bleiben, so ist er selbst nicht von der Orientierung an der Sprache losgekommen – für die Griechen eine Unmöglichkeit (*Ga.* 21, p. 142)[1].

À en juger par cette prise de position, on gagne l'impression que dans sa détermination du *Dasein* Heidegger ne considère pas le langage comme un phénomène originaire, primaire, au point qu'il lui arrive de dire que prendre le langage comme fil conducteur, à la manière d'Aristote et des Grecs, risque de devenir un obstacle – un obstacle qu'il se propose de franchir. Une thèse d'autant plus surprenante qu'on la met en relation, d'une part, avec l'importance que Heidegger accordait dans ses cours, contre Husserl, aux λεγόμενα – ce que Gadamer a souvent rappelé – et, d'autre part, avec la compréhension du langage comme *Haus des Seins* dans la dernière phase de sa pensée. La raison qui explique cette thèse, dans sa radicalité et son unilatéralité, c'est que Heidegger, dans sa quête des conditions de possibilité ontologiquement ultimes de tout comportement, langagier ou non langagier, du *Dasein*, semble réduire le langage à une composante de la

1. « Mais où trouver l'orientation pour saisir ce qui constitue la structure fondamentale du λόγος en tant qu'énoncé ? Abstraction faite d'une indication, certes essentielle, mais par ailleurs trop indéterminée, Aristote ne réussit pas à se tirer d'affaire. Lui-même et les Grecs – et en général toute la tradition ultérieure – ont négligé d'interroger plus avant ce phénomène structurel. La liaison et la séparation sont les structures avec lequelles l'énoncé, le jugement sont élucidés ; et c'est avec cette interprétation que s'est nouée, de manière malheureuse, celle des jugements analytiques et des jugements synthétiques, au risque d'une extrême confusion, si bien que dans la science apparemment sûre et achevée de la logique rien n'est fondamentalement tiré au clair. Pour en rester à Aristote, il n'a pas réussi à se libérer de l'orientation sur la langue – ce qui pour les Grecs est une impossibilité. »

constitution du *Dasein*. Il déclare en effet : « Nous nous interrogeons sur une structure du λόγος qui le rend d'abord possible comme tel » (*Ga.* 21, p. 143). Toutefois cette structure – les conditions de possibilité du langage en tant que tel – ne se situe pas sur le plan linguistique, mais sur celui pré-verbal de la constitution ontologique du *Dasein* lui-même. Étant un *Verstehen* structuré comme *Als* le *Dasein* est par essence la capacité d'articuler des significations et de découvrir quelque chose en tant que quelque chose. Ce comprendre du *Dasein*, dans son être découvrant, effectue une ouverture de l'étant qui, à la rigueur, dans son fondement ontologique dernier, est pré-verbale, mais qui représente le fondement de possibilité des comportements langagiers :

> Unser orientiertes Sein zu den Dingen und Menschen bewegt sich in dieser Struktur des : etwas als etwas – kurz : hat die Als-Struktur. Diese Als-Struktur ist dabei nicht notwendig bezogen auf Prädikation. Im Zu-tun-haben mit etwas vollziehe ich darüber keine thematisch prädikativen Aussagen. Der vorprädikative Charakter der Als-Struktur ist deshalb ausdrücklich zu betonen, weil man in naheliegender Anlehnung an den sprachlichen Ausdruck meinen könnte, diese Als-Struktur sei zuerst und eigentlich gegeben im einfachen Aussagesatz : "Diese Tafel ist schwarz" ; also im thematischen Besprechen dieser Tafel als schwarzer ; gewiß kann man den Satz so interpretieren, aber man muß dabei verstehen, daß dieses "Als" nicht der Prädikation qua Prädikation primär eigentlich ist, sondern vor ihr liegt, so, daß es die Prädikationsstruktur erst ermöglicht (*Ga.* 21, pp. 144-45)[1].

Heidegger précise que la structure hermeneutique du *Als*, qui précède et fonde la possibilité de la proposition, est la *Struktur des primären Verstehens und Bedeutens*. C'est-à-dire que le *Dasein*, conçu comme unité de *Verstehen* et *Befindlichkeit*, est structuré à l'origine de

1. « Notre être-orienté sur les choses et les hommes se meut dans la structure du "quelque chose en tant que quelque chose", en un mot, la structure de l' "en-tant-que". Mais cette structure de l'en-tant-que n'est pas encore nécessairement référée à la prédication. Quand j'ai affaire à quelque chose, je n'effectue à son sujet aucun énoncé prédicatif thématique. Le caractère antéprédicatif de la structure de l'en-tant-que doit être expressément souligné parce que l'on pourrait croire en s'appuyant immédiatement sur l'expression langagière que la structure de l'en-tant-que est d'abord et proprement donnée dans l'énoncé propositionnel simple : "ce tableau est noir", autrement dit dans l'évocation thématique de ce tableau comme noir ; certes, l'on peut interpréter ainsi la proposition, mais il faut alors comprendre que cet "en-tant-que" n'est pas primairement propre à la prédication en tant que prédication, mais lui est antérieur, si bien que c'est lui qui d'abord rend possible la structure de la prédication. »

façon telle qu'il est capable d'articuler des significations qui, tout en étant pré-verbales, constituent le fondement de possibilité des comportements verbaux qui ne font qu'« ajouter » des mots aux significations pré-verbales originaires :

> In dem primären Verstehen des Zutunhabens-mit ist das Verstandene oder Be-deutete aufgeschlossen. Damit ist dem Verstehen selbst die Möglichkeit zugewachsen – den Aufschluß, das "Resultat" gleichsam für sich zu nehmen und zu verwahren – das Resultat des Bedeutens ist je eine Bedeutung, nicht etwa eine sogenannte übliche Wortbedeutung, sondern dieser primären Bedeutung kann jetzt ein Wort zufallen (*Ga.* 21, p. 151, note)[1].

Voici donc le lieu ontologico-existential auquel Heidegger relie la possibilité du langage. C'est sur la base du fait que le *Dasein* se rapporte à l'étant toujours déjà comprenant et découvrant qu'il a également la possibilité d'effectuer le découvrir et le signifier qui a lieu dans le langage :

> Weil *Dasein* in seinem Sein selbst bedeutend ist, lebt es in Bedeutungen und kann sich als diese aussprechen. Und nur weil es solche der Bedeutung zuwachsende Verlautbarungen gibt, d. h. Worte, deshalb gibt es Wörter ; d. h. nun erst können von der Bedeutung die durch sie selbst geprägten Sprachgestalten ablösbar werden (*Ga.* 21, p. 151)[2].

En ceci, et en rien d'autre, consiste le langage selon le jeune Heidegger :

> Ein solches Ganzes von Verlautbarungen, in dem gewissermaßen das Verständnis eines *Dasein*s erwächst und existenzial ist, bezeichnen wir als Sprache ; wobei, wenn ich vom Ganzen des *Dasein*s spreche, ich nicht das einzelne *Dasein* meine, sondern das Miteinandersein als ein geschichtliches (*Ga.* 21, p. 151)[3].

1. « Dans la compréhension primitive de l'avoir-affaire-avec, ce qui est compris ou visé se trouve ouvert. C'est pourquoi est échue au comprendre lui-même la possibilité de prendre pour ainsi dire pour soi et d'avérer l'éclaircissement, le résultat – le résultat du signifier est à chaque fois une signification, non pas une prétendue signification verbale, au sens usuel, mais c'est à cette signification primitive qu'à présent un mot peut être dévolu. »

2. « C'est parce que l'être-là, en son être même est signifiant, qu'il vit dans les significations et qu'il peut s'exprimer à travers elles. Et c'est seulement parce qu'il y a une telle élocution dévolue à la signification, c'est-à-dire des paroles, qu'il y a des mots ; autrement dit, c'est seulement à présent que peuvent se détacher de la signification des configurations langagières qui portent son empreinte. »

3. « C'est une semblable totalité d'élocution (de "voix"), en laquelle d'une certaine façon croît la compréhension d'un *Dasein* et est existentiale, que nous dési-

Heidegger se rend bien compte que la langue, phénomène historique complexe, demeure quelque chose d'obscur et de mystérieux, dont la nature et le statut ontologique demandent encore à être éclaircis. Son diagnostic à propos de l'essence de la langue est assez critique :

> Welche Seinsart das Phänomen hat, das wir Sprache nennen, ist im Grunde bis heute dunkel. Die Sprache, die jeden Tag wächst, und jeden Tag zerfällt, von Generation zu Generation anders wird, oder auch Jahrhunderte hindurch tot ist, dieses eigentümliche Sein der Sprache selbst ist noch gänzlich unaufgeklärt, mit anderen Worten, im Grunde ist die Seinsart dessen, was in aller Philologie und Sprachwissenschaft Thema ist, ontologisch völlig rätselhaft (*Ga.* 21, p. 151)[1].

Évidemment il attend un tel éclaircissement ontologique de la compréhension, centrée encore sur le *Dasein* et sur la structure du *Verstehen* :

> Man kann insofern etwas sagen über das Sein der Sprache, sofern Sprache nur möglich ist dadurch, daß es Verständnis gibt, d. h. *Dasein*, zu dem die Struktur des Verstehens gehört (*Ga.* 21, p. 151)[2].

Cependant, il faut remarquer que les précisions philosophiques que Heidegger donne par la suite se réclament de la dimension historiale du *Dasein*. Mais celle-ci est la direction dans laquelle il dépassera sa première approche ontologico-existentiale de la question du langage. Heidegger déclare que le *Dasein* est « in sich selbst als verstehendes und bedeutendes geschichtlich », c'est-à-dire que dans sa spontanéité et son activité le *Dasein*, articulant des significations, n'est pas producteur pur de celles-ci, mais il les reçoit en héritage passif de l'histoire de l'être et de ses destinations épochales. Est donc historial aussi « le mode d'être spécifique de la multiplicité verbale que nous nommons le

gnons comme langue ; mais quand je parle ici de la totalité du *Dasein*, je n'entends pas le *Dasein* singulier, mais l'être-l'un-avec l'autre en tant qu'il est historial. »

1. « Quel est le mode d'être de ce phénomène que nous nommons la langue – voilà ce qui est fondamentalement encore obscur aujourd'hui. La langue qui chaque jour se développe et chaque jour sombre, s'altère de génération en génération, ou qui meurt à travers les siècles, cet être spécifique de la langue elle-même est encore entièrement non-éclairci ; en d'autres termes, le mode d'être de ce qui est thématique en toute philosophie et linguistique, est fondamentalement, au plan ontologique, encore entièrement énigmatique. »

2. « On ne peut donc dire quelque chose de l'être de la langue que dans la mesure où la langue n'est elle-même possible que parce qu'il y a "entente", c'est-à-dire être-là auquel appartient la structure du comprendre. »

« vocabulaire » *(Wortschatz)* d'ensemble ou la langue » (*Ga.* 21, pp. 151-152). Mais, même dans cette déclinaison historiale, le rapport de fondation pivote ici encore sur le *Dasein*. Autrement dit : la structure du langage ne peut être comprise dans son fondement historial qu'à partir de l'historialité du *Dasein*. En conséquence, Heidegger sépare nettement la question du commencement historique de la question philosophique de l'origine historiale de la langue, c'est-à-dire de ses conditions ontologico-existentiales :

> Entsprechend diesem Fundierungszusammenhang der sprachlichen und wortlichen Verlautbarung im Verstehen und Bedeuten sind nun auch die Fragen, die man an die Sprache stellt und meistens verworren stellt, auseinander zu halten. Die Frage nach dem Anfang einer Sprache ist grundverschieden von der Frage nach dem Ursprung von Bedeuten. Jene erste Frage nach dem Anfang einer Sprache oder der Sprache überhaupt, sofern sie grundsätzlich eine mögliche Frageuntersuchung ist, die Frage nach dem Anfang oder auch der Entwicklung einer Sprache setzt schon die Klärung der Frage nach dem Ursprung von Bedeutung überhaupt voraus (*Ga.* 21, p. 152)[1].

Le statut du langage est donc étroitement lié, chez le premier Heidegger, à des conditions de possibilité situées au niveau de la constitution ontologique du *Dasein*, qui est le point archimédique sur lequel pivote la compréhension heideggérienne. Conçu comme articulation du *Dasein*, le langage semble avoir une fonction uniquement expressive et représentative : expressive car il exprime l'articulation herméneutique du *Dasein*, représentative car il représente les significations que celui-ci produit. En d'autres termes : dans la conception heideggérienne la seule fonction du langage est d'exprimer les significations pré-verbales articulées préalablement par le *Dasein* dans l'activité spontanée de son *Verstehen* qui projette son monde et se le représente. Dans l'ouverture du monde le langage ne joue donc qu'un rôle secondaire, n'étant pas originairement *Welterschließung* mais plutôt l'expression et la représentation d'une ouverture du monde déjà articulée dans le *Dasein* avant son expression dans la parole – une mise

1. « Conformément à cette connexion-de-fondation dans le comprendre et le signifier des énonciations vocales et langagières, il importe aussi de distinguer les questions que l'on pose à la langue le plus souvent de manière confuse. La question du point de départ d'une langue est fondamentalement différente de la question de l'origine du signifier. Cette première question du point de départ d'une langue ou de la langue en général, si tant est qu'elle constitue une possible investigation, la question de son commencement et de son développement présuppose déjà que soit élucidée la question de l'origine de la signification en général. »

en train du problème que Heidegger dépassera décidément après la découverte de Hölderlin et l'entrelacement entre l'être et le langage. (Très remarquable à ce propos sera sa critique de Humboldt dans *Der Weg zur Sprache* de 1959 : la conception humboldtienne du langage n'est pas suffisamment originaire, car Humboldt ne définit pas le phénomène du langage par ses caractères propres, mais par rapport à autre chose, c'est-à-dire en fonction du travail de l'esprit, *Arbeit des Geistes*) [1].

L'accent mis par le jeune Heidegger sur les fonctions expressives et représentatives du langage, plutôt que sur sa dimension symbolique et, en tout cas, non instrumentale, dépend étroitement de sa détermination du *Dasein* conçu – suivant le fil conducteur de son interprétation d'Aristote – comme un étant capable de vérité, c'est-à-dire de dévoilement, mais en même temps – retenant la démarche transcendentale husserlienne – comme la condition de possibilité de tout dévoilement, même de celui effectué par le langage. Pour bien saisir le rapport entre le *Dasein* et le langage, il faut considérer l'échelle des lieux de la vérité et les différentes possibilités de dévoilement que Heidegger établit à partir de Husserl en prenant comme modèle Aristote. Dans la « topologie » des lieux de la vérité cernée par le jeune Heidegger, on peut reconnaître le niveau auquel se situe la possibilité du langage. Cette « topologie » se présente ainsi :

1) Vrai, dévoilant, est d'abord le discours prédicatif (λόγος ἀποφαντικός), considéré dans la tradition philosophique comme le lieu privilégié de la vérité ; mais il ne s'agit que d'une modalité, bien qu'éminente, de la vérité dont le *Dasein* est capable.

2) Vrai, dévoilant, est le *Dasein* lui-même (ψυχὴ ὡς ἀληθεύειν), et il possède cette capacité de vérité, de dévoilement, selon des possibilités et des modalités découvrantes multiples :

1. Dans ce texte HEIDEGGER retourne sur la conception aristotélicienne du λόγος et dans l'élucidation de la compréhension humboldtienne de la langue discute des concepts de ἔργον et ἐνέργεια dont Humboldt se sert pour définir la langue. Voici le passage que Heidegger cite et commente : « [Die Sprache] ist kein Werk (ἔργον), sondern eine Thätigkeit (ἐνέργεια) [was heißt Tätigkeit ? Tun ? = Setzen ; Tätigkeit und Handlung]. Ihre wahre Definition kann daher nur eine genetische sein. Sie ist nämlich die sich ewig wiederholende *Arbeit des Geistes*, den *articulierten Laut* [woher die Artikulation ?] zum Ausdruck des Gedankens fähig zu machen. Unmittelbar und streng genommen, sei dies die Definition des jedesmaligen *Sprechens* ; aber im wahren und wesentlichen Sinne kann man auch nur gleichsam dieses Sprechen als die Sprache ansehen » (*Über die Verschiedenheit des menschlichen Sprachbaues und ihren Einfluß auf die geistige Entwickelung des Menschengeschlechts*, 1836), *Ga.* 12, p. 235.

2.1) Il a la possibilité de dévoiler par un acte simple, c'est-à-dire par une saisie « aisthétique » ou bien noétique. Dans les deux cas il n'y a pas de possibilité du faux : ou bien la saisie réussit ou bien elle échoue : l' αἴσθησις, qui vise son ἴδιον et le saisit, est toujours vraie, ἀεὶ ἀληθής ; la saisie noétique du simple centre sa cible, son but, et elle ressemble à un « avoir touché » (θιγεῖν) ou bien elle rate le cible dans l' ἀγνοεῖν.

2.2) La saisie synthétique, effectuée par le λόγος, a lieu dans les modes de la ποίησις, de la πρᾶξις et de la θεωρία avec les formes de savoir correspondantes : τέχνη, φρόνησις et σοφία.

2.3) La modalité éminente de la saisie synthétique a lieu dans le langage, notamment dans la prédication ou le jugement, c'est-à-dire dans le λόγος ἀποφαντικός nommé au point 1).

Tous les comportements dévoilants du *Dasein*, donc son être capable de vérité, se fondent sur le fait que l'étant lui-même se manifeste et se donne à la saisie observative ou opérative du *Dasein*. Donc :

3) Vrai, dévoilé, est l'étant lui-même (ὂν ὡς ἀληθές) car il a par essence un caractère manifestatif, il vient à la présence et il se donne.

Dans sa topologie des lieux de la vérité Heidegger situe le langage au deuxième niveau, c'est-à-dire au niveau de la vérité conçue comme le dévoilement propre au *Dasein*, comme l' ἀληθεύειν de la ψυχή. La langage serait un comportement dévoilant du *Dasein* qui articule l'*Erschlossenheit* de celui-ci. Le *Dasein* est donc une signification *(ein Bedeuten)* qui s'articule en des modalités langagières, mais aussi en des modalités plus originaires, pré-verbales. Une mise en parallèle de l'articulation heideggérienne du *Dasein* comme *Entdecktheit* ou *Erschlossenheit* et de la détermination aristotélicienne de la ψυχή comme ἀληθεύειν permet de définir ultérieurement la structure signifiante de l'ouverture propre à l'existence humaine : l' ἀληθεύειν de l'âme humaine est d'abord un σημαίνειν. Le λέγειν, le langage, est la modalité par excellence de ce σημαίνειν, et l' ἀποφαίνεσθαι du λόγος ἀποφαντικός est à son tour la forme par excellence du λέγειν ; ἀποφαίνεσθαι, λέγειν et σημαίνειν sont tous des formes du ἑρμηνεύειν, donc de la structuration en forme d'*Als* herméneutique du *Dasein*.

L'opération que Heidegger accomplit à travers son interprétation très serrée du texte consiste à s'approprier des déterminations conceptuelles aristotéliciennes et à les intégrer, après les avoir transformées, dans le cadre de son analytique de l'existence [1]. Pour le

1. Pour une élucidation de cette thèse je me permets de renvoyer à mes travaux : *Heidegger e Aristotele*, Padoue, Daphne, 1984 ; "Heidegger in Marburg :

problème du λόγος ici en question, on peut dire qu'il reprend d'Aristote l'idée qu'est propre à l'homme, au delà de la saisie simple de la perception ou de l'intellection, une faculté de liaison, discursive, médiée par le λόγος ; par la suite il transpose cette idée dans sa compréhension du statut ontologique du *Dasein*, le concevant comme constitué par une structure articulée qu'il appelle « hermeneutische Als-Struktur ». Celle-ci est ce que devient le λόγος si on le transforme, comme Heidegger le fait, en une structure ontologique, en un mode d'être. Étant l'articulation originaire du *Dasein* comme *Verstehen*, qui est au fondement de tous les comportements possibles, langagiers et non langagiers, cette articulation est déterminée comme synthétique et discursive, mais non pas comme verbale. Il s'agit de la structure qui est au fondement des trois attitudes fondamentales de la vie humaine, qu'elle rend ainsi possible : ποίησις, πρᾶξις, θεωρία. Par sa détermination ontologisante du *Dasein* Heidegger ébauche des déterminations équivalentes à celles d'Aristote mais profondément transformées : ce qu'il fait en ce cas, c'est de reprendre la figure aristotélicienne du λογιστικόν – transformée et ontologisée – et de la valoriser dans l'amplitude de sa portée théorique et pratique contre la réduction moderne de la discursivité aux actes de connaissance purement théorique et scientifique.

Le résultat de cette opération d'ontologisation est l'existential *Rede*, qui n'est pas simplement langage ou discours, mais l'indication d'une structure d'être, la condition ontologique de possibilité du parler (et des comportements homogènes de l'écoute et du faire-silence). Heidegger l'explique dans le § 34 de *Sein und Zeit* où il dit entre autre : « Daß jetzt erst Sprache Thema wird, soll anzeigen, daß dieses Phänomen in der existenzialen Verfassung der Erschlossenheit des Daseins seine Wurzeln hat. *Das existenzial-ontologische Fundament*

Die Auseinandersetzung mit Aristoteles", in *Philosophischer Literaturanzeiger*, 37, 1984, pp. 172-88 ; "Heidegger e la storia del pensiero greco : figure e problemi del corso del semestre estivo 1926 sui « Concetti fondamentali della filosofia antica »", in *Itinerari*, (N.S. 25) 1986, n° 1/2 (cahier Heidegger), pp. 227-68 ; "Dasein comme *praxis*. L'assimilation et la radicalisation heideggérienne de la philosophie pratique d'Aristote", in : *Heidegger et l'idée de la phénoménologie*, Dordrecht/ Boston/ Londres, Kluwer, 1988 (Phaenomenologica 108), pp. 1-41 ; "L'approccio fenomenologico alla storia della filosofia nel primo Heidegger," in *Aut–Aut*, 1988, n° 223-223, pp. 203-30 ; "« Sein und Zeit » : Homologien zur « Nikomachischen Ethik »", in *Philosophisches Jahrbuch*, 96, 1989, pp. 225-40, en traduction américaine : "« Being and Time » : A « Translation » of the « Nicomachean Ethics » ?", in Th. Kisiel – J. van Buren, éds., *Reading Heidegger from the Start. Essays in His Earlier Thought*, New York, State of N.Y. Univ. Press, 1994, pp. 195-211.

der Sprache ist die Rede » (*Ga.* 2, p. 213) [1].

La *Rede* est donc l'indication formelle *(formale Anzeige)* de la discursivité et de l'articulation pré-verbale du *Dasein*, sur laquelle est fondée la possibilité du langage mais aussi bien des tous les autres comportements découvrants du *Dasein.* C'est pourquoi Heidegger déclare que cet existential est cooriginaire aux deux autres existentiaux fondamentaux, le *Verstehen* (comme indication de l'activité et de la spontanéité du *Dasein*) et la *Befindlichkeit* (comme indication de sa passivité et de son être-jeté). Il établit par là que la *Rede* est présente en toutes les couches de la constitution ontologique du *Dasein*, donc non seulement dans la mesure où celui-ci a la capacité de parler, mais également pour autant qu'il est la *praxis* ou l'agir originaire *(Urpraxis)* qui constitue l'essence de l'existence et qui est à la base de toutes ses actions et tous ses comportements particuliers (de type poïétique, pratico-moral ou théorique).

Le parallèle de cette détermination du *Dasein* avec la détermination aristotélicienne de l'âme humaine peut être précisé en considérant que la compréhension aristotélicienne de l'homme est définie par l'imbrication, dans la vie humaine, de la sensibilité et de l'intelligence, d' ὄρεξις et νοῦς. Dans son éclaircissement de la structure de la *praxis*, et de la vie humaine considérée comme *praxis*, Aristote détermine la fonction de la partie rationnelle de l'âme, du λογιστικόν et de l' ἐπιστημονικόν. Sa détermination culmine à la fin de *Éth. Nic.* VI, 2 par l'indication de la complémentarité de ὄρεξις et νοῦς en tant que composantes fondamentales de l'homme : la sensibilité et l'intelligence déterminent de manière également originaire la προαίρεσις, notamment la προαίρεσις τοῦ βίου, c'est-à-dire le choix de vie, et sont donc les déterminations fondamentales et cooriginaires de l'homme (διὸ ἢ ὀρεκτικὸς νοῦς ἢ προαίρεσις ἢ ὄρεξις διανοητική, καὶ ἡ τοιαύτη ἀρχὴ ἄνθρωπος, *Éth. Nic.* VI, 2, 1139 b 4-5). À cette imbrication correspond dans la constitution ontologique du *Dasein* chez Heidegger la complémentarité de la *Befindlichkeit* et du *Verstehen.* Et comme chez Aristote ὄρεξις et νοῦς sont médiés dans l'horizon synthétique du λόγος, chez Heidegger aussi la *Befindlichkeit* et le *Verstehen* sont articulés de manière cooriginaire par la *Rede.*

Cette connexion de la *Rede* avec la détermination du *Dasein* pivotant sur la *praxis* apparaît en toute évidence dans un passage significatif

1. « Que la parole ne devienne *que maintenant* notre thème, cela doit indiquer que ce phénomène a ses racines dans la constitution existentiale de l'ouverture du *Dasein. Le fondement ontologico-existential de la parole est le parler.* » (tr. fr. E. Martineau).

du cours du semestre d'été 1926 sur les *Grundbegriffe der antiken Philosophie*. Au cœur d'une interprétation d'Aristote assez longue, où la philosophie pratique est présentée comme une « ontologie de la vie humaine » et comme une « analytique de l'existence », Heidegger déclare, en paraphrasant un passage de l'*Éthique à Eudème*, que

> ἄνθρωπος ist ζῷον, dem die πρᾶξις zukommt, ferner λόγος. Diese drei Bestimmungen zusammengezogen : ζωὴ πρακτικὴ τοῦ λόγον ἔχοντος (vgl. *Eth. Nic.* I, 7, 1098 a 3 sv.) ist das Wesen des Menschen. Der Mensch ist das Lebewesen, das gemäß seiner Seinsart die Möglichkeit hat, zu handeln. Derselbe Mensch taucht dann wieder bei Kant auf *(Kritik der reinen Vernunft, Grundlegung der Metaphysik der Sitten)* : der Mensch, der reden, d. h. begründend handeln kann (*Ga.* 22, p. 312)[1].

Le parallèle que Heidegger esquisse est éloquent et se laisse compléter : on retrouve la même détermination de l'homme, en termes radicalisés, chez Heidegger lui-même, dans la mesure où le *Dasein* est une *praxis* dont l'actuation est déterminée par le λόγος dans le double sens de langage et pensée.

3. L'ontologisation ultérieure : De l'acte du λόγος à l'événement du λόγος

Il est clair à présent que dans son approche analytico-existentiale Heidegger comprend le langage en connexion avec le phénomène de la vérité, mais il conçoit celle-ci dans le sens l'être-découvrant du *Dasein*, et précisément de façon que l'ouverture herméneutique du *Dasein*, articulée selon le *Als*, représente le fondement du phénomène du langage. La conception heideggérienne ne met pas l'accent sur le langage en tant que tel, mais sur la constitution ontologique du *Dasein* dans laquelle s'enracine la possibilité de la parole. Dans sa transformation herméneutique de la phénoménologie Heidegger souligne, contre Husserl, l'importance du problème du langage, la centralité des λεγόμενα, recouvrée suivant le fil conducteur des Grecs, mais il conçoit le langage – semble-t-il – selon une démarche encore

1. « L'ἄνθρωπος est le ζῷον auquel appartient la πρᾶξις et donc le λόγος. Prises ensemble ces trois déterminations (ζωὴ πρακτικὴ τοῦ λόγον ἔχοντος) constituent l'essence de l'homme. L'homme est le vivant qui conformément à son mode d'être a la possibilité d'agir. Ce même homme apparaît de nouveau chez Kant (*Critique de la raison pratique, Fondements de la métaphysique des mœurs*) : l'homme qui peut parler et donc agir en donnant des raisons. »

trop transcendantale, comme l'articulation discursive mais pré-verbale du *Dasein*, réduisant l'aspect verbal du λόγος à une fonction seulement expressive et représentative.

Est-il possible d'indiquer un point de virement où Heidegger modifie ou bien laisse tomber cette compréhension réductive du langage ? Grâce aux cours universitaires publiés dans la *Gesamtausgabe* nous sommes aujourd'hui en mesure de cerner ce point. Ce qui est intéressant, c'est que Heidegger arrive à mettre en question sa compréhension de la langue comme simple expression et représentation à travers une nouvelle interprétation du *De interpretatione*. Dans le cours du semestre d'hiver 1929/30 *Die Grundprobleme der Metaphysik. Welt – Endlichkeit – Einsamkeit* [1], il reprend son exégèse de la détermination aristotélicienne du λόγος, et précisément, comme lui-même le déclare (*Ga.* 29/30, p. 441), en des termes qui modifient sa précédente interprétation dans *Sein und Zeit* (§ 7 B, 33, 44), dans *Kant und das Problem der Metaphysik* (§ 7) et dans *Vom Wesen des Grundes* (1ère section).

Le cadre général de ce cours est défini par la problématique du rapport entre le *Dasein* et le monde. La formation du monde est ici le problème central et la question du λόγος est traitée aussi en relation à ce problème. À la différence de la nature anorganique, qui est sans monde *(weltlos)*, et à la différence des animaux, qui sont pauvres en monde *(weltarm)*, l'homme est capable de former un monde *(weltbildend)*. Heidegger est en quête du phénomène, de la structure, ou mieux : de l'événement dans lequel a lieu la formation du monde. Il s'agit du *Als* herméneutique et de la possibilité qu'il fonde de la signification et de la parole, que Heidegger traite en s'appuyant sur la compréhension aristotélicienne du σημαίνειν et du λέγειν.

Il n'est pas nécessaire d'analyser ici la reprise que Heidegger propose de son interprétation de la philosophie du langage dans le *De interpretatione*. Pour ce qui est ici en discussion il suffit de mettre en évidence l'essentiel, c'est-à-dire le point où Heidegger oriente son enquête dans une direction différente et met l'accent non plus sur les comportements du *Dasein* mais sur l'événement de la vérité et du λόγος. Ce tournant ressort de l'approfondissement ontologique du problème de la vérité, par lequel Heidegger ne prend plus en vue l'attitude découvrante du *Dasein* mais plutôt le caractère découvert, manifeste, de l'étant lui-même. Le λόγος est lui aussi entraîné dans ce relais ontologique. Il n'est plus considéré comme simple représentation

1. *Les concepts fondamentaux de la métaphysique. Monde, finitude, solitude.* tr. fr. D. Panis, Paris, Gallimard, 1992.

et expression d'une constitution prélinguistique du monde, mais il est intégré dans l'événement de l'ouverture et de la formation du monde. Un changement correspondant a lieu dans l'analyse de la structure du *Als* : tandis qu'auparavant elle avait été cernée comme caractère essentiel de la proposition prédicative et avait été reconduite à l'ouverture herméneutique du *Dasein*, Heidegger souligne maintenant qu'elle est le caractère essentiel du langage en général et que celui-ci détermine originairement l'ouverture du monde. Très remarquable à ce propos est le changement d'accentuation dans l'exégèse du *De interpretatione* : le passage du texte qui retient à présent l'attention de Heidegger, mais qui auparavant avait été laissé de côté, est *De int.* 2, 16 a 27 sv., où Aristote dit que le λόγος est κατὰ συνθήκην, ὅτι φύσει ὀνομάτων οὐδὲν ἐστιν, ἀλλ' ὅταν γένεται σύμβολον. Il s'agit là du passage où Aristote contrebalance la détermination représentative et expressive du langage, introduite au début du traité, par l'indication que la signification de la langue a un pouvoir « symbolique », et c'est en cela que consiste la capacité à former un monde.

La nouvelle accentuation signifie

> daß offenbar der λόγος im weitesten Sinne als Rede und Sprache, als den Menschen auszeichnend, mit Welt zu tun hat, wenn anders Weltbildung gleichfalls auszeichnend für den Menschen ist, oder gar so, daß sie die Möglichkeit der Sprache in sich birgt. Wo Welt, da ein Verhalten zu Seiendem als Seiendem. Wo das Seiende dergestalt offenbar ist, da kann von ihm gehandelt werden als solchem, das ist, nicht ist, gewesen ist, sein wird. Vom Seienden ist dergleichen wie Sein in einer merkwürdigen Mannigfaltigkeit sagbar. Gerade dieses, daß im λόγος, in der Sprache und damit innerhalb der Weltbildung des Menschen Sein sagbar ist, bringt die einfache Aussage in dem "ist" zum Ausdruck. Von da aus ist verständlich, warum die Aussage, eben weil sie das "ist" an der Stirn trägt, eine zentrale Bedeutung gewinnen konnte für die Metaphysik, die nach dem Sein fragt (*Ga.* 29/30, p. 468)[1].

1. Tr. fr. cit. : « D'une façon générale, il est apparu déjà que le λόγος, pris au sens le plus large comme parole et comme langue – en tant que celle-ci distingue l'être humain – a manifestement quelque chose à voir avec le *monde*, si du moins la *configuration de monde* distingue également l'être humain, ou même si elle est telle qu'elle contient en soi la possibilité de la langue. Là où il y a monde, il y a tenue d'un rapport à l'étant en tant qu'étant. Là où l'étant est manifeste de cette façon, il peut être traité de lui en tant que tel : de ce qu'il est, de ce qu'il n'est pas, de ce qu'il a été, de ce qu'il sera. De la même façon que l'*être*, l'étant est dicible en une singulière *multiplicité de sens*. Ce que l'énoncé simple exprime dans le "est", c'est précisément cela, à savoir que l'être est dicible dans le λόγος, dans la langue, et donc au

En conséquence Heidegger met en question l'orientation traditionnelle sur la copule et sur la prédication dans la position de la question de l'être :

> Es gilt zu fragen und ins Klare zu setzen, ob die Aussage, weil in ihr das "ist" und das Sein so exponiert an den Tag kommt, die Führung in der Frage nach dem Sein, nach dem Wesen der Welt und dergleichen beanspruchen darf, oder ob es nicht umgekehrt zu sehen gilt, daß diese exponierte Form des Seins, des "ist", zwar rechtmäßig und notwendig das Sein als offenbares enthält, daß diese Offenbarkeit aber nicht die ursprüngliche ist (*Ga.* 29/30, p. 468) [1].

Et maintenant, sur la base de la nouvelle accentuation dans la question du λόγος, il peut pousser à l'extrême son interrogation envisageant, quant au *Als* comme structure herméneutique du *Dasein*, une thèse ontologiquement plus forte :

> Die Aufhellung des Wesens des "als" geht zusammen mit der Frage nach dem Wesen des "ist", des Seins. Beide Fragen dienen der Entfaltung des Weltproblems (*Ga.* 29/30, p. 484) [2].

Par là est déjà indiquée assez clairement la direction dans laquelle Heidegger procédera dans sa radicalisation de la question de l'être, de la vérité et du langage :

> Der λόγος ἀποφαντικός als Aussage ist gewiß in der Möglichkeit des Wahrseins oder Falschseins, aber diese Art des Wahrseins, Offenbarwerdens, gründet in einer Offenbarkeit, die wir, weil sie vor der Prädikation und Aussage liegt, bezeichnen als vorprädikative Offenbarkeit oder besser als vorlogische Wahrheit. [...] Wenn diese ursprüngliche Offenbarkeit von Seiendem ursprünglicher ist als der λόγος, der λόγος aber ein Verhalten des

sein de la configuration de monde par l'homme. À partir de là, on peut comprendre pourquoi l'énoncé, qui porte le "est" sur son front, a pu acquérir une signification centrale pour la métaphysique, elle qui questionne en direction de l'être. »

1. Tr. fr. cit. : « Il s'agit de questionner et de mettre au clair cette question de savoir si l'énoncé, parce qu'en lui vient au jour le "est" et l'être ainsi exposé, a le droit de revendiquer le rôle de guide dans la question en quête de l'être, en quête de l'essence du monde, etc. Ne s'agit-il pas de voir, *à l'inverse*, que cette forme exposée de l'être, du "est", certes comprend, de façon légitime et nécessaire, l'être en tant qu'il est manifeste, mais que cette manifesteté *n'*est *pas la manifesteté originelle* ? »

2. Tr. fr. cit. : « L'élucidation de l'essence de l'"en tant que" s'accorde avec la question qui s'enquiert de l'essence du "est", de l'être. Les deux questions servent à développer le problème du monde. »

> Menschen ist, wo ist dann diese ursprüngliche Offenbarkeit? (*Ga.* 29/30, pp. 494-95)[1].

La réponse à cette question ne sort pas encore au dehors de la compréhension du langage pivotant sur le *Dasein*. La manifesteté ici en question n'est pas encore « en dehors de l'homme! Au contraire, elle est précisément l'homme lui-même dans un sens plus profond, l'homme lui-même dans son essence. Cette essence a été annoncée sous forme de thèse : l'homme est configurateur de monde» (*Ga.* 29/30, p. 495). Ce qui est important c'est que l'accent ne tombe plus sur la fonction représentative et expressive du langage, mais désormais sur la formation du monde plus originaire qui jaillit du pouvoir symbolisant du langage.

D'où la pressante interrogation ultérieure de Heidegger : «Où se trouve la manifesteté et en quoi consiste-t-elle ?» (*Ga.* 29/30, p. 495). Dans l'examen de la possibilité de fournir une réponse à cette question viennent au jour des motifs et des problèmes qui indiquent déjà la direction que Heidegger prendra par la suite. Du langage interprété comme un comportement discursif découvrant du *Dasein* la pensée heideggérienne est ici en transition vers la prise en vue d'un événement antéprédicatif qui a lieu encore dans le *Dasein*, mais qui expose celui-ci à l'étant auquel il s'ouvre :

> Die vorprädikative Offenbarkeit muß aber nicht nur überhaupt ständig schon geschehen und geschehen sein, wenn die aufweisende Aussage – so oder so – vollziehbar werden soll, sondern diese *vorprädikative Offenbarkeit* muß selbst ein solches *Geschehen* sein, darin ein bestimmtes *Sich-bindenlassen* geschieht. Es ist der vorgängige Bezug auf das, was dem aufweisenden Aussagen das Maß gibt : das Seiende, wie es ist. [...] Dieses in allem aussagende Verhalten, es *gründend,* geschehende Sichentgegenhalten – entgegen einem Bindenden – nennen wir ein *Grund*verhalten : das Freisein in einem ursprünglichen Sinne (*Ga.* 29/30, pp. 496-97)[2].

1. Tr. fr. cit.: «En tant qu'énoncé, le λόγος ἀποφαντικός est assurément la possibilité d'être-vrai ou d'être-faux. Mais ce genre d'être-vrai, de devenir-manifeste, se fonde sur une manifesteté que nous qualifions, parce qu'elle se situe *avant la prédication* et l'énoncé, de *manifesteté anté-prédicative* ou mieux : de *vérité pré-logique.* [...] Si cette manifesteté originelle de l'étant est plus originelle que le λόγος, mais que le λόγος est là un comportement humain, où est alors cette manifesteté originelle ?»

2. Tr. fr. cit.: «Mais la manifesteté anté-prédicative ne doit pas déjà avoir constamment lieu ni avoir eu lieu uniquement quand l'énoncé monstratif – quel qu'il soit – doit pouvoir être formulé: cette *manifesteté anté-prédicative* doit être elle-

Dans la suite du cours Heidegger analyse de plus près cet événement fondamental dans le *Dasein* qui est le langage et il en met en évidence une triple structure : *Sichbindenlassen, Ergänzen* (dans le sens de la formation d'un horizon totalisant), *Enthüllung des Seins des Seienden* (c'est-à-dire de la différence ontologique). Il n'est pas nécessaire d'entrer ici dans une analyse détaillée de cette triple articulation de l'événement fondamental de la formation du monde. Il suffit de mentionner, en conclusion, que Heidegger, dans une démarche ultérieure, souligne qu'il s'agit du projet du monde dans lequel – dit-il – « die Welt als das Sein des Seienden im Ganzen waltet». La thèse à retenir c'est que, de l'actuation libre d'un comportement linguistique, Heidegger passe ici à l'événement de l'être-libre pour la langue, concue comme pouvoir de former un monde.

4. Perspectives

L'explication de la compréhension aristotélicienne du λόγος conduit Heidegger à concevoir le langage comme une possibilité fondamentale de la vie humaine qui a lieu dans le *Dasein.* Cette explication est menée par Heidegger avec des intentions productives et elle laisse des traces visibles dans la démarche heideggérienne du problème du λόγος. On peut les reconnaître dans les nombreuses homologies et correspondances au niveau de la terminologie et des solutions proposées. La stratégie heideggérienne de confrontation avec le texte aristotélicienne se laisse caractériser comme une radicalisation obtenue par une « ontologisation » du cadre aristotélicien et de ses composantes.

Ce que l'on attend du philosophe est un changement de perspective qui lui permet de voir ce qui est derrière la surface de la donation ontique de l'étant. Cet écart ne se dirige pas, comme chez Husserl, vers la vie sécrète de la subjectivité constituante, mais vers la modalité d'être du phénomène en question et sa constitution ontologique. Or, les déterminations gagnées à travers ce changement de perspective ont le caractère de modalités d'être. De nombreuses catégories aristotéliciennes, que Heidegger passe – pour ainsi dire – à travers le filtre

même un *événement* dans lequel a lieu le fait précis de *se laisser lier.* C'est cela le rapport préliminaire avec ce qui donne la mesure à l'énoncé monstratif : l'étant tel qu'il est.[...] Ce fait de se tenir à la rencontre de..., qui a lieu en toute tenue-de-rapport énonciative et qui la *fonde* – à la rencontre de quelque chose de liant –, nous appelons cela un comportement *fondamental* : être libre au sens originel du terme. »

ontologisant de l'analytique existentiale et qu'il assimile, sont transformées et refaçonnées en termes de déterminations ontologiques.

La réalisation cohérente de cette opération d'ontologisation implique une conséquence importante, qui caractérise profondement la démarche heideggérienne. Les déterminations ontiques traditionnelles de la vie humaine – entre autre le λόγος – indiquent normalement, de manière positive, des possibilités et des capacités dont l'homme peut disposer par un acte volontaire. À travers cette ontologisation le contenu de ces déterminations est transposé à un niveau plus profond, il devient une composante de la structure du *Dasein*, et par là n'est plus une possibilité que celui-ci peut exploiter ou non : ce qui est devenu structure caractérise le *Dasein* avant sa volonté et indépendamment d'elle, il n'est plus à disposition de sa liberté, mais il adhère à son être comme quelque chose de contraignant.

Cette dynamique caractérise de même la transformation des déterminations du λόγος et du λογιστικόν dans l'existential appellé *Rede*. Ce qu'indiquent ces deux concepts d'Aristote devient un mode d'être du *Dasein*, la *Rede*, qui est la condition et le fondement de toute possibilité de parler (y compris le faire-silence comme cas-limite du parler). Élaborant l'existential de la *Rede* Heidegger reconduit le phénomène du langage à une structure qui caractérise l'être humain avant tout acte linguistique. La compréhension du langage dans l'horizon de l'histoire de l'être, qui s'annonce déjà dans le tournant du cours de 1929/30, mais qui ne sera déployée complètement qu'après la découverte de Hölderlin, représente un progrès ultérieur dans le fait de soustraire le langage à la volonté du *Dasein* et de l'encadrer dans l'événement de l'être lui-même : la langue appartient à celui-ci et elle n'est pas soumise au parler ou au faire-silence de l'homme. Au contraire, elle conditionne selon la destination épochale de l'être ce que l'homme à la fois peut ou ne peut pas dire. La célèbre définition aristotélicienne de l'homme comme vivant doué de parole et de pensée est déjà radicalement renversée dans l'*Einführung in die Metaphysik* de 1935. Heidegger y proclame :

> Wenn « ἄνθρωπος = ζῷον λόγον ἔχον » die metaphysische Grundformel für die Erschließung des Wesens des Menschen ist, so ist die "anfänglichere" Erschließung in der Gegenformel zum Ausdruck zu bringen : « λόγος ἄνθρωπον ἔχον = Φύσις » : das Sein, das überwältigende Erscheinen, ernötigt die Sammlung, die das Menschsein (acc.) innehat und gründet (*Ga.* 40, p. 184).

L'aboutissement se montre dans la formule : ἄνθρωπος = ζῷον λόγον ἔχον : l'homme, le vivant qui a la raison en partage. Le commencement, nous pouvons le saisir dans une formule composée librement, qui résume en même temps notre interprétation précédente : φύσις = λόγος ἄνθρωπον ἔχειν : l'être, l'apparaître prépotent, nécessite le recueillement qui a en sa possession l'être-homme et la fonde [1].

Franco VOLPI
Université de Padoue

1. Tr. fr. G. Kahn, Paris, Gallimard, 1967, p. 180.

LE MOMENT (καιρός), L'INSTANT *(Augenblick)* ET LE TEMPS-DU-MONDE *(Weltzeit)* [1920-1927]

Dans les écrits antérieurs à *Sein und Zeit*, principalement les cours et le *Natorp-Bericht* de 1922, une *phénoménologie de la temporalité* émerge peu à peu des descriptions de la « vie facticielle » qui constitue le thème principal et le fil conducteur des analyses ; et ce jusqu'à ce premier tournant avant la lettre que sera la conférence *Begriff der Zeit* qui mettra décisivement en avant et placera au centre le *Dasein* comme *Zeitlichkeit* et *Jemeinigkeit*. Dès les cours de 1919/1920 (*Ga.* 58), l'analyse de la « vie facticielle » *(faktische Leben)* se trouve distinguée tant évidemment du néo-kantisme rationaliste de l'École de Marbourg (Cohen, Natorp, Cassirer) que de la philosophie des valeurs (Windelband, Rickert, Lask) et des autres courants vitalistes (Simmel, Bergson, James) ou de la *Weltanschauung* historisante (Dilthey). La « vie » – dont le concept souvent qualifié par Heidegger de nébuleux, confus, trouble, polysémique, demande d'être précisé et thématisé – doit être phénoménologiquement dégagée de la « vie en soi », non seulement en tant que « présent vivant » *(lebendige Gegenwart)* (*Ga.* 58, p. 34) ou en tant que « vie religieuse » ou « vie artistique », mais considérée en tant que : *« toute vie vit dans un monde »* (*ibid.*, p. 36). La vie en son « caractère de monde » *(Weltcharakter)* se trouve elle-même spécifiée en trois moments : l'*Umwelt* (le monde naturel et social qui nous entoure), la *Mitwelt* (les autres, proches, parents, étrangers que nous rencontrons) et enfin la *Selbstwelt* (ce à quoi j'ai affaire et la façon dont je le rencontre, à savoir selon « mon rythme personnel »). Outre que la vie facticielle se donne dans un *monde* : « ce que j'éprouve là – est facticiellement effectif – tire sa signifiance *(Bedeutsamkeit) de son sens d'existence* » ; aussi ce concept d'*existence* se trouve-t-il défini plus loin comme un *comprendre préthéorétique* de l'expérience du monde-du-soi (*ibid.* p. 185). La vie facticielle *existe* en tant qu'elle se rapporte *de façon déterminée* aux contextes signifiants indéterminés d'une « situation ouverte » (p. 106) : Heidegger donne de l'*existence* des exemples de *Stimmungen* en situation : « le découragement du phénoménologue débutant ; la vulgarité d'un mauvais garçon dans la rue ; une de mes connaissances qui se trouve éprise ; le fait que je renonce à m'exprimer ; ma colère momentanée à ce propos ; ma fatigue » *(ibid.)*. Dans *Ga.* 61 (1921/22), la « vie » se trouvera définie *en premier lieu* par la dimension de *temporalisation* : comme « unité d'une succession *(Folge)* » ou « unité de *temporalisation* des mondes du vivre, unité qui implique une « extension » *(Erstreckung)* totale et à chaque fois limitée. En second lieu, la vie comme unité extensive « porte et *est* en elle-même ses propres possibilités », au sens phénoménologique, qui « n'a par avance rien à voir avec la possibilité logique ou apriorique » (p. 84). Dès ce contexte, Heidegger fait remarquer qu'à travers les diverses significations transitives (vivre quelque chose) ou intransitives (vivre de, avec, grâce à, dans, en direction de, etc.) court « un sens particulier continu : *vivre = Dasein* ; "être" dans et par le vivre » (*ibid.*, p. 85).

Dans trois contextes importants de cette époque, se trouve dégagé le concept de temps *kaïrologique* : *Ga.* 60 (1920/21)[1], *Ga.* 61 (1920/22)[2] et le « Rapport Natorp » intitulé après coup *Interprétation phénoménologique d'Aristote*[3]. La vie facticielle est décrite en effet comme exposée à une chute, un *Sturz* ou une *ruinance (Ruinanz)* spécifique, qui est la tentation de se comprendre elle-même à partir d'un « étant du moment », le καιρός, qui n'est pas le temps véritable où elle rencontre le pouvoir de se choisir elle-même selon sa finitude propre et ultime. Le temps kaïrotique, c'est *l'occasion*, le moment propice ou non, favorable ou non, mais cette occasion que la vieille sagesse grecque enseignait à reconnaître selon sa « puissance » (καιροῦ δύναμις) ou encore à « saisir par les cheveux » et Aristote à savoir discerner grâce à la prudence (φρόνησις), car *l'oc-casion* est le plus souvent pour la vie facticielle *casus*, déchéance. Le καιρός n'appartient pas à une chronologie régulière, neutre, où chaque maintenant est égal à chaque autre ou bien assigné d'avance à sa place par le régime ou le

1. *Ga.* 60, *Phänomenologie des religiösen Lebens*, en trois parties ; nous ne nous référons ici qu'à la première : *"Einleitung in die Phänomenologie der Religion"* (1920/21).

2. *Ga.* 61, *Phänomenologische Interpretationen zu Aristoteles* (1921/22).

3. Préface de Gadamer, 1922 ; tr. fr. J.-F. Courtine, Mauvezin, TER Bilingue, 1992.

rythme des activités. Le καιρός en tant qu'« étant de l'instant» *(Seiende des Augenblicks)*, de l'*Augenblick* au sens faible et non authentique d'un instant qui n'implique ni choix de soi-même ni répétition, comme le sera l'*instant* dans *Sein und Zeit*. Il ressemble à un événement historique par ce qu'il n'est pas répétable, mais il n'est pas objectif comme ce dernier. Il se place dans une perspective étroite, marquée par une *relative mienneté* : «la perspective, dit Heidegger, de la signifiance pour ..., de ce dont il faut se préoccuper, de ce qui doit être exécuté sur-le-champ *(jetzt)* ». «La *phronêsis* se constitue cet étant qu'est le καιρός », dit le *Natorp-Bericht*[1]. Point d'autotemporalisation comme dans l'*Augenblick* authentique, mais une relation à une extériorité. Le temps kaïrologique est le temps où l'opportunité, et non pas le *Dasein* propre, décide.

Cependant deux cas sont envisagés où le « kaïrologique » peut donner lieu à une temporalité propre, bien que le καιρός en son essence de « moment à saisir» ne puisse puiser son principe dans le *Dasein* propre.

I. a) Le καιρός eschatologique de la Parousie

Dans son *Introduction à la phénoménologie de la religion*, Heidegger commente la signification de l' « attente» de la seconde venue du Christ (la Parousie, ou l'Apocalypse – soit la Révélation ultime) dans la Première, puis dans la Deuxième *Lettre* de Paul *aux Thessaloniciens*. Lorsque Paul écrit (*Thess.* I, 1, 5): περὶ δὲ τῶν χρόνων καὶ τῶν καιρῶν, «quant aux temps et aux moments» (curieusement Heidegger traduit par le singulier: «Zeit und Augenblick»), la relation à la Parousie est «radicalement autre que toute attente», dit-il. Paul: « Vous n'avez pas besoin qu'on vous en écrive. *Vous-mêmes le savez parfaitement* : le Jour du Seigneur vient comme un voleur dans la nuit». Heidegger: ce « savoir auquel Paul renvoie les croyants n'est pas de l'ordre d'une connaissance *(Erkenntnis)* », mais donne déjà une réponse sur la façon de vivre, ou

1. *Ibid.* p. 42. Plus tard dans *Les problèmes fondamentaux de la phénoménologie*, p. 409, HEIDEGGER fera remarquer, sans l'expliciter, la non-thématisation par Aristote du καιρός, que ce dernier ne met pas en rapport avec le νῦν, le maintenant ponctuel, identique à tous les autres: «Aristote avait déjà aperçu le phénomène de l'instant, le καιρός, et l'avait défini comme tel au livre VI de l'*Éthique à Nicomaque*, mais sans parvenir à harmoniser le caractère temporel spécifique du καιρός avec ce qu'il connaît par ailleurs sous le nom de temps (νῦν) ». Temporalité originaire d'un côté; temps dérivé de l'autre.

plutôt révèle « deux modes de vie différents qu'il oppose » (p. 103). Paul : « Quand les gens diront : "Quelle paix, quelle sécurité", c'est alors que soudain la ruine fondra sur eux [...] Mais vous, frères, vous n'êtes pas dans les ténèbres, pour que ce jour vous surprenne comme un voleur. » Heidegger : en répondant à la question du *quand* de la venue de la Parousie, Paul montre que la réponse ne se trouve pas dans une *spéculation* eschatologique objective, mais dans une autre relation à la temporalité et une « incertitude constante » dans laquelle se trouvent les croyants. Paul, dit-il, oppose, d'une façon gnostique, pourrait-on ajouter, les prisonniers du monde et les « endormis » d'un côté et les « fils de la lumière et du Jour » ou les « éveillés » de l'autre, et ce dans une communication qui « n'est pas celle d'une doctrine théorétique » (p. 107), mais d'une compréhension décisive de leur propre vie par les croyants. Ce qui frappe Heidegger c'est le peu de contenu dogmatique, de même que dans la *Lettre aux Romains*. L'essentiel se trouve dans la communication d'un « savoir » relatif à Dieu, étranger à toute attente d'un événement situable dans le monde, un « savoir » qui échappe à tout temps du monde, à tout rapport avec quoi que ce soit d'objectivement escomptable et datable. Pour comprendre le dogme, il faut remonter à une expérience facticielle primitive du christianisme qui s'est trouvée recouverte par la définition « philosophique » postérieure, platonico-aristotélicienne, de « l'éternité de Dieu » (p. 104). Le *quand* de la Venue apocalyptique est de toute évidence pour le croyant le *maintenant-même* où s'énonce l'annonce, maintenant coïncidant avec *l'éternel aujourd'hui de l'éveil* qui ne pose pas la question pour lui dépourvue de sens du lointain avènement de l'éternel. « C'est le καιρός qui décide » (p. 150) : un accomplissement *présent*. « Le réveil *(Auferweckung)* coïncide avec la *parousia* » (p. 153) avec la Résurrection promise de la chair, alors que pour le judaïsme tardif l'Apocalypse était soit une *nouvelle époque terrestre* finale, théocratique, une *Endzeit*, soit la véritable éternité comme αἰών μέλλων, éternité à venir. Le nouveau temps de la Parousie est celui d'une rencontre avec Dieu, hors monde ; et précisément l'apparition de l'Antéchrist est le signe *non-mondain* d'une *Endzeit* hors temps. L'apostasie générale, l'incroyance, l'anti-divinité, le « mystère d'iniquité » (*Thess.* II), seraient « signes du temps » décisifs, paradoxaux, existentiels, signes de la nouvelle compréhension non-juive de *l'époque finale*, signes d'une éclipse du « monde », d'une abolition de l'Histoire, d'une *contraction du présent et de l'avenir ultime* en un Dernier Jour déjà « actuel » dans la foi, et non point seulement espéré : la *« Gleichzeitigkeit »,* la contemporanéité (p. 152). Le fait que Paul, comme le Christ lui-même, pensait que le Seigneur reviendrait « avant que cette génération ne passe » n'est pas le point décisif dans l'annonce de la Parousie. Le point décisif est que cette nouvelle eschatologie tourne le dos au « monde » et à l'Histoire.

I. b) Les traits kaïrologiques de la vie facticielle

Le cours fribourgeois du Semestre d'hiver 1921/22 (*Ga.* 61), dont Jean Greisch[1] donne un aperçu instructif et dégage les principales innovations phénoménologiques, est d'une extrême richesse descriptive, concernant les « catégories fondamentales du vivre » : parmi celles-ci le *Sorgen*, l'expérience de l'avoir à être, d'une mobilité spécifique de la vie facticielle « descriptible comme *l'inquiétude* » (p. 93). Heidegger se réfère à Pascal pour l'*Unruhe* plutôt qu'à Leibniz : il le fera également en *Ga.* 63, par exemple p. 109. Le se-soucier-de de la *Selbstwelt* ne repose pas sur l'introspection ou l'*autoréflexion*, mais sur l'écoute des *intimations (Weisungen)*[2] que le Soi reçoit du monde facticiel [anticipation de l'existential capital dans *Sein und Zeit* : le *Gewissen* et sa voix muette]. Le mouvement fondamental de la vie facticielle, « c'est-à-dire de notre vie d'aujourd'hui *(das heisst unser heutiges Leben)* est penchant ou *inclination (Neigung)* à la *dispersion (Zerstreung)*[3] : l'inclination du souci est éparpillement dans les activités ou les préoccupations *et* mouvement vers soi. La vie soucieuse tente d'annuler ou de *refouler* l'*écart (Abstand)* qu'elle prend vis-à-vis d'elle-même. D'où la catégorie du « verrouillement » *Abriegelung* : la facticité dispersée s'efforce de se masquer le vide de sa constante fuite de soi et perte de soi *(ruinance)*. Car le sens ultime de la mobilité fuyante du vivre est *temporel*. La vie en *chute (Sturz)*, dans l'équivoque *(Zweideutigkeit)* du *souci* redoublé en *Besorgnis* (« souciance », « accroissement du *souci* »), c'est-à-dire d'un souci qui se prend lui-même expressément en charge, a une relation déterminée à *son temps propre*. L'excès même des auto-justifications de la vie ruinante, le « masquage » *(Larvanz)* du vide de son monde de préoccupation, par l'invocation du « sérieux » ou de l' « actualité », de la « solidité » de ses activités, révèle en creux la relation à une situation de *crise kaïrologique*. Le *Dasein* vivant facticiel éprouve cruellement

1. J. GREISCH, *Ontologie et temporalité*, Paris, PUF, 1994, pp. 30-34.
2. J. GREISCH traduit par « directives ».
3. *Ga.* 61, p. 119.

qu'« il n'a plus le temps » ! Tout en s'assurant fermement de l'effectivité de ses projets sous l'apparence de la plus intense et puissante actualité, la vie voit se dérober ses appuis les plus fermes et ne se reconnaît plus dans le monde qui est pourtant le sien. Plus la vie s'efforce de répondre aux attentes qui se lèvent avec une urgence toujours plus torturante de son horizon mondain, plus surviennent des « incitations contraires » *(Rückweisungen)*, indices d'un essentiel et intime *tourment* (le terme *Quälenden* revient trois fois p. 138) de la vie elle-même. « De façon torturante se signale ainsi un *événement (Vorkommen)* dans la facticité (le « dévorer », le ronger), où advient précisément « ce qui « est dévoré : « la vie même », dans son monde ambiant »[1]. Lorsque la vie facticielle s'aperçoit qu'elle *n'a plus de temps pour rien, pour aucune de ses activités si importantes*, mais cela provisoirement », « pour le moment » *(Zeitweilig)*, elle peut par un complet renversement (qui sera montré plus tard (*Ga.* 29/30) dans l'expérience de l'ennui profond) « se donner le temps », redécouvrir qu'elle *« a son temps » (hat seine Zeit)*[2] :

> *"Temps"* compris ici non point comme cadre ou dimension d'ordonnancement, ni non plus comme caractère formel spécifique d'un enchaînement d'événements historiques, mais comme *mode* spécifique *de mobilité (Wie der Bewegtheit)*, au sens où non seulement il rend possible cette mobilité, la laissant être intérieurement, mais la co-constituant en son caractère moteur autonome facticiel[3].

Paradoxalement, à l'extrême de sa ruinance, c'est-à-dire de sa perte dans l'affairement mondain, où le temps lui-même vient à manquer, la vie factuelle redécouvre l'essence agissant en elle-même du temps. Celui-ci sera décrit bientôt comme *Jemeinigkeit* (*Ga.* 63 et *Begriff der Zeit*, 1923 et 1924) une continuelle, à chaque fois resurgissante, source de mouvement à saisir à la pointe fragile de sa mobilité propre, « autonome », *selbständig*, se tenant, consistant en elle-même. La description qui suit de ce temps kaïrologique a des résonances du Heidegger le plus tardif :

> Rester assis, tranquillement, pouvoir attendre, c'est-à-dire "donner du temps", au monde et à son histoire. La vie facticielle *a son temps*, "temps" qui lui est familier [*anvertraut*, auquel elle peut se fier, en quoi elle peut avoir confiance], qu'elle peut "avoir"

1. *Ibid.*, p. 138.
2. *Ibid.*, p. 139.
3. *Id.*

diversement : garder en attente, en dépôt *(Verwahrung)*. “Comment ai-je le temps”. Le temps n'est pas un cadre : cela n'est qu'artifice. Ne pas *avoir* le temps, mais se laisser prendre [se faire avoir] par lui, telle est l'historicité, [aller] “avec le temps” [1].

La « souciance » comme « ruinance accrue » *(Steigerung der Ruinanz)* se traduit ou se trahit dans le langage qui exprime dans un certain horizon d'attente que les événements adviennent : « plus rarement », « seulement parfois encore ». L'assurance intra-mondaine veut s'affirmer par ces expressions : ces événements vont bien advenir, mais leurs traits kaïrologiques sont « de plus en plus imperceptibles ». La vie facticielle se prive elle-même du temps ; elle cherche à annuler sa propre historicité. La vie facticielle construit sa ruine sur l'annulation du temps propre *(Zeittilgung)*. La formule qui entre toutes exprime la ruinance est celle-ci : « Je n'ai pas le temps ». Les diverses expressions désignant le temps et le moment sont différents degrés et différentes interprétations de l'accroissement de la ruinance, des catégorisations de la chute, c'est-à-dire du renfermement en elle-même de la facticité. En fin de compte, la vie facticielle à force de vouloir « se porter elle-même », en excluant ainsi d'être portée par le temps, « devient, qu'elle l'explicite ou non, extravagante *(toll)* à cet égard ou folle *(töricht)* » [2].

Le questionnement philosophique « comme recherche questionnante relative à la temporalisation de la vie facticielle », recherche qui dégage ses « existentiaux », son *« sens d'être »* [3], la *Fraglichkeit* comme « curiosité s'étonnant » et « angoisse », communiquant avec l'émerveillement phénoménologique, la *Fraglichkeit* est *« répétition »* et « temporalisation destructive » [4] de la vie facticielle déchéante, *inversion de la fuite curieuse vers le facticiel* [5]. La tâche fondamentale : poser la question de « l'être de la vie » [6].

L'émergence au premier plan des analyses sur la temporalisation du vivre fait apparaître corrélativement la *Seinsfrage* : celle-ci commence ainsi, dès ce Semestre, d'être expressément posée.

« Le phénomène foncier de la facticité devenu explicitement visible : “la temporalité” *(die Zeitlichkeit)* (non pas catégorie mais existential) » [7]. Mais cette temporalité se retire en son cœur le plus

1. *Id.*
2. *Ibid.*, p. 140.
3. *Ibid.* p. 185 ; 189.
4. *Ibid.* p. 195.
5. « Le fond de la curiosité du *Dasein* est de s'avoir soi-même *là (Sich*-da-*Haben)* », *Ga.* 63, p. 65.
6. *Ga.* 61, p. 196.
7. *Ga.* 63, p. 31.

propre : *l'instant.* Ce qui se donne d'elle le plus manifestement, c'est la quotidienneté de l' « *actuel* », celle d'un *Dasein* non point ouvert au monde, mais vécu et parlé par le monde, installé dans *l'actualité-présente* (Gegenwart) et faisant de celle-ci la sienne propre. L' « herméneutique de la facticité » (*Ga.* 63) *se donne pour tâche d'analyser la temporalité dominante, celle de l'aujourd'hui (Heute)* et en particulier l'interprétation régnante la plus actualisée et actualisatrice de l'aujourd'hui : la conscience historique.

I. c) « Le vivace et le bel aujourd'hui » (Ga. *63, §§6 et 7).*

Le *Dasein* facticiel est à chaque fois *notre propre Dasein* : *je unser eigenes Dasein* : notre « propre » implique une appropriation, sans qu'il soit fait appel à un « pôle égoïque », à un moi, à une personne. La facticité implique en effet un *à chaque fois mien* continuel, ou encore le *Dasein* dans sa *Jemeinigkeit*, c'est-à-dire séjournant *(Weile)* à chaque fois *(je)* dans l'aujourd'hui comme dans la détermination de ce qu'il est perpétuellement lui-même : « l'aujourd'hui, comme cette persévérance continuelle dans un présent (toujours momentanément circonscrit) qui est à chaque fois le sien propre » : *das Heute, das Je-Verweilen in Gegenwart, der je eigenen* [1]. La *Jemeinigkeit* est l'actualité du *Heute* communiquant et s'échangeant *inauthentiquement* avec la *Jemeinigkeit* : cet étant perpétuellement mien est dans la banalité de son être à soi quotidien « dominé par ce qu'*on* pense de l'existence et de la vie humaine ; dominé par le *On*, la tradition », écrira Heidegger dans *Begriff der Zeit* [2] en 1924. Ici, dans ce cours de l'été 1923, l'explicitation de l'aujourd'hui rattache plutôt celui-ci au *On*, comme *Présence de ce qui est présent de prime abord* : *« Heute ontologisch » :* Gegenwart des Zunächst, *Man, Miteinandersein ; "unsere Zeit".* L'aujourd'hui renvoie tout d'abord, dans l'immédiat, à un *On* plutôt « actuel » que « traditionnel » : « notre époque ». L'aujourd'hui « ontologique » appartient à une *situation éprouvée*, à un comment *(ein Wie)*, le plus souvent mal exprimé ou non exprimé, car le « bavardage » quotidien aplatit tout ce qui se produit en le réduisant à la « moyenne » *(Durchschnittlichkeit),* en effaçant la sensibilité aux différences *(Unterschieds-unempfindlichkeit)*. Le *On*, qui n'est personne, qui a tout lu, tout entendu et sait d'avance ce qui se produit,

1. *Ibid.* p. 29.
2. *Heidegger,* Paris, "Cahier de l'Herne", Biblio Essais, Le livre de poche, p. 41.

le *On* ne relève ni d'une sociologie des tendances de l'époque, ni d'une spéculation privée : il passe inaperçu de l'une comme de l'autre, dans la mesure où il reste sous-jacent. Le passage à l'explicitation publique de l'aujourd'hui se trouve relayé par son interprétation dans la « conscience historisante ».

La vision du monde historisante, tel le fameux « Déclin de l'Occident » n'est pas, dit Heidegger, la « marotte » du seul Spengler. Spengler est criticable en tant qu'il voudrait que les images des époques de l'histoire soient objectives, et pour cela détachées du point de vue partiel, partial, jugé arbitraire de l'observateur. Tout observateur loin d'être désintéressé observe depuis son « présent » le plus actuel. Mais Spengler représente la tendance historisante à rejeter le *Dasein* vivant et impliqué dans l'histoire hors des tableaux objectifs que l'on veut construire de cette histoire. Dans la mesure où non seulement l'histoire mais les sciences humaines cherchent à dégager des formes, des styles, des expressions caractéristiques d'époques entières, *elles se modèlent* – et Spengler en est un exemple – sur *l'histoire de l'art*. Les sciences humaines se fondent maintenant sur une méthode globale qui consiste à *singer* l'histoire de l'art. « Cette singerie *(Nachäffung)* de l'histoire de l'art en est un usage aberrant, c'est-à-dire une sous-estimation à partir d'un malentendu »[1].

L'inverse de l'historisme dans une *théorie des valeurs* suivant la ligne de Dilthey et de Rickert, qui luttaient pour dégager l'intemporel ou le supra-historique dans l'histoire, ne vaut pas davantage. La restauration néo-kantienne d'une « métaphysique objective » ne saurait être mieux qualifiée, écrit Heidegger, que le « platonisme des barbares ».

Ce qui se trouve oublié, c'est le *Dasein* « à chaque fois actuel », le thème de l'herméneutique de la facticité. « Le *Dasein* à chaque fois actuel est là dans son actualité continuelle. Celle-ci est co-déterminée par l'aujourd'hui à chaque fois actuel du *Dasein* »[2]. L'aujourd'hui se rend public, fait passer l'actualité d'aujourd'hui dans la « publicité » *(Öffentlichkeit)* par différents discours, d'opinion, de conscience historisante ou de philosophie, qui sont autant d'explicitations oublieuses de l'aujourd'hui, discours qui passent *par dessus* le *Dasein* *(darüber)*. Le plus proche, l'aujourd'hui à chaque fois sien, persiste non interprété proprement, si bien que Heidegger pourrait reprendre à son compte, ironiquement, pour désigner le *Dasein* négligé et non « publié » dans sa plus immédiate qualité d'être, le vers de Mallarmé :

1. *Ga.* 63, p. 57.
2. *Ibid.*, p. 48.

« Le vierge, le vivace et le bel aujourd'hui ». « Le *Dasein* dans l'aujourd'hui reste à questionner »[1]. Le *Dasein* ne se rejoint pas lui-même dans cette temporalité anonyme et latente de l'actuel, mais il ne se saisit pas même dans cette perte.

*
* *

Contrairement à l'excessive présentification de l'aujourd'hui, la tonalité fondamentale de l'angoisse interrompt, suspend le cours de la temporalité, produit l'inverse dans le *Dasein* : une complète et radicale *déprésentification vis-à-vis de l'aujourd'hui* et plus radicalement encore vis-à-vis de toutes les structures de renvois, de en-vue-de ... finalisés, qui constituent *le monde*. Elle diffère de la peur à laquelle appartient le *présentifier égaré* : « la précipitation oublieuse de soi d'un fouillis de possibilités flottantes »[2] dont aucune ne sauve et ne permet d'arrêter l'oppression et la panique. La peur s'oublie et affole de s'oublier en ce qu'elle ne peut se fixer, se saisir d'une possibilité déterminée et ainsi erre en sautant du plus proche au plus proche, sans pouvoir s'y arrêter.

L'angoisse au contraire advient en un brusque silence (elle coupe la parole, *verschlägt das Wort*[3]) et une immobilisation ; plus de fuite, « mais *un repos fasciné* » *(eine gebannte Ruhe)*[4].

II. a) Le hors-temps de l'angoisse comme « ne-pas-être-chez-soi » dans le monde.

La tonalité de l'angoisse, déjà analysée avant *Sein und Zeit* (§§ 40 et 68 b) dans *Ga.* 20, *Prolegomena zur Geschichte des Zeitbegriff*, Semestre d'été 1925, pp. 400 sv., interrompt le temps-du-monde comme *Heimlichkeit* absolue, comme continuité réglée de l'enchevêtrement des activités. Le *ne-pas-être-chez-soi (Unheimlichkeit)* entraîne aussi une perte momentanée de soi : Le « sujet » de l'angoisse est un *neutre*, encore plus anonyme que le *On*, qui est à l'aise, chez lui, dans son *Umwelt* d'extrême familiarité ou fiabilité *(vertrauteste)*. Il ne s'agit pas, dit Heidegger en *Ga.* 20, des phénomènes avec lesquels on

1. *Id.*.
2. *SuZ*, p. 342, tr. fr. E. Martineau, Paris, Authentica, p. 240.
3. *Was ist Metaphysik ?*, p. 9 (*Ga.* 9, p. 111).
4. *Ibid.*, p. 11 (*Ga.* 9, p. 114).

confond souvent celle-ci, ne pas y voir clair ou se trouver seul, isolé – mais : *es wird einem unheimlich*, « quelqu'un éprouve le ne-plus-être-chez-soi »[1]. L'angoisse en produisant cette rupture, éloigne du *Dasein* quotidien, délie du *On, mais pour laisser un moment* dans une région indécise et omni-potentielle, où il ne fait *ni* jour *ni* nuit, donc située également hors temps *naturel* également : « dans la claire nuit du Rien, de l'angoisse, se lève seulement l'originelle ouverture de l'étant comme tel : que l'étant est – et non pas Rien »[2]. *Was ist Metaphysik* (1929) présentera l'angoisse comme révélation brute de la différence ontologique : étant-être.

Quatre ans plus tôt, le Cours de 1925 décrivait le rien comme *rien du monde*, comme dans *Sein und Zeit*, c'est-à-dire aucun événement ne se passant ou ne s'étant passé dans le monde, ce que traduit l'expression : « ce n'était finalement rien ». « Quand l'angoisse s'est dénouée, nous disons alors : « ce n'était vraiment *(eigentlich)* rien », et ce discours correspond totalement à l'état de fait. Ce n'était rien ; *le devant-quoi (Wovor)* de l'angoisse est le Rien, c'est-à-dire rien d'un événement se produisant dans le monde, rien de déterminé, de mondain, mais, pour autant que dans la rencontre elle peut être là dans l'importunité, elle est bien davantage qu'une menace pour la peur, à savoir le *monde dans sa mondanéité* »[3]. Dans l'angoisse c'est l'impossible Rien qu'éprouve l'*Unheimlichkeit* sans qu'elle puisse identifier un « pour-qui », ni même finalement un « face à quoi » l'angoisse advient. Et pourtant un revirement – le passage de l'indétermination à une détermination très forte (« les choses comme telles ») de la présence du monde comme tel – s'esquisse précisément à cet instant d'anéantissement. « Toutes choses et nous-mêmes nous sombrons dans une indifférence. Cela, toutefois, non au sens d'un simple disparaître ; au contraire dans leur glissement en recul, *les choses comme telles* se tournent vers nous. Ce glissement en recul de l'étant dans son ensemble qui nous assaille en nous enveloppant dans l'angoisse, nous oppresse »[4]. Car cet ébranlement complet, ce glissement, cette dérive du monde, avec le vide et le silence qui les accompagne, vont révéler ce qui était appelé en 1925 « le fondement ultime de l'être »[5]. Dans l'angoisse, la temporalité propre du *Dasein lui revient, lui réapparaît* sous une forme d'abord méconnaissable.

1. *Ga.* 20, p. 400.
2. *Was ist Metaphysik ?*, p. 11 (*Ga.* 9, p. 113).
3. *Ga.* 20, p. 401.
4. *Ga.* 9, p. 111 (nous soulignons : « les choses comme telles »).
5. *Ga.* 20, p. 404.

Car cette extraordinaire description de l'angoisse comme simultanément effondrement du monde et figement indicible des processus réglés du temps-du-monde réduits à l'insignifiance, description d'un hors-temps ou d'un non-événement sans contenu discernable, devient vite dans l'analyse du § 68 b de *Sein und Zeit* la brusque rentrée en possession par le *Dasein* de sa temporalité la plus pleine : riche, nous semble-t-il, de trop de clarté explicative. L'arrêt du temps des occupations, le devenir-nul ou le suspens des projets de l'être-au-monde préoccupé, révélerait l'authentique, c'est-à-dire purement propre, *possibilité* de la *répétition* des choix déjà faits. Le temps neutre serait bloqué, annulé, par l'irruption d'un *retour possible* au possible le plus propre (lié à la résolution et à l'être-pour-la mort). « L'angoisse reporte au pur "que" de l'être-jeté isolé le plus propre »[1]. Soit... [L'angoisse n'est ni oubli, fuite, ni souvenir] ... Elle « inclut tout aussi peu déjà une assomption répétitrice de l'existence dans la décision ». Soit. Le *Dasein* angoissé ne peut rien décider. En revanche, l'angoisse reporte à l'être-jeté comme être-jeté *répétable possible*. Et de ce fait, elle dévoile *conjointement* la possibilité d'un pouvoir être authentique qui, dans la répétition, doit revenir en tant qu'ad-venant vers le là jeté ». L'angoisse transporte-t-elle toujours « et en quelque sorte inévitablement *devant la répétabilité* » ? L'angoisse est pour Heidegger le rappel en creux de l'*instant* de la décision authentique. « Son présent tient *en suspens* cet instant selon lequel elle-même – et elle seulement – est possible. »

L'*Angst* comme *angustia* est resserrement extrême du temps, par là ressourcé. « L'angoisse ne peut monter que dans un *Dasein* résolu »[2]. Elle est la tonalité de ceux qui ont déjà été résolus et savent qu'ils peuvent à nouveau l'être. « L'angoisse naît de l'avenir de la résolution »[3]. Elle est comprise par Heidegger comme la grâce d'une élection : heureux les angoissés, car ils seront bientôt à nouveau eux-mêmes, en possession de leur choix essentiel d'eux-mêmes. N'y a-t-il donc jamais d'angoisse absurde, inepte, et ne débouchant nullement sur ce ressourcement de la temporalité dans le *Dasein* le plus propre ? Ne devient-elle pas un simple terme technique pour désigner le retour au soi authentique ? Comment dans une analytique des tonalités affectives la distinguer aussi nettement et de façon aussi tranchée « des phénomènes comme le dégoût, la tristesse, la mélancolie, le

1. *SuZ*, § 68 b, p. 343.
2. *Ibid.*, p. 344.
3. *Ibid.*

désespoir »[1] que le texte évoque comme *se fondant existentialement dans l'être-l'avoir-été (Gewesen-sein)* ? Comment justifier le privilège authentifiant de la seule angoisse ? Peut-on imaginer cette angoisse pure et *sereine*, angoisse du seul penseur semble-t-il ? Qui éprouve l'angoisse « devant le monde comme tel » ? « L'angoisse de celui qui se risque ne souffre pas qu'on l'oppose à la joie, ou à l'heureux agrément d'une activité paisible. Elle se tient – en deçà de telles oppositions – dans une alliance secrète avec la sérénité et la douceur de l'aspiration créatrice »[2]. Angoisse de l'homme d'action ? Angoisse de l'artiste ? Dans *Ga.* 63, p. 32, Heidegger citait Van Gogh – une lettre – lui « qui, écrit-il, s'arracha ses tableaux comme du corps et que le combat avec le *Dasein* conduisit à la folie ». Comment l'angoisse poignante peut-elle s'allier avec la sérénité et la douceur ? Le « doux-amer » de cette angoisse suggère la coïncidence mystique des opposés – et non pas certes une célèbre figure de rhétorique. Mais combien peu mystique est l'*Eindeutigkeit*, l'absence de toute ambiguïté, l'élucidation univoque et définitive du sens de l'angoisse : « l'angoisse naît de l'avenir de la résolution »[3].

II. b) L'« instant » (Augenblick) *comme présent authentique : « répétition » par une « décision ».*

L'instant analysé au § 68 a) de *Sein und Zeit* comme comprendre authentique, c'est-à-dire comme comprendre qui « *advient* primordialement à soi », soit dirigé vers la temporalité la plus propre, soit *primordialement a-venant*, se distingue à la fois :

1) de l'avenir inauthentique : *das Gewärtigen*, « l'ad-tension », « le s'attendre à », mode inauthentique du comprendre qui « se projette vers ce qui dans les affaires de l'activité quotidienne, est pourvoyable, faisable, urgent, indispensable »[4], et n'est attentif à soi qu'indirectement « à partir de ce qu'offre ou refuse ce dont il se préoccupe »[5] et toute attente empirique de ceci ou de cela, attente de quelque chose *(Erwarten)* trouve de façon transcendantale, dite « existentiale » dans le *Gewärtigen* le « fondement » de sa possibilité ;

1. *Ibid.*, p. 345.
2. *Was ist Metaphysik ?*, p. 15 (*Ga.* 9, p. 117).
3. *SuZ*, pp. 344-45.
4. *Ibid.*, p. 337.
5. *Id.*

2) du présent inauthentique qui a pour existential : *das Gegenwärtigen, le présentifier,* déchu lui-aussi vers les affaires, mobilisé par le bavardage, la curiosité, l'équivoque qui animent l'affairement des préoccupations. « Tout présent est *présentifiant*, mais non pas “instantané” » [1]. Aussi bien le premier mode qui anticipe pragmatiquement un succès ou un insuccès possible, que le second qui séjourne auprès de l'actualité, en sa variété, la commente indéfiniment – se placent dans une dispersion continuelle, une aversion vis-à-vis du temps propre et dans un oubli de soi ou une façon de se fermer à la *situation la plus propre*. Présentifier c'est s'enfermer dans le seul présent, c'est faire comme si une chose, une situation pouvait se contenir en elle-même sans avenir ni passé. La présentification est liée à un découpage du temps non en maintenant égaux, mais en une succession d'unités seulement formelles ou passives, bien que pragmatiques, car l'unification se fait autour d'un étant, disponible ou non. L'unité de temps se fait autour de la chose praticable ou non, communicable ou non, etc., temps qui est donc essentiellement dispersé.

L'instant s'unifie plus profondément comme unification de soi du *Dasein* lui-même à partir d'une décision *(Entschluss)* découlant de l'*Entschlossenheit* (ouverture à la situation la plus propre et irrelative). C'est pourquoi l'instant est à comprendre « au sens actif » [2], en tant qu'*ekstase*, sortie hors du temps comme succession neutre et universelle. L'*instant* « désigne l'*Entrückung* résolue » : « l'échappée » dit Martineau, « le transport » traduit à juste titre J.-F. Courtine, mais pas « l'envol » (Vezin) ! Échappée vers l'avenir extrême de la finitude et vers le passé le plus lointain, tous deux repris en tant que possibilités déjà choisies, c'est-à-dire continuation d'une tradition que chaque *Dasein* se constitue. La répétition consiste à se ramener vers le pouvoir-être d'une possibilité d'existence passée, *sich wieder holen*, se *re-prendre* expressément. L'instant de la décision, fidèle à une répétabilité ancienne et toujours capable de se *présenter* à nouveau, est *tendu présentement* vers le « devancement », le *Vorlaufen* de l'avenir le plus lointain : temporalité *contractée* en son entièreté dans l'éclair « d'un coup d'œil » [3]. L'instant est « *tenu* dans l'être-résolu » [4] : le mot *gehalten (tenu)* est répété trois fois en cette page 338. Temporalité ekstatique, hors de soi « en soi et pour soi », « unité co-originaire

1. *Id.*
2. *Ibid.*, p. 338.
3. *Ga.* 24, p. 407.
4. *SuZ*, p. 338.

ekstatique-horizontale de l'avenir, de l'avoir-été et du présent »[1], *tenue* comme un point d'orgue, où se recueille et se résume le moment le plus bref et le plus long. Car l'être-au-monde y appréhende en un éclair la totalité de sa situation, « tient son monde sous le regard »[2] : situation qui bien entendu comporte des déterminations facticielles non voulues : circonstances, hasards, péripéties d'une action, mais qui se trouve comprise et reprise en son entier dans l'instant de la décision-résolue.

Un tel instant-source, d'où jaillit la temporalité ekstatique, à chaque fois complète, indivise en sa tridimensionalité, invisible pour la banalité des jours (qui ne connaît que le fugitif maintenant), un tel instant peut-il naître d'un effort, d'une tension de la volonté ? Bien que l'instant exige d'être tenu, n'est-il pas plutôt soutenu, assumé avec constance ? Car le *Dasein*, pas plus qu'il ne peut vouloir être exposé à l'*angoisse*, ne peut décider, paradoxalement, qu'advienne l'instant de la décision ! L'instance de l'instantané – que Platon dans la IIIe hypothèse du *Parménide* nommait déjà ekstatiquement l' ἐξαίφνης – *se tient (in-stans)* d'abord en elle-même comme le cœur du temps et sa réserve la plus secrète. Les instants où la situation entière d'un *Dasein* se dévoile pour lui sont *rares*. Ils ne constituent pas une succession comme la série des maintenant identiques, mais chacun révèle la même vision de la situation, expérience primordiale, qui toujours revient, la même, sous diverses formes.

S'il est vrai que l'instant constitue la présentification répétée de l'être-résolu, celui-ci ne peut présentifier à volonté de tels instants. L'instant semble ainsi appartenir à une temporalité originaire *pure*, indépendante des variations de l'authentique et de l'inauthentique, une sorte de synthèse passive par laquelle s'opère d'elle-même l'*unité des trois ekstases*. Car cette unité se fait quel que soit le rapport du *Dasein* à sa temporalité, propre ou impropre.

Le concept de schème horizontal du monde, le *praesens*, montrera qu'une temporalité peut être *neutre et originaire*, et nullement inauthentique. – Mais le *praesens* n'est décrit qu'après *Sein und Zeit*, en 1927. Qu'en est-il du *temps-du-monde*, du temps des horloges, analysé dès 1924 dans *Begriff der Zeit* ? Il est dérivé, mais est-il en lui-même inauthentique ? Suivons d'abord, avec cette question, les premières descriptions de la montre. Le simple usage quotidien de la montre est-il en lui-même une fuite devant la temporalité et une déchéance du *Dasein* ?

1. *Ga.* 24, p. 406 (tr. fr. J.-F. Courtine, Paris, Gallimard, 1985, p. 408).
2. *Ibid.*, p. 408.

III. a) La montre ou l'horloge, l'exclusion phénoménologique du temps naturel, et l'oubli de la mort

Heidegger met en évidence les deux questions différentes qui se posent à propos de la *montre* : 1) qu'est-ce qu'une montre ?, quel est le sens de cet outil ?, 2) qu'est-ce que lire le temps sur une montre ? ou que signifie « regarder l'heure » ? Il répond à la première dans la conférence sur le « Concept de Temps » et à la seconde dans ce même texte ainsi que dans *Les problèmes fondamentaux* de 1927 [1]. Que montre *(zeigt)* l'aiguille *(Zeiger)* d'une montre ?

> Une horloge donne le temps. Une horloge est un système de physique où la même suite d'intervalles de temps se répète constamment, étant admis que ce système de physique n'est pas soumis à un changement dû à une influence extérieure. La répétition est cyclique. Chaque révolution a la même durée. L'horloge donne le même intervalle qui constamment se répète et auquel on peut toujours revenir. La division de cet espace de temps est *arbitraire*. L'horloge mesure le temps, pour autant que l'extension de la durée d'un événement est ramenée à une série identique d'états de l'horloge et donc numériquement déterminée dans sa quantité. Qu'est-ce que l'horloge nous apprend sur le temps ? Que le temps est quelque chose en quoi un point qui est un maintenant du temps peut être fixé de façon *arbitraire*, de sorte que de deux points différents du temps, l'un est toujours antérieur, l'autre postérieur. Par là aucun point qui soit un maintenant du temps n'est *distingué* d'un autre. Il est, en tant que maintenant, l'antériorité possible d'une postériorité, en tant que postérieur, la postériorité d'une antériorité. Ce temps est complètement identique de nature, homogène. C'est seulement dans la nature où le temps est constitué comme homogène qu'il est mesurable. Ainsi le temps est un déroulement dont les étapes se rapportent les unes aux autres suivant la relation de l'avant à l'après. Tout avant et après peut être déterminé à partir du maintenant qui est pourtant lui-même *arbitraire*. [2]

Le présupposé fondamental de la montre est une prédétermination de l'essence du temps comme *aristotélicien*, c'est-à-dire, comme *temps mesurable* et mesuré selon un mouvement artificiel *régulier*, répétitif, cyclique, *temps nombré* [3], temps qui a le caractère du *passage*, de la

1. *Ga.* 24, pp. 363-365.
2. "Cahier de L'Herne", *op. cit.*, p. 36 (nous soulignons : *arbitraire*).
3. Pour l'interprétation du concept aristotélicien du temps, cf. *Ga.* 24, pp. 327 à 363.

succession régulière selon l'avant et l'après de maintenants *également et arbitrairement espacés*, en heures, minutes, secondes égales. Heidegger insiste sur le caractère *arbitraire* des intervalles selon lesquels est découpé le cadran de la montre. Le mot « arbitraire » revient trois fois dans ce texte. Malgré la figure naturelle de la répétition cyclique, le minuscule « système de physique » qu'est la montre est artificiel. Le système de physique a beau être minuscule, la φύσις est pour la première fois (elle le sera bien souvent ensuite) impliquée dans le temps-du-monde, mais à la fois évoquée et éludée.

Certes le déplacement de l'aiguille sur un cadran est arbitraire de par les divisions arbitraires du cadran, mais le « sens » de l'heure (midi par exemple, le chiffre 12) renvoie à une position parfaitement déterminée du soleil, au zénith. D'autre part, « étant admis qu'[il] n'est pas soumis à un changement dû à une influence extérieure » [!?], ce « système de physique » ne fonctionne pas tout seul, *sponte sua*, mais c'est soit le ressort remonté en se détendant, soit la pile en libérant une quantité d'énergie accumulée, qui le fait tourner. Cette « force de la nature » se trouve passée sous silence, oubliée, selon la présupposition non démontrée qu'elle n'a en général et en principe rien à voir avec le temps.

Tout en analysant par la suite l'essence du « maintenant » lu sur la montre, Heidegger en vient à ce que lui-même appelle l' « horloge naturelle » – et ce pour écarter, comme il le fera plus décisivement au § 80 d'*Être et Temps*, toute dépendance véritable du *Dasein* à l'égard du « temps naturel ». Nous disons en effet, écrit-il dans la Conférence, « avec ou sans montre expressément présente : maintenant, le soir, le matin, cette nuit, aujourd'hui »[1]. L'aujourd'hui en particulier semble de toute évidence (mais cette évidence naturelle sera récusée) être une unité naturelle de temps puisque déterminée par le lever et le coucher du soleil. « Nous touchons là, poursuit le texte, à une horloge que l'existence humaine possède depuis toujours, l'horloge naturelle de l'alternance du jour et de la nuit »[2]. « L'existence s'est procuré cette horloge (l'alternance jour/nuit) avant toutes les montres de poche et les cadrans solaires »[3]. Comment ne pas admettre une certaine dépendance du *Dasein* à l'égard du temps dit naturel ? Il est évident que le *Dasein* ne s'est pas donné à lui-même la lumière du jour qui rythme ou ponctue ses activités. Le calcul astronomique du temps n'est-il pas fondé sur des cycles célestes cosmologiques ? Heidegger montre dans *Sein und Zeit*

1. "Cahier de l'Herne", *op. cit.*, p. 37.
2. *Id.*
3. *Ibid.*

que la nature fait partie de l'être-jeté du *Dasein*, de sa facticité, et que dans et par cette facticité il se trouve lié à l'*être* de la nature comme à son passé immémorial, mais de cet *être* (dont la « nature vivante » est un *étant* rencontré dans le monde ambiant) *il ne sait rien*. L'*être* de cette lumière du soleil – dont la science construit l'étantité objective – nous est fermé. L'essence de la nature comme celle de la vie nous reste obscure, impénétrable. Tout étant nous est accessible dans le monde qui est *nôtre*. Donc en définitive ce n'est pas le soleil qui mesure le temps des occupations quotidiennes. Au contraire, c'est le *Dasein* qui fixe lui-même le début et la fin des périodes de son activité laborieuse par rapport au lever et au coucher du soleil, qui ainsi *fait usage* de la lumière et de la chaleur solaires comme d'*étants-disponibles*, fait de celles-ci autant d'*outils*, en vue de son travail. « Lorsque le soleil se lève il est *temps de* ... La préoccupation fait usage de l'être-disponible du soleil dispensant lumière et chaleur. Le soleil date le temps explicité dans la préoccupation. De cette datation naît la mesure la plus "naturelle" du temps, le jour » [1]. La datation, le calendrier s'établissent à partir de certaines « positions » et mouvements apparents du soleil durant une journée, dont le *Dasein* « tient compte ». La datation *utilise* une telle mesure « publiquement disponible », c'est-à-dire : c'est le *Dasein* qui « se donne le temps » en se servant pour cela d'une horloge. Pas de temps naturel qui ne soit totalement repris et réinscrit dans le monde. Ni le rythme nycthéméral, ni le cadran solaire ne prendraient sens hors de la temporalité préoccupée de l'être-au-monde. Ainsi : « la temporalité est le fondement de l'horloge » [2]. De toute heure ou saison, du jour et de la nuit, c'est le *Dasein* qui définit la signification à l'intérieur du *temps-du-monde* dont il semble qu'il ne puisse sortir.

« Toute montre indique le temps de l'être-au-monde-l'un-avec-l'autre » (*Miteinander*-in-der-Welt-sein) [3]. Qu'est-ce alors que lire le temps sur une montre ? Ce regard ne saurait en aucun cas être théorétique. Un outil vu isolément et pour lui-même se réduira instantanément à un étant-subsistant dépourvu de sens. Lire le temps sur la montre, c'est expressément ou non poser un *maintenant*. Mais non pas comme un acte théorique, abstrait, de présentification. C'est situer « l'heure qu'il est » dans le temps des activités avec les autres. C'est dire maintenant, il me reste encore tant de temps pour terminer ce que je suis en train de faire ; ou bien, maintenant, une heure s'est déjà écoulée depuis que j'ai commencé ma lecture. Le temps de la

1. *SuZ*, pp. 412-413.
2. *Ibid.*, p. 413.
3. "Cahier de l'Herne", *op. cit.*, p. 48.

montre est temps global *pour* ..., temps fixé *jusqu'à* ..., temps entamé *depuis* ... Tout *depuis* reconduit, dans ce temps indéfiniment reportable, à un nouveau *jusqu'à* ... Lire la montre c'est se reconduire indéfiniment de délai en délai, de terme en terme. Pourtant cet *écart* du temps, successivement reconduit, ne pourrait surgir de la simple position des aiguilles sur le cadran. Il vient de ce que je prends en vue *le temps qu'il faudra* pour telle ou telle occupation : le temps de la montre découle des projets. Il découle de la temporalité originaire du *Souci*, comme avoir-à-être-en étant-déjà-auprès-de. Lire l'heure c'est faire se rejoindre le lointain relatif d'une limite anticipée, d'une attente, le proche d'un *maintenant que* ... et la rétention d'un passé ici très partiel (lié à telle ou telle activité en cours). Le *temps-du-monde* – différent du temps objectif scientifique exprimé par des coordonnées objectives universelles strictement mesurables – se situe nécessairement *en dehors de tout processus de la nature*. Le *temps-du-monde* est permanent, constant, égal à soi, il n'est *ni éphémère* comme la couleur des jours, *ni subjectif* comme mes impressions quotidiennes, *ni objectif*, comme l'heure donnée par l'Observatoire. Celle donnée par l'Horloge parlante se situe à la limite où le *temps-du-monde* évolue vers une objectivité abstraite indépendante des préoccupations et des occupations. Lire l'heure, ce n'est pas collaborer involontairement au temps de la nature, c'est projeter sans le construire objectivement le *temps du monde*, c'est-à-dire non pas le temps « public », le temps publié, exprimé comme celui des activités sociales organisées, objectivement coordonnées. Ce temps objectivé dérive du « temps du monde » qui appartient originellement à la temporalité du *Dasein*, temporalité dont l'unité ekstatique n'est ni celle d'une subjectivité transcendantale ni celle d'une objectivité universelle : « Le temps du monde est "plus ancien" que toute subjectivité et objectivité ... » [1]

Le temps comme suite indéfinie, nombrée et irréversible de points-maintenant, le temps selon Aristote (le premier à avoir conceptualisé par avance le temps naturel objectif de la science) n'est pas le plus originel, mais le plus dérivé, le plus déchu. Ce temps dit naturel se trouve placé en effet au *troisième degré d'éloignement* par rapport au temps originaire, défini par l'acte de reprise, de présentification et de projection dans le futur, par l'unité d'un tel acte, et par rapport au temps du monde, marqué par de multiples et variables écarts, ouvert sur la durée des occupations et les relations diversement rythmées aux ustensiles.

1. *SuZ*, p. 419.

Peut-on même parler d'un « temps naturel » ? En toute rigueur non, si l'on entend par « naturel » ce qui se produit à partir de soi-même. Le temps dit naturel n'est-il pas en fait produit ou plutôt construit par le *Dasein* qui lui prête toute sa spontanéité et tombe dans l'illusion de croire qu'il est indépendant de lui ? Telle est bien la position du premier Heidegger qui parvient dans les *Grundprobleme* à cette conclusion extrême : *« Il n'y a pas de temps naturel »* dans la mesure où le temps appartient toujours essentiellement au *Dasein*. Mais il y a en revanche un temps-du-monde [1]. Cette affirmation : pas de temporalité, ni même de temps en dehors du *Dasein*, bien qu'elle repose sur une rigoureuse destruction phénoménologique de la pseudo-objectivité du temps – n'en reste pas moins *métaphysique*, en tant qu'elle concerne la totalité de l'étant donné à la fois dans le monde et hors du monde. En excluant la possibilité autonome d'un temps naturel « en soi », Heidegger ne dépasse-t-il pas les limites de la description phénoménologique ?

Certes les biorythmes, les années-lumière, les époques géologiques et paléontologiques, voire les saisons, relèvent d'une conceptualité scientifique, ou empirique, qui en tant que telle s'inscrit dans le monde et ne « prouve » rien quant à la vérité interne de l'être de la nature [2]. Cependant ces chronologies, si elles ne nous sont intelligibles qu'à partir de notre temporalité, ne semblent nullement pouvoir être définies comme des construction exclusivement dérivées du temps *du monde*, au sens où celui-ci dépend de la « disponibilité ». Quelle serait la disponibilité des galaxies, des « trous noirs » ?

N'est-il pas possible de décrire phénoménologiquement ou poétiquement notre relation quotidienne avec les moments naturels du temps : l'aurore, le crépuscule, le midi, avec les jeux contrastés mais signifiants de la lumière et de l'ombre, notre relation avec la lune et le soleil, relation qui pourrait être indépendante du *souci de l'heure* qu'il est, ou du moins, si un tel souci était nécessairement impliqué dans l'expérience de la temporalité, sans rapport avec un travail à faire, avec le *Besorgen*, obsession apparente de toutes ces analyses ? N'y a-t-il pas dans la lumière des *tonalités*, joyeuses, tristes ou indifférentes, qui indiquent et font *savoir* hors de toute mesure, attente ou projet, le *climat* de l'heure ?

1. *Ga.* 24, p. 370 (tr. fr. J.-F., Courtine, *op. cit.*, p. 315).

2. P. RICŒUR montre bien dans *Temps et récit, III, Le temps raconté*, que l'extension scientifique de l'échelle de l'histoire naturelle de six mille ans (au XVIIIe siècle) à six milliards d'années se traduit par une disproportion, une « incommensurabilité entre le temps humain et celui de la nature ».

Il nous est arrivé à tous d'observer la section d'un vieux tronc d'arbre coupé. Les cercles concentriques, reconnaissables à diverses teintes du bois, laissés par les poussées successives des saisons, ne sont-ils pas tout à fait étrangers à notre temporalité, et ne montrent-ils pas cependant une stratification, une épaisseur de temps, ou de durée à la fois visible et impénétrable, un très ancien progrès, un procès à la fois irrésistible et lent, patient et tout-puissant comme la croissance, comme la sourde poussée de la φύσις immémoriale ? La φύσις n'est-elle pas sans âge définissable, archi-ancienne et toujours jeune ?

III. b) Le schème de la présence constante du monde

Dès le § 69 c de *Sein und Zeit* Heidegger montrait que la temporalité comme unité ekstatique des trois ekstases a cependant pour chacune d'entre elles un *horizon* différent. Le *schème* de chaque horizon est la forme visible que prend l'échappée ekstatique selon sa direction propre. Il y a à chaque fois un *dessin schématique-horizontal*, le schème de l'à-venir : le « en vue de soi-même » du *Dasein* ; le schème de l'avoir-été : le « avec-quoi-déjà » se projette l'être-jeté ; le schème du présent : l' « être-auprès-de-l'étant » – subsistant ou disponible. Le commerce avec les étants intra-mondain ne dépend pas du *Dasein* propre, mais de la configuration, qui fonctionne comme une *imagination transcendantale*, du temps présent du monde, ou *schème du présent* dont dépend toute présentification de type ustensilaire. L'on voit ainsi apparaître une nouvelle instance ekstatique de la temporalité qui ne saurait absolument pas *dériver* d'un mode authentique ou non, qui est donc en soi et pour soi radicalement *originaire* [1].

Dans les *Problèmes fondamentaux* Heidegger appelle donc *praesens* le schème horizontal de l'ekstase du présentifier. Pourquoi, s'il est vrai que la temporalité temporalise toujours dans et par l'*unité* des *trois ekstases,* accorder ainsi un privilège à la *présence* comme horizon et schème originaire ? Et d'abord qu'est-ce que le concept de schème ajoute au concept d'ekstase ? Heidegger s'efforce de montrer que la compréhension et le maniement de l'outil sont rendus possibles non seulement du côté du *Dasein* par l'unité ekstatique de la temporalité, mais en quelque sorte « objectivement » devant lui par un hori-

1. Nous renvoyons ici le lecteur à notre analyse plus complète de cette priorité de la temporalité originaire à l'égard des deux modes authentique et inauthentique dans notre *Heidegger et l'essence de l'homme*, Grenoble, J. Millon, 1990, pp. 55 à 86.

zon de présence *déposé dans le monde* ou surgissant du côté du monde. En effet, d'une part, la compréhension de l'être de l'étant-ustensile et du complexe instrumental suppose un acte de présentification, qui comprend le rappel de la fonction de l'outil de l'anticipation toute prochaine de sa destination, donc l'unité d'une triple ekstase du côté du *Dasein*. Mais, d'autre part, le présent de cet acte de présentification renvoie à un horizon de présence à l'intérieur duquel un étant-ustensile peut en général s'offrir à l'acte de présentification. Le présent de cette présentification ustensilaire n'est ni le présent objectivé et déchu (le simple « maintenant ») ni le présent authentique (l'*instant*). Cet horizon neutre de présence n'est pas explicitement posé par l'acte de présentification de l'outil ; au contraire, cet acte le présuppose comme son vis-à-vis et comme l'espace de jeu du « afin-de ». Le *praesens* est un *schème*, c'est-à-dire un horizon permanent, ni sensible, ni intelligible du monde. Il échappe aussi au dualisme de l'authentique et de l'inauthentique. Il est originaire, sans avoir jamais été authentique. Il n'est pas, comme le maintenant ou comme l'acte lui-même de manipuler l'outil, un moment dans le déroulement d'un temps dérivé. L'outil a été disponible, il l'est maintenant, il le sera de nouveau. Mais l'horizon ou le schème de l'ustensilité qui rend possible ce type de compréhension n'est pas susceptible de glisser dans le passé ni de naître seulement à l'avenir. Le schème est ce vers quoi d'abord s'avance ou s'extasie la temporalité quand elle va hors de soi, au delà de soi. Le *praesens* est donc aussi originaire que l'acte de présentification. Ce que Heidegger nomme *Temporalität*, n'est-ce pas la schématisation originaire de la *Zeitlichkeit* ? En termes husserliens, on pourrait dire que le *praesens* est ce que la temporalité active, préoccupée, désigne ou *vise à vide*, une forme qui attend divers contenus déterminés.

La notion de présence ustensilaires met à jour un aspect en quelque sorte « objectif » de la temporalité, distinct du « projet résolu de soi » du *Dasein* : c'est l'être de l'étant intramondain qui, comme disponible ou non, se présente lui-même à la fois toujours présentement et en permanence comme un possible, praticable ou impraticable. Le ne-pas joue un rôle essentiel dans la monstration phénoménologique de la permanence du *praesens*. En effet lorsque quelque chose d'utilisable, de maniable nous manque, se brise, lorsqu'un instrument se dérobe à la prise de notre main, ou refuse tout simplement de fonctionner, ce manque n'est pas un néant, ni une absence de l'horizon d'ustensilité, mais un *horizon de présence modifiée* : « le *praesens*, dit Heidegger, est affecté d'une modification déterminée ». Dans l'absence relative ou totale d'un instrument, le *praesens* modifié est maintenu. Neutre, indifférent au *Dasein* propre et à ses projets, le schème du présent disponible ne saurait être interrompu, ni commencé. Ce trait jugé inauthentique dans *Sein und Zeit* devient ici originaire. Heidegger ne prête à ce présent stable aucun caractère péjoratif. Pourtant ne rappelle-t-il pas la présence permanente de la métaphysique, comme il préfigure celle du « fonds de réserve » *(Bestand)* que se constitue la volonté de volonté dans le « Dispositif » technologique ?

Pourquoi ce privilège du présent ? Si l'on compare la compréhension de l'être de l'étant intra-mondain à partir du schème horizontal du *praesens* et la compréhension dans *Sein und Zeit*, on constate un infléchissement du futur vers le présent. Dans *Sein und Zeit*, la compréhension est primordialement déterminée à partir du futur. Authentique, elle devient la résolution qui est capable d'aller au devant de la mort comme la limite du pouvoir-être. Inauthentique, elle se définit comme simple attente ou plutôt comme ad-tension *(Gewärtigen)* par laquelle le *Dasein* se comprend à partir des préoccupations pratiques. « La compréhension inauthentique se projette sur ce que l'on a à se procurer, à faire, vers l'urgence et le caractère inévitable des affaires et de l'affairement quotidien »[1]. Heidegger souligne que la présentification est une modification de la compréhension dans le sens d'une plus grande dispersion *(Zerstreuung)* et incapacité de demeurer en place *(Unverweilen)*. Le présent étroitement et facticiellement soumis aux exigences de la πρᾶξις est encore plus « déchéant » que la compréhension inauthentique. Dans *Sein und Zeit*, l'opposition entre originaire et dérivé passait encore par l'opposition entre futur et présent puisque, répétons cette formule-clef de toute cette période de la phénoménologie heideggérienne : « l'à-venir *(Zukunft,* littéralement la *venue à soi)* est le phénomène primordial de la temporalité originaire et authentique »[2].

Dès l'été 1927, l'importance de la distinction entre authentique et inauthentique, originaire et dérivé, s'atténue ; le *Dasein* évolue vers la *neutralité*[3]. Pourtant Heidegger maintient la notion de temps vulgaire comme oubli de l'essentielle finitude. Mais le temps authentique fondé sur la primauté du futur ne vaut plus que pour le « projet de soi ». Déjà la temporalité du monde se détache de la temporalité mienne.

1. *SuZ*, p. 337.

2. *Id.*

3. Cf. le Cours de 1928, *Metaphysische Anfangsgründe der Logik*, *Ga.* 26, p. 171-172, où il est question de la « neutralité » du *Dasein*, vis-à-vis aussi bien des déterminations traditionnelles de l'homme, que de l'individualité, du corps-de-chair *(Leib)* et de la sexualité. Cf. J. DERRIDA, « *Geschlecht* : différence sexuelle, différence ontologique », dans *Psychè*, Paris, Galilée, 1987.

Si l'on considère que le Tournant des années 1930 est le déplacement de l'origine de la temporalité *(Zeitlichkeit)* du *Dasein* vers une temporalité *(Temporalität)* de l'être, ne faut-il pas discerner dans la phénoménologie du *praesens* la première ébauche d'un tel déplacement ?

Michel HAAR

Université de Paris I (Panthéon – Sorbonne)

LE *SOPHISTE* DE PLATON DANS L'INTERPRÉTATION DE M. HEIDEGGER

Durant le semestre d'hiver 1924/5, Heidegger a donné, à l'Université de Marbourg, un cours de quatre heures par semaine sur le *Sophiste* de Platon. Ce cours a paru en 1992 comme le tome 19 de la IIe section de la *Gesamtausgabe*[1]. Le tome 19, de 668 pages, est le plus volumineux parmi tous les tomes parus jusqu'ici, de la *Gesamtausgabe*.

Pourquoi Heidegger s'est-il occupé si longuement du *Sophiste* de Platon ? Quel est l'enjeu de son interprétation ? Pour le voir, il convient de rappeler d'abord deux choses.

1) Le plan du *Sophiste* lui-même ;

2) l'image qu'on avait couramment du *Sophiste* aux temps du jeune Heidegger.

I. Le plan du *Sophiste* :

Le *Sophiste* contient trois parties :

1) La *première partie* établit, par des diérèses dialectiques, sept *définitions du sophiste.*

2) La *deuxième partie* porte sur *l'être* et élabore, en opposition à Parménide, un nouveau concept du non-être. Elle contient les passages ontologiques du dialogue, – raison pour laquelle celui-ci avait parfois pour titre : *Περὶ τοῦ ὄντος, De l'être*[2]. La *deuxième partie* contient les sections suivantes :

a) La discussion critique des doctrines de l'être, antérieures et contemporaines, à Platon.

1. Martin HEIDEGGER, *Ga.* 2. Abteilung: Vorlesungen 1919-1944. Bd. 19. *Platon: Sophistes.* Marburger Vorlesung WS 1924/25. Ingeborg Schüssler, éd., Francfort, V. Klostermann, 1992. Nous citerons le tome sous le sigle *PS.*

2. *PS,* p. 234.

b) La détermination de ce qu'est, selon Platon, la philosophie : Elle est de l'ordre de la dialectique.

c) L'examen dialectique des μέγιστα γένη, des « genres suprêmes » ou concepts fondamentaux de l'être, qui débouche sur le nouveau concept du non-être.

d) L'analytique du λόγος et en particulier du faux λόγος.

3) La *troisième partie* reprend la septième définition du sophiste et l'achève.

Quand on jette un rapide regard sur ce plan, on peut être d'avis – et nous en venons

II. à *l'image* qu'on avait couramment, aux temps du jeune Heidegger, du *Sophiste* de Platon [1] – que le dialogue est disparate et dépourvu de cohérence interne. Qu'ont à faire les définitions du sophiste, établies dans les première et troisième parties, avec la deuxième partie, la partie proprement ontologique ? Cette deuxième partie semble bien être le principal et les deux autres ne semblent que l'encadrer. Ainsi Hermann Bonitz par exemple écrit – dans son commentaire du *Sophiste* – que la deuxième partie serait le « noyau » et que les deux parties extérieures avec les définitions du sophiste, n'en seraient que « l'écorce » [2]. Ce serait le noyau qui importe. L'écorce pourrait aussi bien faire défaut. Les parties extérieures n'auraient, au fond, rien à voir avec le noyau du dialogue. Elles ne contiendraient que des exercices scolaires visant à établir, par des diérèses dialectiques, des définitions. Elles seraient donc de l'ordre de la simple *méthode* et n'auraient rien à voir avec la *doctrine de l'être* de la partie principale [3]. Mais dans cette dernière, dans ledit « noyau », on trouvait *aussi* bien des difficultés. On n'arrivait pas à en saisir l'unité. Ainsi était-on par exemple d'avis que, dans l'examen dialectique des concepts fondamentaux de l'être, il ne s'agirait que d'une sorte de « manie » dialectique de couper les cheveux en quatre, que de subtililités dialectiques vides et formelles, dépourvues de sens ou d'objet proprement dit *(ohne sachlichen Sinn),* – tout comme on voyait, à cette époque, dans la dialectique comme telle un art de la pensée purement formelle, une

1. Cette image, HEIDEGGER ne la présente pas de façon explicite dans son cours. Il n'en donne que quelques indications, éparpillées ici et là. Elle constitue plutôt un arrière-fond qui soutend l'interprétation qu'il donne du *Sophiste* et, avant tout, de la *dialectique*.

2. Cf. *PS,* pp. 232 sv.

3. Cf. par exemple *ibid.*, pp. 263 et 289. Nous nous limitons ici à ces deux références. Nous indiquerons par la suite les références essentielles qui sont concernées à chaque fois.

simple technique de l'entendement dépourvue de tout rapport aux choses *(ohne Sachbezug)*[1]. La conception platonicienne avait été mésinterprétée, suite à la dialectique hégélienne ainsi qu'à la théorie néokantienne de la connaissance, qui, toutes deux, privilégiaient l'entendement en son caractère formel. C'est donc de cette manière qu'on voyait couramment, aux temps du jeune Heidegger, le *Sophiste* de Platon.

Heidegger, en s'opposant à cette vue, se pose avant tout comme but de son interprétation du *Sophiste* de mettre en évidence la *cohérence* de celui-ci[2]. Il établit la thèse alors provocante[3] que ce n'est pas la *deuxième partie* – celle qui contient les passages ontologiques – qui constitue le « noyau » du dialogue. Le « noyau » en est bien plutôt ce qu'on a appelé l' « écorce », à savoir la *première partie* consacrée aux définitions du sophiste. C'est cette *première partie* qui est, selon Heidegger, pour ainsi dire le *noyau dur* qu'il faut briser. Elle est la pierre d'achoppement, ou le noyau – pour garder cette l'image – qu'il faut « décortiquer ». Et tout ce qui suit encore dans le dialogue, c'est-à-dire l'ensemble des passages ontologiques, n'aurait pour tâche que de décortiquer ce noyau, c'est-à-dire de conduire le problème qu'il pose, étape par étape, vers sa solution.

Pour démontrer cette thèse, Heidegger doit évidemment tout d'abord *réviser ledit concept de la dialectique* qu'on avait couramment à son époque, le concept donc selon lequel celle-ci ne serait qu'une technique formelle de la pensée, sans quoi l'image de la *première partie* – à savoir que celle-ci ne serait que de l'ordre de la méthode formelle – persisterait. Or, pour réviser ce concept, Heidegger applique le procédé qu'il appelle dans *Être et Temps* la « destruction », terme qu'il entend au sens du mot latin *de-struere*, « déblayer couche par couche »[4]. Il va donc « déblayer » les couches qui se sont superposées sur le sens originel de la dialectique chez Platon – couches qui consistent précisément dans cette vue de la dialectique que nous

1. *Ibid.*, pp. 198 sv. Il s'agirait d'une « Denktechnik des dialektischen Hin- und Her..., zu der nichts gehört als ein leerlaufender wild gewordener Verstand » (p. 199) ou d'une « Begriffsspalterei » (p. 574). Cf. également p. 632.

2. HEIDEGGER donne une présentation succinte du contenu du *Sophiste* dans son ensemble, attestant de la cohérence de celui-ci *PS*, pp. 12 et 220. Concernant la cohérence, *cf.* également pp. 231, 412, 425. « Das ständige Thema des Dialogs ist die Aufklärung der Existenz des Sophisten » (p. 573).

3. *Ibid.*, p. 412. *Cf.* également pp. 557 et 578.

4. HEIDEGGER expose le procédé de la « destruction » (« Destruktion ») entre autre dans 1) *Être et Temps* § 6, 2) *Séminaire du Thor 1969*. Dans : *Questions IV*, Paris, Gallimard, NRF, 1976, pp. 259-306, en particulier p. 271.

venons d'exposer –, et il va ainsi libérer et mettre au jour le *sens originel* de la dialectique chez Platon. Ce sens résidera – comme on peut s'y attendre – en ceci que la dialectique comporte bien un *« Sachbezug », un rapport aux choses elles-mêmes* [1].

Cette « destruction » libératrice du sens originel de la dialectique chez Platon, Heidegger la réalisera, dans son cours sur le *Sophiste* de Platon, en faisant d'abord un retour à *Aristote*, en vue de savoir comment celui-ci entend la « dia-lectique » et, d'une manière plus générale, le λόγος. Car on pourrait bien supposer – avance Heidegger – qu'un Aristote ait compris Platon. Or, l'herméneutique ayant pour règle d'aller du clair à l'obscur (et non pas inversement), et Aristote nous étant plus proche et plus familier que Platon (c'est lui qui, venu après Platon, a formé la tradition), – ce serait donc bien *d'Aristote* qu'il faudrait partir pour gagner le concept originel de la dialectique chez Platon [2].

Heidegger mettra en œuvre cette « destruction » libératrice du sens originel du λόγος chez les Grecs dans une ample *partie introductive* de son cours sur le *Sophiste* [3]. Cette *partie introductive*, qui constitue un tiers de l'ensemble, contient une interprétation détaillée du *livre VI* de l'*Éthique à Nicomaque* ainsi que de certains passages de la *Métaphysique*, avant tout du *livre A, chapitres 1 et 2*. Le *résultat* de cette interprétation consiste en ce que le λέγειν – « dire », « énoncer » – a pour sens originel l' ἀ-ληθεύειν : « dé-couvrir » ou « dé-voiler » les choses elles-mêmes en ce qu'elles sont [4]. Ainsi, Aristote dit au début du chapitre 3 du livre VI de *l'Éthique à Nicomaque* :

> ... ἀληθεύει ἡ ψυχὴ τῷ καταφάναι ἢ ἀποφάναι
> ... l'âme découvre (dé-voile) [les choses en ce qu'elles sont] par l'affirmation ou par la négation ... (1139 b 15) [5].

Le λόγος comme λέγειν τι κατά τινος, comme « énoncé de quelque chose au sujet de quelque chose », a donc bien pour sens ledit ἀληθεύειν. Certes, le λόγος, dans cette forme là, n'accomplit pas –

1. Cf. *PS*, pp. 64 et 641.
2. *Ibid.*, pp. 10 sv. et 190.
3. *Einleitender Teil. Die Gewinnung der ἀλήθεια als des Bodens der platonischen Seinsforschung. Interpretationen zu Aristoteles. « Nikomachische Ethik », Buch* VI *und* X, *Kapitel 6-8, « Metaphysik », Buch* I, *Kapitel 1-2* (*PS*, pp. 21-188). HEIDEGGER reprend les enjeux et les résultats de cette partie de manière succincte dans la *Überleitung* de la *partie introductive* à la *partie principale* (*PS*, pp. 189-225).
4. Cf. *PS*, pp. 21 et 179.
5. Cf. *ibid.*, pp. 21 sv.

nous avertit Heidegger – l' ἀληθεύειν dans sa possibilité suprême. Car dans la mesure où il ne « dit », dé-couvre, la chose en question que *comme quelque chose* et donc à partir de quelque chose d'autre, il ne la découvre justement pas eu égard à elle-même, καθ' αὑτό. Dire, dé-couvrir, une chose eu égard à elle-même, – cela n'est possible que par un pur ὁρᾶν, par un « voir », qui, sans détour par quelque chose d'autre, vise directement la chose elle-même [1]. Mais le λόγος, même quand il *dit* (λέγει) la chose en question *par le truchement* (διά) d'un prédicat qui est différent d'elle-même, même quand il est, en ce sens, *« dia-lectique »*, ce λόγος porte alors néanmoins en lui-même une tendance vers ce pur ὁρᾶν de la chose elle-même. Ainsi s'avère-t-il que la διαλεκτική n'est pas un procédé purement formel, mais qu'elle a au contraire pour sens – au moins comme tendance – *d'élucider* les choses elles-mêmes en ce qu'elles sont. Comme Aristote le dit dans les *Réfutations sophistiques*, elle est κατὰ πρᾶγμα (I, 11 ; 171 b 6), orientée « sur les choses », de sorte qu'elle « tend » à découvrir les choses elles-mêmes. Elle est – comme il le dit dans la *Métaphysique* – πειραστική (IV, 2 ; 100 4b 25), « en tentative »[2].

C'est donc ce sens qu'il faudra supposer également, selon Heidegger, pour la *dialectique chez Platon* [3]. Cela signifie que les diérèses dialectiques, établies par Platon dans la *partie introductive* du *Sophiste*, ont bien pour sens *d'élucider la chose elle-même* dont il y est question, à savoir le *sophiste*. Ainsi, chacune des définitions du *sophiste*, obtenues par ces diérèses dialectiques, va mettre au jour un certain « aspect » du sophiste, un φάντασμα, un mode d' « apparaître », φαίνεσθαι, un mode sous lequel celui-ci « apparaît » *factuellement* dans la πόλις grecque. Toutes ces définitions le décrivent donc, chacune à sa façon, tel qu'il y existe factuellement [4]. Et ce qui importe finalement, après toute cette ex-position diérétique des multiples aspects que présente d'abord le sophiste, c'est d'y mettre au jour le ἕν (cf. *Sophiste,* 232 a 1 sv.), ce qu'il y a *d'un, d'identique*, soit : *la conduite fondamentale* du sophiste, qui se montre dans toutes les autres conduites, quelque disparates qu'elles soient. Pour avancer le résultat : cette conduite fondamentale s'avérera finalement être de l'ordre du λέγειν, du « dire », ou du λόγος, du « discours », et en particulier de l'ordre du ψευδῆ λέγειν (236 e 4), du « dire de ce qui est

1. Concernant la portée et la limite du λόγος comme ἀληθεύειν, cf. 1) § 26, *Reichweite und Grenze des λόγος* (*PS*, pp. 179 sv.) et 2) *ibid.*, pp. 196 sv.

2. Cf. *ibid.*, p. 214.

3. Cf. *ibid.*, pp. 195 sv.

4. Par exemple *ibid.*, pp. 192, 295, 325.

faux », ou du λόγος ψευδής (241 a 1), du « faux dire » (*Sophiste*, 236 a 5) [1]. En effet, ce qui importe au sophiste, ce qu'il cherche par tous ses discours, – et c'est là ce qu'ont montré, d'une manière ou d'une autre, toutes les définitions – c'est d'avoir la puissance sur les hommes et avant tout sur les jeunes, de les avoir en main (χειροῦσθαι, – 222 a 10), pour en tirer son profit personnel (d'ailleurs, à l'époque, d'ordre financier). Or, le sophiste réussit à atteindre ce but – c'est ce qui s'est montré factuellement dans la πόλις grecque – non seulement du fait qu'il sait bien parler – le εὖ λέγειν, dire les choses « bellement », est bien l'élément de la rhétorique aussi bien que de la sophistique –, mais avant tout du fait qu'il sait ἀντιλέγειν περὶ πάντων (cf. 232 b sv.), débattre, au sens de l'éristique, sur toutes les choses possibles, quelqu'elles soient, et ce en y apparaissant comme quelqu'un qui *sait*. Or, vu qu'il est impossible pour l'homme mortel de savoir tout sur le mode d'un savoir véritable, fondé sur les choses elles-mêmes, le discours du sophiste, qui porte justement sur tout, loin de pouvoir être de l'ordre d'un tel savoir, ne peut être que de l'ordre d'un *prétendu savoir*, d'un « savoir » *non fondé* sur les choses, dénué de rapport aux choses *(sach-los)*, mais un savoir qui, tenant compte des opinions et des préjugés des πολλοί, de la « foule » – autrement dit, de l'optique du bon sens quotidien – se présente précisément sous l'aspect (*Aussehen*, δόξα, – cf. 236 a 5) d'être un savoir bien fondé. Ainsi *l'art de la parole* tel que le possède le sophiste n'est pas seulement de l'ordre de l' εἰκαστική (235 d 7) de sorte que, en ses discours, il dirait (λέγει), rendrait visibles, les choses sur le mode de l' εἰκός, d'une visibilité qui leur est *« semblable »*, mais son discours est de l'ordre de la φανταστική (236 c 7) de sorte qu'il dit, rend visibles, les choses sur le mode du φάντασμα, d'une visibilité en laquelle leurs rapports se trouvent *« faussés »*, c'est-à-dire *dé-formés (verzerrt), dé-tournés (verdreht) conformément à l'optique des πολλοί*, – pour se donner par là *l'air* (*Aussehen*, δόξα [Sophiste auprès de ceux-ci de dire les choses précisément telles qu'elles sont (cf. b 4 sv.). C'est en ce sens que le dire du sophiste, son λέγειν, est en effet un ψευδῆ λέγειν (e 4), un dire de ce qui est *faux*, au sens où l'on dit d'un homme qu'il est faux. C'est donc ce ψευδῆ λέγειν qui est *la conduite fondamentale* du sophiste telle qu'elle est en jeu dans toutes ses autres conduites. Et c'est de cette manière que le sophiste se montre, apparaît – φαίνεται – factuellement dans la πόλις grec. Que ce soit bien là *l'aspect factuel du sophiste*, ou bien que ce soit bien un *fait*, un « factum », que le sophiste apparaît

1. Par exemple *PS*, pp. 301, 352.

sous l'aspect de cette conduite fondamentale, c'est là ce que Heidegger met explicitement au jour par son interprétation détaillée de la *première partie* du *Sophiste* de Platon [1].

Ce ψευδῆ λέγειν est alors le *noyau dur* auquel se heurte un Platon et qu'il cherchera à « décortiquer » par la suite [2]. En effet, le faux, le ψεῦδος, que dit le λόγος, n'est *pas* l'étant dont il prétend de le dire : Il n'est *pas l'étant* : il est μὴ ὄν – non [l'] étant : il est *ce qui n'est pas.* Or ce qui n'est pas, *n'est pas,* – et cela selon *la doctrine de Parménide* qui dit : *l'étant seulement est, le non-étant n'est pas.* Et à l'époque de Platon, Parménide était une autorité – et Heidegger de le relever expressément – dont on ne saurait jamais surestimer l'importance. Selon cette autorité de Parménide, *le faux n'est donc pas.* Partant, *le faux dire* ou le ψευδῆ λέγειν, *n'est pas* non plus. La conduite fondamentale du sophiste n'est pas. Elle n'existe pas. Car elle *ne peut* exister : Elle est ontologiquement impossible. Et c'est pourquoi il ne peut pas non plus exister quelqu'un de tel qu'un sophiste. D'autre part, cette conduite, le ψευδῆ λέγειν, est bien de l'ordre d'une *réalité factuelle*, s'il est bien vrai que le sophiste est précisément lui-même une réalité factuelle dans la πόλις grecque. Et *le faux* dans ce dire – le faux qui se donne l'air de rendre, par la visibilité sienne, la chose elle-même telle qu'elle est, – ce faux, comme tel, en cet air sien, est bien, lui aussi, *un fait*, un *factum.* C'est là le « noyau » qu'il faut « décortiquer » [3]. Le processus de le décortiquer aura lieu dans la *deuxième partie* du *Sophiste*, dans cette partie donc qui contient les passages proprement ontologiques.

Mais comment procéder ici ? C'est tout d'abord la doctrine de Parménide qui s'oppose à ce que *le faux* – ce non-étant – soit ontologiquement possible. Car elle dit : l'étant seulement est et le non-étant n'est pas. Pourtant, ce qui vient de s'annoncer, c'est que ce faux contient une συμπλοκή (240 c 1), un « entrelacement », bien étrange entre l'être et le non-être. Certes, le faux tel qu'il est dit dans le λόγος n'est pas l'étant lui-même, prétendument dé-couvert, rendu visible, par lui. Dans cette mesure, le faux *n'est pas.* Mais *comme faux*, comme fausse visibilité, ce faux est bien là ; il se montre, il apparaît. Dans cette mesure, il *est,* – au moins est-il, s'il n'est pas l'étant lui-même, *d'une certaine manière*, πώς (b 9). Pour résoudre la problématique ontologique du ψεῦδος, il faudrait donc trouver un non-étant, un μὴ ὄν, qui ἐστί πως (cf. c 5), qui *est d'une certaine manière.* Cela signifie

1. *PS,* p. 381-403.
2. *Cf. ibid.,* p. 412.
3. L'exposition de cette problématique s'étend in *PS,* pp. 406-434.

qu'il faut *réviser* la doctrine de Parménide. Cela ne signifie cependant pas qu'on doive la liquider – il ne s'agit pas d'un « parricide » (cf. 241 d 3) –, mais uniquement qu'on doive la *modifier*[1].

Où commencer ici ? Il faut trouver un *non-étant* qui *est* d'une certaine manière. Mais cela n'est pas possible en partant du *non-étant.* Et cela de nouveau conformément à la doctrine de Parménide selon laquelle le non-étant n'est ni pensable (ἀδιανοητόν) ni dicible (ἀρρητόν, – cf. 238 c 9 et 241 a 5). Car il n'y a là justement *rien* – néant – *nichts* ; rien ne s'y montre, n'y apparaît : il n'y a là qu'une *totale obscurité.* Ainsi faudra-t-il commencer par *l'étant.* Cela est d'ailleurs bien conforme au phénomène du ψεῦδος qui, comme phénomène, *est,* sans pour autant être l'étant prétendument dévoilé par lui, de sorte que ce même phénomène du faux *n'est pas* sous ce rapport-là, πῄ. Le phénomène du faux est donc bien un *étant,* ὄν, qui *n'est pas* sous ce rapport-là, ὀυκ ἔστι πῄ (241 d 6 sv.). Le ψεῦδος contient une συμπλοκή de l'être et du non-être, – non pas au sens où le non-être serait l' ἐναντίον, le contraire extrême, de l'être, mais au sens où le non-être se trouve relativisé d'une certaine manière et ainsi *modéré.* Ainsi faudra-il donc bien commencer par *l'étant* et repérer en quel sens celui-ci, sous un certain rapport, πῄ, n'est pas[2].

C'est ici que Platon s'engage dans la *discussion critique des doctrines traditionnelles et contemporaines de l'être*[3]. Car Platon revendique pour lui-même, pour son concept de l'être qui rendra compréhensible l'être du non-être et respectivement le non-être de l'être, de ne faire que développer et accomplir ce qui, sous forme de germe, se trouve déjà donné dans ces doctrines-là. C'est pourquoi le procédé qu'il suit est de l'ordre d'une *dialectique élenctique.* Il invite, pour ainsi dire, les représentants de ces doctrines à participer à un dialogue et à formuler, chacun la sienne, par un λόγος. C'est par rapport à ce λόγος que Platon va alors leur demander ce qui, de manière implicite et cachée, s'y trouve déjà *dit* aussi, pour le mettre, pour ainsi dire, « au pilori ». Cette « dia-lectique », ce parcours des λόγοι, qui a pour essence de dé-couvrir (ἀ-ληθεύειν) le *dit* implicite et caché, c'est en elle que consistera alors la philosophie proprement dite, l'activité de celle-ci. Ce n'est qu'en s'engageant dans l'activité même de philosopher qu'on pourra découvrir et déterminer le nouveau concept de l'être. C'est pourquoi il n'est pas du tout étonnant – comme le relève

1. *Ibid.,* pp. 192 et 433 sv.

2. Le développement, présenté dans ce paragraphe, ne se trouve qu'en partie chez Heidegger.

3. *PS,* pp. 435-486.

Heidegger – que, dans le dialogue intitulé *Le Sophiste*, Platon saisisse d'abord non pas le sophiste, mais bien le *philosophe* en ce qu'il est [1].

Nous ne pourrons pas retracer ici, dans le détail, la discussion critique des doctrines traditionnelles et contemporaines de l'être. Nous ne releverons que certaines étapes importantes :

1) Les *philosophes de la nature*, qui disent que *l'être* de ce qui est, l' ὄν, soit *deux* : ὄν = δύο (cf. 234 d 8 sv.), comme par exemple le chaud et le froid, doivent bien avouer *ou bien* que l'être, l' ὄν, *coïncide* avec chacun de ces deux termes – chacun *est* –, avec la conséquence que ces deux termes coïncideraient entre eux et seraient finalement *un*, ce qui, vu leur contrariété, est *impossible*, *ou bien* que l'être soit un *tiers*, τρίτον (e 2), *en dehors d'eux*. Mais que voudraient-ils alors dire à proprement parler par le mot « être » ? C'est ici qu'intervient la phrase que Heidegger a choisie comme exergue de *Être et Temps :* « Que voulez-vous dire au juste quand vous prononcez : être ? » (τί ποτε βούλεσθε σημαίνειν ὁπόταν ὄν φθέγγησθε – 244 a 5 sv.). L'être devient ainsi complètement énigmatique et par là précisément affaire d'un *questionnement* [2].

2) Les *Éléates*, qui disent que le *Tout*, ὅλον, – *est* – *Un*, ἕν (cf. 244 b 6 sv.) doivent bien avouer que, par là même, ils ont déjà supposé du *multiple* – à savoir au moins *l'Un*, ἕν, et le *« est »*, ὄν, et qu'ils n'ont pu supposer le Tout comme Un que parce qu'implicitement, ils ont déjà conçu ce Tout, qui, comme tel, contient des parties, comme étant déterminé par le ἕν, comme subissant le πάθος τοῦ ἑνός (245 b 4). Qu'il existe un tel rapport de *détermination* de l'un par l'autre, c'est là précisément ce qu'il faut retenir.

3) Ceux qui supposent d'abord comme *étant* uniquement les *corps sensibles*, *visibles*, les σώματα (246 a 9 sv.) – nous pouvons les appeler les *« matérialistes »* [3] – doivent avouer, vu que, selon eux-mêmes, il y *est bien aussi* des corps *animés*, ἔμψυχα (cf. 246 e 7), qu'il y *est* aussi de la *vie*, ψυχή (e 9), qui anime les corps, et vu que, toujours selon eux-mêmes, cette vie peut être juste ou non-juste, qu'il y *est* finalement quelque chose comme la justice, autrement dit de *l'invisible*, ἀορατόν (cf. 247 b 3). Ils devront donc dire finalement : Tous deux, le visible et l'invisible, *sont*. Mais que visent-ils alors à proprement parler par ce *« sont »* ou par cet *être ?* Évidemment ce qui, *au préalable*, *s'est déjà montré comme le commun* à ces deux termes – le συμφυὲς γεγονός (d 3). Or c'est là le fait que – sur le mode d'un *pouvoir* d'abord

1. *Ibid.*, pp. 12 sv., 245 sv., 531 sv.
2. *PS*, pp. 446 sv.
3. Nous avons ajouté ce terme.

inexplicite – d'une δύναμις *non encore manifeste, cachée* – ces deux termes se déterminent et se trouvent déterminés l'un par l'autre réciproquement. L'être, comme le commun apriorique, consiste donc en la δύναμις τοῦ ποιεῖν τε καὶ πάσχειν (cf. d 8 sv.), *le pouvoir* – d'abord non encore manifeste – *de se déterminer l'un l'autre et d'être déterminé l'un par l'autre réciproquement.* C'est par là que s'annonce le concept de l'être que Platon va reprendre plus tard pour l'élaborer : δύναμις κοινωνίας – être ensemble l'un avec l'autre, être en communauté, sur le mode du pouvoir (non manifeste, implicite, latent, caché)[1].

4) Ceux qui disent que le proprement *étant* – l' οὐσία (cf. 246 c 1) – ne réside que dans les *Idées invisibles,* Platon les nomme les εἰδῶν φίλοι (cf. 248 a 4 sv.) et il vise par là, selon Heidegger, les « Mégariques »[2] ; ces « amis des Idées » ou *« Idéalistes »* supposent, certes, les Idées comme ce qui est toujours identique à lui-même – ἀεὶ ταὐτόν (cf. a 12), en s'opposant par là aux corps des « matérialistes », qui se trouvent sans cesse emportés par une γένεσις φερομένη (246 c 1 sv.) par le fleuve impétueux du devenir. Mais ils doivent avouer – et ce dans la mesure où ils sont attachés à la *connaissance* et au *savoir,* rendus possibles précisément par ces Idées, – que les Idées, elles aussi, se trouvent en *mouvement,* κίνησις (248 e 7). Et ce pour la raison suivante : La connaissance a lieu dans la mesure où notre ψυχή entre en communauté, en une κοινωνία, avec les Idées et où elle les connaît alors par le truchement de la pensée, διὰ λογισμοῦ (cf. a 10 sv.). Or, quand la connaissance se produit ainsi du côté de la ψυχή, les Idées subissent de leur côté une détermination que, d'abord, elles n'avaient pas : celle d'être connues, le πάθος τοῦ γιγνώσκεσθαι (cf. d 1 sv.). Elles *passent* donc de leur état précédent, celui de ne pas être connues, à celui d'être connues, ou bien – la connaissance, le λόγος, étant de l'ordre de l' ἀ-ληθεύειν – elles passent de l'état caché,

1. *PS,* pp. 470 sv. et 478 sv. HEIDEGGER rassemble *PS,* p. 479 les différentes formulations par lesquelles PLATON saisit la δύναμις κοινωνίας dans le *Sophiste.* Il caractérise la δύναμις κοινωνίας dans une note marginale (*PS,* p. 539) ainsi : Ce qui *est* sur le mode de celle-ci est ce qui « sich geltend macht, an der Macht ist: δύναμις » (ce qui « se fait valoir », ce qui « est au pouvoir »). Et dans une autre note marginale (*PS,* p. 577), il la caractérise, en la considérant plus particulièrement par rapport au λόγος, comme étant « die in sich verweisende Verflechtung » (l'entrelacement qui, en soi, est renvoyant). – Simon MOSER, qui a suivi le cours, a pris des notes sténographiées (à partir de l'*Überleitung*) ; il les a dactylographiées et a soumis le manuscrit dactylographié à Heidegger qui l'a autorisé. Heidegger y a ajouté plus tard des notes marginales (cf. le *Nachwort* de l'éditrice, en particulier *PS,* p. 685).

2. *PS,* p. 479.

« latent» (le mot français est apparenté au mot grec λήθη), à celui d'être non-cachées, manifestes. C'est en ce *passage* que réside leur *mouvement*, κίνησις [1] (auquel se rallie d'emblée celui de leur *union* et de leur *séparation*) [2]. Ainsi les « Idéalistes » doivent bien avouer que les Idées se trouvent en mouvement. Ils doivent donc abandonner leur concept figé de l'être. D'autre part – c'est là ce qu'il ne faut pas perdre de vue – la connaissance des Idées n'est possible qu'à la condition que chacune des Idées à connaître demeure à la fois *constamment* ce qu'elle est. Sinon, l'entendement (le *Verstand*) ne pourrait pas la penser : tout se confondrait. Les Idées sont donc en *mouvement*, κίνησις, aussi bien qu'en *repos*, στάσις (249 c 1).

Par là ces deux concepts – le mouvement et le repos – se sont avérés comme étant des *concepts* tout à fait *fondamentaux* . Il est donc inévitable de les retenir et de les considérer comme étant *constitutifs de l'être*. C'est par là qu'on a gagné la *thèse suprême* de l'être, conformément à laquelle on dira : ce qui *est*, l' ὄν, c'est *aussi bien le mouvement que le repos* (cf. d 3 sv.).

Mais cette thèse aboutit à une *aporie*, qui est d'ailleurs à peu près la même que celle à laquelle aboutissait au début la thèse des *« philosophes de la nature »*. Il y a de nouveau deux concepts fondamentaux, cette fois le *mouvement* et le *repos*, et puis encore le concept fondamental de *l'être*, τὸ ὄν. Tous les deux – le mouvement aussi bien que le repos – *sont*. Et l'être, τὸ ὄν, doit bien être un *tiers*, τρίτον (250 b 8), sinon, le mouvement et le repos coïncideraient et ne feraient qu'un, ce qui, vu leur caractère opposé, leur ἐναντίωσις (cf. a 7), est impossible. Ainsi l'être, τὸ ὄν, devient entièrement problématique.

C'est pourquoi un *nouveau début* s'impose ici [3]. Platon le gagne en reprenant la pensée de la δύναμις κοινωνίας, jusqu'ici non encore thématique, mais seulement implicite, pour en faire dès lors le thème explicite de la recherche. Or, tous les représentants des doctrines traditionnelles et contemporaines de l'être vont avouer qu'il faut supposer cette δύναμις κοινωνίας. Sans elle, en effet, ils ne pourront même pas établir leurs propres thèses concernant l'être. Car ils ne pourront dire de *rien* qu'il *est* . Un λόγος de l' ὄν – une *« Onto-logie »*

1. *PS*, p. 481.

2. L'interprétation de la κίνησις, indiquée dans la parenthèse, ne se trouve pas chez Heidegger. Nous l'avons ajoutée de notre part. Nous la devons à Karl-Heinz VOLKMANN-SCHLUCK (1914-1981), qui l'avait présentée dans ses cours (entre autres sur Plotin) à l'Université de Cologne. Elle précise, à partir des Idées elles-mêmes, en quel sens elles sont bien en mouvement.

3. *PS*, p. 511 sv.

– ne serait pas possible [1]. D'autre part, on ne pourra pas supposer que cette δύναμις κοινωνίας – le pouvoir de se lier et de se déterminer réciproquement – serait d'ordre absolument universel. Sinon, le mouvement et le repos par exemple devraient pouvoir se déterminer réciproquement, ce qui, vu leur caractère opposé, leur ἐναντίωσις, n'est évidemment pas possible : Le mouvement n'est pas en repos, et le repos n'est pas en mouvement. Ainsi faudra-t-il supposer une δύναμις κοινωνίας qui ne soit que d'ordre partiel et « conditionné », *be-dingt*, au sens propre du mot allemand : *be-dingt durch die Dinge* [2], conditionnée par les choses elles-mêmes, par leur contenu propre, tout comme dans le *domaine des lettres* il y a également des lettres qui ne peuvent pas se lier aux autres. Mais de même qu'il y a certaines lettres qui peuvent se lier à toutes – et ce en étant le *lien*, δεσμός (253 a 5), passant au travers de toutes, διὰ *πάντων (ibid.)*, et les liant toutes – à savoir les *voyelles*, de même il y a, dans le *domaine des* εἴδη, certains γένη, *« genres »* ou concepts fondamentaux qui passent, comme un lien, au travers de tous, διὰ πάντων, de sorte qu'ils en rendent possible la κοινωνία. Or, pour pouvoir connaître un certain *étant* – comme par exemple l'homme ou le sophiste – en cette κοινωνία des εἴδη, qui, au préalable déjà, est constitutive de son essence, il faut évidemment disposer d'un certain *regard*, d'un certain *savoir*. Car il s'agit ici de dé-couvrir et de mettre au jour toute cette δύναμις κοινωνίας, celle-ci en son entièreté, jusqu'aux concepts fondamentaux les plus hauts, à savoir la *structure ontologique apriorique* tout entière de l'étant concerné. Ce savoir ou cette « science », ἐπιστήμη (b 10), investie de ce regard spécifique d'ordre ontologico-apriorique, c'est la διαλεκτική (d 3), – l'affaire de celle-ci étant précisément de πορεύεσθαι διὰ τῶν λόγων (cf. b 11), de « parcourir les λόγοι », c'est-à-dire de parcourir les *prédicats* qui sont dits dans les λόγοι, dans les énoncés, et en particulier tous ceux qui sont déjà dits avec les autres de façon *implicite et cachée* et de *dé-couvrir* ceux-ci explicitement. Or, celui qui est capable d'une telle dialectique, c'est le *philosophe*, – l'affaire de la philosophie étant précisément de *découvrir l'étant en sa structure d'être* [3]. C'est donc ici que Platon établit explicitement le concept de la « dialectique », et ce sur la base du concept de la δύναμις κοινωνίας. Ce qui importe ici – et Heidegger de le relever explicitement –, c'est de voir que cette δύναμις κοινωνίας des εἴδη et γένη

1. *Ibid.*, pp. 514 svv .

2. *Ibid.*, p. 517 : « Sie [δύναμις κοινωνίας] ist in den Dingen selbst gegründet ».

3. *Ibid.*, pp. 523 sv.

n'est pas de l'ordre d'un fait qui soit gagné *a posteriori* par l'observation des diérèses dialectiques déjà existantes, mais qu'elle constitue bien plutôt la *présupposition fondamentale* (Grundvoraussetzung) [1] *de tout discours dialectique,* de telle sorte que ce n'est qu'elle qui le rend possible. La dialectique renvoie donc à quelque chose qui la précède, à savoir à la δύναμις κοινωνίας, qui consiste en ce que toutes les déterminations, que la dialectique va relever par rapport à un certain étant, se sont au préalable déjà alliées à celui-ci, pour se faire valoir auprès de lui et exercer leur puissance sur lui, une puissance « latente », cachée [2]. Cette puissance cachée, qu'est la δύναμις κοινωνίας, est, selon Heidegger, la *limite extrême* jusqu'à laquelle la philosophie platonicienne peut remonter [3], sans pouvoir pour autant la dépasser, – puisqu'elle a pour élément propre le λόγος comme ἀ-ληθεύειν, – et non le caché.

Cette δύναμις κοινωνίας a lieu non seulement dans le domaine ontique des εἴδη, mais au préalable déjà dans le domaine proprement ontologique des *concepts fondamentaux* eux-mêmes, de ces concepts donc qui, comme δεσμός, s'étendent διὰ πάντων, au travers de tous les autres, en en rendant possible la κοινωνία. Or c'est à ces concepts fondamentaux – appelés par Platon les μέγιστα γένη (cf. 254 c 3), « genres suprêmes », – qu'appartient également le concept de l' ὄν αὐτό (d 4), de l' « être lui-même ». En effet, chaque εἶδος *est.* De plus, la thèse suprême sur l'être avait déjà établi l' ὄν αὐτό comme concept fondamental. Or cet ὄν αὐτό, l'être lui-même, est évidemment le simple et élémentaire *être* de Parménide. Ce ne sera donc que dans le *domaine des concepts fondamentaux* et de leur δύναμις κοινωνίας qu'on pourra découvrir finalement le concept qu'on cherche à proprement parler – celui de *l'être qui, sous un certain rapport,* πῄ *n'est pas*, et réviser par là la doctrine de Parménide [4].

C'est là ce qui aura lieu dans *l'examen dialectique des concepts fondamentaux de l'être*, qui suit maintenant. Or, selon la thèse suprême sur l'être, ces concepts fondamentaux sont, jusqu'ici, les suivants : κίνησις – στάσις – ὄν (cf. 254 d 4 sv.). Ces concepts, Platon les reprend maintenant pour en faire le *sujet thématique* de la recherche. Or, c'est également la κίνησις qui intervient ici, cette κίνησις qui a lieu, comme Platon l'a montré, du côté de l' εἶδος, quand la ψυχή en

1. *Ibid.*, p. 533, cf. également p. 513.
2. *Cf.* p. 100, n. 1.
3. *PS*, p. 533.
4. Le développement présenté dans ce paragraphe ne se trouve qu'en partie chez Heidegger.

réalise la *connaissance*. Et c'est cette κίνησις, qui sera même le *fil conducteur* le long duquel Platon va accomplir l'examen dialectique des concepts fondamentaux de l'être, même s'il avait pu accomplir cet examen au fil conducteur de n'importe quel autre concept fondamental. La κίνησις fonctionne donc comme *concept conducteur* dans tout cet examen dialectique fondamental. Cela indique, selon Heidegger, qu'il ne s'agit pas, dans cet examen dialectique fondamental, de « subtilités » dialectiques « vides » et « formelles » où l'on « coupe les cheveux en quatre », mais que le phénomène de la *connaissance* s'y trouve d'emblée impliqué, et non seulement de la connaissance, mais également de tout ce qui est en rapport avec elle, soit : le λόγος, la ψυχή, le *Da-sein* de l'homme[1]. C'est donc de tous ces phénomènes-là qu'il y va dans cet examen prétendument si abstrait. Cela signifie que ce n'est pas seulement le λόγος ψευδής, mais bien le λόγος, le dire, comme tel qui est le phénomène central – *das Kernphänomen*[2] – du *Sophiste* de Platon. Toutefois, conformément au thème de ce dialogue, c'est le λόγος ψευδής qui sera impliqué en *premier* lieu dans l'examen dialectique fondamental. Mais cela n'apparaîtra qu'à la fin du dialogue[3].

Nous ne pouvons pas présenter ici cet examen dialectique des concepts fondamentaux en tous ses détails. Nous nous limitons à relever certaines étapes essentielles, à savoir celles qui conduisent d'abord au phénomène du *non-être de l'être* et – par le truchement de celui-ci – finalement au *concept de l'être du non-être*. Pour pouvoir réaliser cet examen, il faut évidemment d'abord déterminer quels (ποῖα, 254 c 4) sont les concepts fondamentaux. Selon la thèse suprême sur l'être, ce sont déjà les concepts suivants : κίνησις – στάσις – ὄν (cf. d 4 sv.) : Mouvement – repos – être. Chacun de ces concepts a évidemment un contenu propre. Chacun d'entre eux est donc – faut-il dire – le *même*, ταὐτόν, par rapport à lui-même, mais à la fois différent, *autre*, ἕτερον, par rapport aux autres (cf. d 14 sv.). Or, à considérer ici les choses de plus près – et c'est par là que commence l'analyse dialectique – on va remarquer que ce sont encore deux autres concepts qui, implicitement, sont ici déjà entrés en jeu, à savoir le concept du *même*, ταὐτόν, ou de *l'identité* et celui de l'*autre*, ἕτερον, ou de *l'altérité*. Et

1. *PS*, pp. 576 sv., avant tout pp. 578 sv. Cf. également *PS*, pp. 537, 552, 557 sv., 573 sv.

2. *Ibid.*, p. 580. Cf. également p. 639.

3. *Ibid.*, pp. 578 et 580. Le rôle éminent que joue l'ἕτερον dans l'examen dialectique fondamental atteste bien qu'il y va avant tout du non-être (ou de la liaison entre la κίνησις, autrement dit la ψυχή ou le λόγος, avec le non-être) – et donc du λόγος ψευδής.

ces concept ont bien, eux aussi, un *contenu propre* qui ne se recouvre avec aucun contenu propre aux autres concepts. Ces concepts, *le même* et *l'autre*, sont donc, eux aussi, des concepts fondamentaux de l'être. Ainsi, chacun de ces concepts fondamentaux, compte tenu de son contenu propre, se présente comme quelque chose qui existe *séparément* (ἀποχωριζόμενον, – cf. 256 b 3) des autres, en soi. Les concepts fondamentaux de l'être sont donc au nombre de *cinq* (255 d 9). C'est par là que Platon les a fixés par l' ἀριθμός. Ainsi peut-il bien les soumettre maintenant à l'examen dialectique proprement dit, à cet examen donc qui devra découvrir ce qu'il en est de leur δύναμις κοινωνίας (cf. 254 c 5). Cet examen dialectique, Platon va l'accomplir, comme nous l'avons déjà dit, au fil conducteur de la κίνησις. C'est donc la κίνησις qui sera considérée eu égard au rapport qu'elle a aux quatre autres concepts, et ce étape par étape. Il apparaîtra alors que la κίνησις se trouve co-déterminée par chacun des autres, comme par exemple par le concept du *même* (la κίνησις est bien le même eu égard à elle-même) : Elle participe (μετέχει, – cf. 256 a 1 sv.) donc de chacun des autres et se trouve en une κοινωνία avec eux. Mais elle ne devient *pas* pour autant *identique* aux autres, mais demeure bien différente, *autre*, par rapport aux autres. Il se montre donc d'ores et déjà que l' ἕτερον, l'altérité, *co-apparaît* continûment dans la κίνησις, – tout comme il co-apparaît dans tous les autres. Or, ce rapport bien étrange – celui de *participer* à un certain concept fondamental et de *n'être* pour autant *pas* ce concept lui-même, mais de demeurer *autre* que lui –, ce rapport étrange intervient maintenant également dans le rapport qu'a la κίνησις au concept fondamental de l' ὄν αὐτό (cf. d 5). Et c'est ce rapport qui importe ici. En effet, la κίνησις est bien co-déterminée par l' ὄν, elle participe de lui – elle *est* –, mais elle n'est pas pour autant identique à cet ὄν lui-même, mais elle demeure *autre,* ἕτερον, par rapport à celui-ci. Il en résulte que la κίνησις est, certes, un *étant*, mais de telle sorte qu'elle n'est *pas l' ὄν lui-même* (d 8 sv.). Car elle est *autre* que l' ὄν lui-même. C'est donc une étrange συμπλοκή de l'être et du non-être qui apparaît ainsi dans la κίνησις : Elle est quelque chose qui *est* – un *étant* – qui n'*est* pas. Il en sera de même de tous les autres concepts fondamentaux ainsi que de tous les εἴδη en général quant au rapport qu'ils ont à l' ὄν αὐτό : Tous participent, certes, de ce dernier – ils *sont* –, de telle sorte pourtant qu'ils ne sont *pas cet ὄν lui-même,* mais bien quelque chose d'*autre* que lui (e 6). Et ce double rapport vaut également – c'est la pointe – de l' ὄν αὐτό, de l'être lui-même, en son rapport à tous les autres concepts fondamentaux et à tous les autres εἴδη (257 a 1 sv.) [1]. En effet, tous sont, à chaque fois, quelque chose qui *est*. Tous sont, chaque fois, quelque chose d'étant, un étant. Et c'est par tous que l' ὂν αὐτό se trouve co-déterminé d'une certaine manière, s'il est bien vrai qu'il *les* détermine. Mais ce même ὂν αὐτό demeure à la fois différent de tous, *autre* que tous : il n'est *pas tous ces autres étants*. Il s'avère donc ainsi que *l' ὂν αὐτό, l'être lui-même*, le concept fondamental de Parménide, *n'est pas*, qu'il est *non-être* de multiples, voire d'*innombrables* manières (a 4 sv.), – et ce au contraire de la doctrine de Parménide qui dit que *l'étant est* et ne fait qu'être. Or, il est apparu maintenant que l'étant lui-même, l' ὂν αὐτό, se trouve en une συμπλοκή avec le non-être, et précisément en cette συμπλοκή qu'il a fallu trouver : celle conformément à laquelle *l'étant lui-même*, l' ὂν αὐτό, *n'est pas sous un certain rapport*, πῄ, à savoir sous son rapport aux autres étants : il n'est *pas* ces autres étants, il est *autre* que ceux-ci.

Or, si *l'étant* se trouve bien ainsi en une συμπλοκή avec le *non-être* et si l'étant est bien ainsi un non-étant, cela signifie alors inversement qu'il y a bien du *non-étant* qui, à la fois, est *étant*. Car *l'étant* – dans la mesure où il *n'est pas* l'autre étant – n'est aucunement aboli par là comme étant, mais il demeure bien : étant. Ainsi devra-t-il être possible de trouver maintenant – à partir de la συμπλοκή de l'étant avec le non-être – la συμπλοκή recherchée à proprement parler, à savoir celle du *non-être avec l'être*, et de la saisir *conceptuellement*. C'est là l'affaire de la dernière étape de l'examen dialectique fondamental. En quel sens a-t-on trouvé entre-temps quelque chose comme un non-étant qui est ? Dans le sens suivant : S'il est bien vrai que le non-étant est non-étant uniquement dans la mesure où il est *autre* que l'autre étant, le non-étant n'est alors – par ce *Non – pas exclu* de l'être, de sorte qu'il sombrerait dans le vide ou la nuit du non-être, comme ce serait le cas si la négation était de l'ordre de l' ἐναντίωσις, de l'opposition pure et simple. Mais ce non-étant – loin de sombrer dans la nuit du non-être – *apparaît* au contraire, grâce à cette négation qu'est l'altérité, *en son propre être*, en son εἶδος (258 c 4) à lui : il est un ἀληθές – et ce précisément dans la mesure où son être apparaît comme *être autre que* ... [2]. Or ce non-être, au sens de l'être autre, s'étend au

1. Heidegger ne relève pas cette pointe.

2. HEIDEGGER met bien en lumière la différence entre la « négation » au sens de l' ἐναντίωσις et la « négation » au sens de l' ἕτερον (ou de l' ἀντίθεσις) (*PS*, pp. 558-564). Il relève tout particulièrement la fonction aléthique de l' ἕτερον. *Cf.*

travers de tous les étants, pour autant qu'il sont. Il est donc perpétuellement, partout, présent : il est οὐσία (b 10). C'est pourquoi il faut accueillir ce non-être au sens de l'être-autre, comme le *sixième concept* fondamental dans l'ensemble des concepts fondamentaux (c 3). C'est par là que Platon a découvert ce concept du non-être qu'il lui a fallu découvrir pour pouvoir saisir conceptuellement le ψευδῆ λέγειν du sophiste, à savoir le concept du non-être, conformément auquel le *non-étant est.*

La tâche est donc maintenant de montrer en quel sens on peut bien saisir, par ce concept, le phénomène du ψευδῆ λέγειν. Platon va l'accomplir dans la dernière étape du dialogue, celle de l'*analyse dialectique du λόγος*[1]. – Le point de départ est une objection (260 b 6 sv.) : L'ἕτερον, au sens du concept fondamental de l'altérité, peut bien se trouver en une δύναμις κοινωνίας avec tous les étants, – ce qui résulte d'ailleurs bien de l'examen dialectique fondamental qui avait pour objet précisément les concepts fondamentaux de *l'étant comme tel.* Mais ce même ἕτερον n'entre pas pour autant en une κοινωνία avec le λόγος, le dire, le discours, celui-ci étant bien, semble-t-il, un phénomène différent de tout étant. Il est donc impossible de comprendre, par l' ἕτερον, le ψευδδς du λόγος. – Pour réfuter cette objection, Platon relève d'abord, et c'est là, selon Heidegger, la base du concept dialectique du ψευδῆ λέγειν, que le λόγος est toujours λόγος τινός (cf. 262 e 6), c'est-à-dire λόγος *de quelque chose, d'un étant*[2]. Or, le concept fondamental d' « altérité », ἕτερον, étant un concept qui se trouve en une κοινωνία possible avec *tous* les étants, il est bien nécessaire qu'il se trouve également en une possible δύναμις κοινωνίας avec l'étant en tant qu'il est à dire, à dé-couvrir, par le λόγος, en tant qu'il est donc : ὂν λεγόμενον[3]. Ainsi donc, quand l' ἕτερον, le concept fondamental d' *« altérité »,* gagne en fait, au sens de la δύναμις κοινωνίας, un pouvoir caché par rapport au λόγος – un pouvoir qu'il va alors exercer en secret sur lui –, cela veut dire que le λόγος qui se trouve alors, pour ainsi dire, sous la domination de *l'altérité,* va alors dire, rendre visible, *l'étant* en question comme *un*

également les ajouts concernant le « non » et le « non-être » dans les *Annexes, PS,* pp. 643 sv.

1. HEIDEGGER interprète de manière détaillée cette analyse *dialectique* du λόγος (261 c – 263 d. *PS,* § 80, pp. 581-606). Il met en lumière les diverses structures dialectiques (les κοινωνίαι) qui sont, selon Platon, constitutives du λόγος. Il montre par là que l'interprétation platonicienne du ψεῦδος est d'ordre « purement dialectique » (*PS,* p. 603). Nous ne relevons que le plus essentiel.

2. *PS,* p. 597.

3. *Ibid.,* pp. 603 sv.

autre que ce qu'il est lui-même. Le λόγος est *faux*, ψευδής [1]. Et ce *faux*, ce ψεῦδος, – qui n'est, certes, pas l'étant en question lui-même – n'est alors pas pour autant un non-étant ou néant, mais il *est* : Il est seulement un *autre étant* que l'étant en question, – *autre étant* que le λόγος a dit, rendu visible, à la place de ce dernier, en le posant devant lui et en le recouvrant et dissimulant ainsi. Et cet autre étant *est*, – même s'il n'est pas l'étant que le λόγος, prétendument, dit, dé-couvre, par lui. En revanche, quand le ταὐτόν, le concept fondamental d' *« identité »*, se fait valoir auprès du λόγος et gagne la puissance sur lui, alors le λόγος va dire, dé-couvrir, l'étant comme ce qu'il est lui-même, c'est-à-dire tel *(so)* comme *(wie)* il est : le λόγος est *vrai*, ἀληθής [2]. – C'est ainsi que Platon a compris le λόγος en ses deux modalités, en sa *vérité* et en sa *fausseté* : il l'a compris *dialectiquement* par le truchement de la δύναμις κοινωνίας des concepts fondamentaux « altérité » et « identité » par rapport au λόγος. – Voilà donc pour les principales articulations de l'interprétation du *Sophiste* telle que Heidegger l'a présentée dans son cours à Marbourg au semestre d'hivers 1924/5. Elle excelle par le fait qu'elle en met au jour la *cohérence* .

La question se pose de savoir quel est, selon Heidegger, à proprement parler *l'enjeu* du *Sophiste* de Platon. Cette question, Heidegger ne la pose pas explicitement dans son cours. Et il n'établit pas non plus explicitement des thèses à ce sujet. C'est au lecteur du cours de rendre explicite ce dont il y va à proprement parler, selon Heidegger. Nous dirons qu'il y a, selon Heidegger, plusieurs enjeux du *Sophiste* de Platon. Nous nous limitons à en relever trois :

1. HEIDEGGER précise la manière selon laquelle le ψεῦδος s'introduit dans le λόγος comme suit : Le λόγος est toujours λόγος τινός, *de quelque chose.* Le τι de ce τινος est d'ordre *synthétique* puisque le λόγος dit – dé-couvre – quelque chose (par exemple Théétète) *comme* quelque chose (par exemple comme assis) (*PS*, pp. 599 sv.). C'est en particulier cette structure synthétique qui rend possible que le ψεῦδος s'introduise dans le λόγος : Quand l' ἕτερον gagne la puissance sur lui, le λόγος va lier au « sujet » en question (Théétète) un « prédicat » *autre* que celui qui se trouve en vérité auprès de ce sujet (par exemple « volant » au lieu de « assis »), – tout en posant cet autre prédicat *devant* ce sujet avec le prédicat sien, tout en le recouvrant par lui, et en faisant ainsi semblant que le sujet en question soit bien ce prédicat : le λόγος est *faux*, ψευδής (*PS*, p. 606). – Nous ne pouvons pas entièrement suivre l'interprétation que propose Heidegger concernant les termes περὶ οὗ et ὅτου par lesquels PLATON explicite le τί ou le « sujet » du λόγος (*Soph.* 263 a 4 sv. / *PS*, pp. 599 sv.). Selon nous, le περὶ οὗ vise le « sujet » *avec* – autour de lui (περί) – les « prédicats » possibles (Théétète – assis, volant etc.), alors que le ὅτου vise ce même « sujet » comme tel (Théétète).

2. *PS*, pp. 604 sv.

1) Le procédé de la « de-struction » *(Ab-bau)* du concept logico-formelle de la dialectique, tel qu'il existait aux temps du jeune Heidegger, à l'aide d'un retour à Aristote, a mis au jour que le λόγος a pour sens originaire, chez Platon, l' ἀ-ληθεύειν, « dé-couvrir » les choses en ce qu'elles sont. Cela atteste – à le prendre dans un sens plus ample – que la pensée gréco-platonicienne, soit la pensée occidentale *à son commencement*, a bien pour dimension essentielle la « vérité », l' ἀ-λήθεια, la « dés-occultation », l' « apérité » de ce qui est.

2) C'est à l'intérieur de cette dimension qu'apparaît le phénomène du ψευδῆ λέγειν ainsi que, dans un sens plus large, celui du ψεῦδος en toutes ses modifications (εἴδωλον, εἴκων, φάντασμα, δόξα, ψευδὴς δόξα, – 239 d sv. et 263 d sv.). Ce ψεῦδος appartient, par sa nature propre, au domaine des phénomènes qui *dissimulent et cachent* et qui ont pour *dimension originaire* celle de la λήθη, de l' « oubli », du retrait, de l'occultation, de la mort (son exposant éminent), dimension qui est à l'œuvre de maintes façons dans le *Dasein* mortel de l'homme. Or, *avant* Platon, *Parménide*, dans son *Poème*, avait bien écarté de la dimension de l' ἀλήθεια ou de *l'être* (ἐόν), cette dimension originaire de la λήθη qui est, selon lui, celle de la nuit du *non-être total*, de l' οὐκ ὄν [1] : Il l'en avait écartée par le truchement d'une « négation » qui, selon le *Sophiste* de Platon, est de l'ordre de l' ἐναντίωσις, de la simple opposition et donc de l'exclusion [2]. Pourtant, cette même λήθη (qui, semble-il, ne se laisse pas supprimer) se fait alors « jour », de façon transformée, dans la dimension de l' ἀλήθεια elle-même : Elle y apparaît sous la forme du ψεῦδος qui est son « rejeton » [3]. La tâche est donc alors d' « extirper » la λήθη sous la forme du ψεῦδος, son rejeton, et ce en saisissant celui-ci précisément par un concept « clair » de la « raison » (διάνοια). C'est cette tâche que Platon résout dans le *Sophiste :* Il saisit le ψεῦδος ou le ψευδῆ λέγειν (qui, selon lui, en est la structure) par un *concept dialectique*, celui de la δύναμις κοινωνίας *de l'* ἕτερον *avec le* λόγος *aléthique*. Or, le ψεῦδος, saisi

1. *Poème*, fragments II et VI, 1-2.

2. Cf. p. 107, n. 1.

3. Cf. à ce propos Martin HEIDEGGER, *Ga.* II. Abteilung, Band 34 : *Vom Wesen der Wahrheit. Zu Platons Höhlengleichnis und Theätet.* Freiburger Vorlesung, WS. 1931/2. Hrsg. v. Hermann Mörchen. Erster Teil, Drittes Kapitel : *Die Frage nach dem Wesen der Unwahrheit* (§ § 16-19, en particulier §§ 17-18). – Quant au terme « rejeton », « Sprössling », c'est nous qui l'avons introduit ici. Nous avons repris ce terme à KANT qui caractérise par lui les *sciences* en leur *rapport* à la métaphysique. Dans : *Premiers principes métaphysiques de la science de la nature. Préface* A XXI. (Tr. fr. : *Emmanuel Kant : Œuvres philosophiques* II, Bibliothèque de la Pléiade, Paris, Gallimard, NRF, 1985, p. 376).

par ce concept, est bien dès lors quelque chose de « dé-couvert ». *Platon est venu à bout de lui* comme ce qui cache et occulte. Le ψεῦδος se montre, pour ainsi dire, à « visage dé-couvert » : Il est εἶδος, il est un ἀ-ληθές. C'est en saisissant le ψεῦδος par ledit concept dialectique que Platon a « écarté », *à sa façon*, la dimension de la λήθη. En effet, si Parménide a bien écarté cette dimension de la λήθη elle-même, et ce, nous venons de le dire, par le truchement d'une « négation » qui est de l'ordre de l' ἐναντίωσις, de l'opposition et donc de l'exclusion, Platon ne saisit cette dimension que sous la forme de son « rejeton », le ψεῦδος, et ce par le truchement d'une « négation » qui n'est plus que de l'ordre de l' ἕτερον, de l'altérité, et l'intègre par là, en le transformant en un ἀληθές ou en un « être-autre », précisément dans la dimension de l' ἀλήθεια ou de l'être.

3) Selon le *Sophiste* de Platon, le λόγος qui, lui-même, est de l'ordre de l' ἀ-ληθεύειν a pour *présupposition fondamentale (Grundvoraussetzung)*[1] la δύναμις κοινωνίας qui, étant à l'œuvre sur le mode d'un pouvoir *caché*, est bien la limite extrême de la philosophie gréco-platonicienne[2]. À considérer ici les choses de manière plus générale, on peut observer que le λόγος, soit : le *langage humain* (qui se met, chez Platon, dans le λόγος au sens de l'énoncé ou de la proposition) repose sur un fondement, différent de lui, antérieur à lui : la δύναμις κοινωνίας. C'est en cette δύναμις κοινωνίας que réside, selon Platon, *l'être* de ce qui est. *Le langage humain reposerait donc sur cet être compris ainsi*. C'est par là que s'ouvre une tâche pour *une pensée à venir* : le rapport entre langage et « être » compris comme δύναμις κοινωνίας. Cette pensée à venir, qui renouera avec la pensée gréco-platonicienne, sans être elle-même plus d'ordre gréco-platonicienne, mais qui cherchera bien plutôt à remonter jusqu'à la présupposition fondamentale de celle-ci, pour la thématiser et l'ouvrir productivement, – une telle pensée, loin de reculer devant cette δύναμις κοινωνίας, va bien plutôt chercher à l'approfondir et à la comprendre en sa propre provenance[3]. Elle se trouvera donc de

1. Cf. p. 103, n. 2.

2. Cf. p. 103, n. 4.

3. HEIDEGGER donne à entendre, par deux brèves notes marginales (*PS*, pp. 524 et 534), qu'il convient de comprendre la δύναμις κοινωνίας, le rassemblement caché des genres et des εἴδη, à partir du temps (*PS*, p. 534) : Le genre, γένος, a pour dimension temporelle celle de la « Gewesenheit » et l' εἶδος celle de l'« Anwesenheit » (*PS*, p. 524). Dans une autre note marginale (*PS*, p. 577), déjà mentionnée par nous (cf. p. 100, n. 1), Heidegger indique que la δύναμις κοινωνίας serait, comme fondement du λόγος, l' « in sich verweisende Verflechtung » (« l'entrelacement qui, en soi, est renvoyant »). Cela laisse entendre que la δύναμις κοινωνίας

nouveau confrontée à la question posée par Platon dans le *Sophiste* : « Que voulez-vous dire au juste quand vous prononcez le mot "être" » ? Elle se trouvera confrontée à celle-ci par rapport au langage.

Ingeborg SCHÜSSLER
Université de Lausanne

a pour provenance *l'être*, entendu comme *rassemblement du monde* (qui est un thème de la pensée tardive de Heidegger). La δύναμις κοινωνίας – qui est, dans le *Sophiste* de Platon, la «présupposition fondamentale» de la dialectique et du λόγος – aurait donc pour provenance le *phénomène du monde déterminé par le temps.*

LE PROJET D'UNE « CHRONOLOGIE PHÉNOMÉNOLOGIQUE » ET LA PREMIÈRE INTERPRÉTATION DE KANT

On connaît l'importance de la figure kantienne dans la pensée de Heidegger et, depuis la publication, dans le cadre de l'édition complète, de ses cours de Marbourg et Freibourg, on a pu découvrir que le *Kantbuch* publié en 1929 avait été précédé et suivi d'un débat de fond que Heidegger avait mené dans le cadre de son enseignement avec l'auteur de la *Critique de la raison pure*. La thèse kantienne de l'être fait en effet l'objet d'un chapitre substantiel des *Problèmes fondamentaux de la phénoménologie* [1], cours du semestre d'été 1927, qui sera suivi, pendant le semestre d'hiver 1927-28, d'un cours intitulé *Interprétation phénoménologique de la « Critique de la raison pure » de Kant*, lequel fournit, je cite ici les propos de l'éditrice de ce volume de la *Gesamtausgabe*, Ingtraud Görland, « un accès plus large à l'intention de Heidegger dans son interprétation de Kant » et constitue de celle-ci « une élaboration » plus précise et détaillée dans l'analyse des textes [2] que le livre postérieur qu'il lui consacrera et qui sera publié sous le titre *Kant et le problème de la métaphysique*. Heidegger, de retour à Freiburg, consacre à nouveau à Kant, pendant le semestre d'été 1930, la plus grande partie d'un cours intitulé *De l'essence de la liberté humaine* [3]. Ce ne sont pourtant pas là les seuls écrits que Heidegger dédie à Kant pendant la période précédant et

1. Cf. *Les Problèmes fondamentaux de la phénoménologie*, tr. fr. J.-F. Courtine, Paris, Gallimard, 1985, pp. 47-102; *Ga.* 24, Francfort, Klostermann, 1975, pp. 35-107.

2. *Interprétation phénoménologique de la « Critique de la raison pure » de Kant*, tr. fr. E. Martineau, Paris, Gallimard, 1982, pp. 376-7; *Ga.* 25, 1977, pp. 435.

3. *De l'essence de la liberté humaine*, tr. fr. E. Martineau, Paris, Gallimard, 1987; *Ga.* 31, 1982.

suivant immédiatement la publication de *Sein und Zeit* [1], puisque l'on trouve déjà dans le cours du semestre d'hiver 1925-26, professé pendant les mois où il achève la rédaction de son maître-livre [2] et intitulé *Logique, La question de la vérité,* la première interprétation de la *Critique de la raison pure*, laquelle couvre à elle seule plus d'un tiers d'un texte de quatre cent dix-sept pages [3]. De ces pages consacrées à l'analyse de l'esthétique et de l'analytique transcendantales et qui font apparaître l'importance chez Kant de la problématique de la temporalité, l'éditeur, Walter Biemel, note dans sa postface qu'elles constituent « le noyau de l'ouvrage ultérieur *Kant et le problème de la métaphysique* » et que l'on y trouve des analyses ponctuelles encore plus détaillées que dans celui-ci [4]. On y rencontre en effet une interprétation du schématisme des concepts purs de l'entendement qui est absente du cours de 1927-28 [5] et condensée en quelques pages dans le *Kantbuch* [6].

Il n'est certes pas dans mon intention d'entreprendre ici une comparaison détaillée de ces trois textes consacrés respectivement en 1926, 1927-28 et 1929 à la *Critique de la raison pure,* ni même de procéder à un exposé circonstancié des quelques 140 pages consacrées à Kant dans le cours de 1925-26, mais plus précisément de m'interroger sur les raisons de l'importance attribuée à la figure kantienne dans le cadre d'un cours consacré à la logique dont la deuxième partie, fortement transformée par rapport au plan d'origine [7], développe la question de la vérité dans l'horizon d'une problématique de la temporalité déployée à partir de l'analytique du *Dasein.* Il faut en effet remarquer que le cours du semestre d'hiver

1. Contrairement à ce qu'affirme un peu vite E. Martineau dans l'avertissement de sa traduction du cours de 1930, p. 10.

2. *Sein und Zeit,* publié en février 1927, a été achevé en avril 1926, comme l'atteste la dédicace à Edmund Husserl.

3. Cf. *Ga.* 21, *Logik, Die Frage nach der Wahrheit,* 1976, §§22-36, pp. 269-409.

4. *Ibid.*, p. 417.

5. Voir à ce sujet les propos de l'éditrice in *Interprétation phénoménologique, op. cit.*, p. 377 (*Ga.* 25, p. 435), qui tout en reconnaissant l'absence d'une interprétation expresse de ce chapitre de la première *Critique,* souligne que, « étant donné la manière dont Heidegger amorce – notamment – l'interprétation de la "Déduction transcendantale", le problème du schématisme est au fond déjà traité » et que « le § 26, "L'exposé de la posibilité de la connaissance ontologique", livre le résumé de son interprétation ».

6. Cf. *Kant et le problème de la métaphysique,* Paris, Gallimard, 1953, §§ 20-23, pp. 150-170.

7. Cf. *Ga.* 21, § 5, p. 21.

1925-26, qui consacre une longue « considération préliminaire » à la critique husserlienne du psychologisme (soit près de 95 pages) et traite dans la première partie de la conception aristotélicienne du λόγος, avant de centrer la seconde partie autour de la conception kantienne du temps, présente ainsi, en un raccourci saisissant, la suite des trois figures philosophiques dont l'entreprise heideggérienne s'inspire directement. Pourtant si l'importance de Husserl et d'Aristote est attestée dès les premiers cours de Freiburg et reconnue par Heidegger lui-même lorsque celui-ci, retraçant son chemin de pensée, reconnaît qu'au début de ses études universitaires, c'est-à-dire dès 1909, il attendait des *Recherches logiques* une stimulation décisive pour l'intelligence des questions soulevées par la dissertation consacrée par Franz Brentano au problème de la signification multiple de l'être chez Aristote [1], la figure kantienne, bien que présente dès le départ – les premiers travaux dirigés du jeune docteur sont en effet consacrés pendant l'hiver 1915-1916 aux *Prolégomènes* de Kant, et c'est encore à « Kant et la philosophie allemande du XIXe siècle » qu'il consacrera son cours du semestre suivant –, ne lui apparaîtra dans toute sa vertu proprement phénoménologique qu'après une longue traversée du néo-kantisme avec lequel il ne rompra décisivement qu'au début des années vingt.

Il faut en effet rappeler que Heidegger a commencé ses premiers travaux universitaires sous le patronage de Rickert, qu'il remercie dans l'avant-propos de sa *Dissertation* pour l'avoir guidé dans la compréhension des problèmes de la logique moderne. Les premières lignes de ce premier travail font d'ailleurs l'éloge de l'interprétation que Cohen, Windelband et Rickert ont donné de Kant, qui en mettant l'accent sur ce qui constitue l'essentiel de la *Critique de la raison pure*, à savoir la révolution copernicienne, et en en faisant apparaître la dimension transcendantale-logique, s'oppose à la conception psychologiste du kantisme qui a dominé la scène philosophique pendant une grande partie du XIXe siècle [2]. C'est encore à Rickert que Heidegger dédie en 1916 sa thèse d'habilitation portant sur Duns Scot, mais une distance critique envers le néo-kantisme ne va pas tarder à s'installer. Dans le cours du semestre d'été 1919, qui porte sur « Phénoménologie et philosophie transcendantale des valeurs », Heidegger analyse brièvement les positions respectives de Cohen et de

1. Cf. *Questions IV*, Paris, Gallimard, 1976, p. 162 ; "Mein Weg in die Phänomenologie", in *Zur Sache des Denkens*, Tübingen, Niemeyer, 1969, p. 81.

2. Cf. HEIDEGGER, *Frühe Schriften*, Francfort, Klostermann, 1972, p. 3 et 5.

Windelband[1] et se livre au sujet de Rickert à des « considérations critiques », en rappelant d'ailleurs qu'il les avait déjà opposées à ce dernier dans son séminaire en 1913, lors d'exposés consacrés à la théorie du jugement de Lask[2]. Ce n'est à vrai dire que dans le cours de 1925, *Prolégomènes à l'histoire du concept de temps,* que le jugement porté sur l'École de Bade se fait véritablement sévère. Heidegger en effet y évoque la « trivialisation » des impulsions données par l'École de Marburg et de Dilthey chez Windelband et Rickert, et Heidegger explique que cette trivialisation consiste en ce que la structure de la connaissance n'est plus questionnée d'un point de vue transcendantal, c'est-à-dire en tant que donnant un accès au réel, mais qu'on s'intéresse uniquement à la question de la structure logique de la représentation scientifique en elle-même, la théorie de la science devenant ainsi une « méthodologie vide »[3]. Heidegger procède à l'analyse de ce qu'il nomme la « mécompréhension de la phénoménologie et de l'intentionnalité chez Rickert » en montrant que dans le livre de ce dernier, « L'objet de la connaissance » *(Der Gegenstand der Erkentnis),* paru en 1892, les dogmes de la théorie de la connaissance lui barrent l'accès au véritable sens de la représentation[4]. Au printemps 1929, à Davos, Heidegger sera amené, pour répondre à une question de Cassirer, à donner sa propre définition du néo-kantisme, en montrant ce qu'il y a de commun dans ses différentes formes chez Cohen, Windelband, Rickert, Erdmann et Riehl : « J'entends par néo-kantisme une certaine conception de la critique : celle qui explique la partie de la *Critique de la raison pure* qui mène jusqu'à la Dialectique transcendantale comme une théorie de la connaissance relative à la science de la nature »[5]. Pour Heidegger, le retour à Kant qui s'est produit dans la deuxième partie du XIXe siècle provient de l'embarras dans lequel se trouve alors la philosophie qui, voyant les sciences de la nature et celles de l'esprit envahir tout le champ du connaissable, ne trouve plus de domaine de connaissance qui lui soit propre, si ce n'est celui de la science elle-même. C'est dans cette situation que l'on a vu dans Kant le théoricien de la connaissance mathématico-physique et que l'on a été conduit à voir la pensée kantienne sous l'aspect de la théorie de la connaissance, alors que pour Heidegger « Kant n'a pas

1. *Ga.* 56/57, *Zur Bestimmung der Philosophie,* 1987, p. 140 sv.

2. *Ibid.*, p. 180.

3. *Ga.* 20, 1979, p. 20.

4. *Ibid.*, p. 45-46.

5. E. CASSIRER-M. HEIDEGGER, *Débat sur le kantisme et la philosophie,* Paris, Beauchesne, 1972, p. 29 ; cf. *Kant und das Problem der Metaphysik,* Francfort, Klostermann, 1973, p. 247.

voulu nous donner une théorie de la science de la nature, mais il a voulu manifester la problématique de la métaphysique, plus exactement de l'ontologie »[1].

Il ne s'agit donc pas, pour Heidegger, d'aborder Kant à partir d'un point de vue extérieur, d'un « dogme » épistémologique, mais au contraire à partir des problèmes eux-mêmes. C'est ainsi que dans le cours du semestre d'hiver 1925-26, c'est à partir du problème du temps que Heidegger se tourne vers Kant. Car le caractère incertain de l'usage philosophique des concepts et des déterminations temporelles et la manière fruste dont on oppose habituellement l'intemporalité à la temporalité attestent bien de la nécessité de reposer la question de la temporalité des phénomènes et Heidegger voit en Kant « le seul qui se soit avancé en tâtonnant dans ce domaine obscur » sans parvenir pourtant à « pénétrer la signification fondamentale de sa tentative »[2], jugement qu'il réitérera dans *Sein und Zeit* : « Le premier et le seul à avoir effectué dans sa recherche un bout de chemin dans la direction de la temporalité ou qui se soit laissé poussé dans cette direction par la contrainte des phénomènes eux-mêmes est Kant »[3]. *Zwang der Phänomene selbst* », « la contrainte des phénomènes eux-mêmes » : voilà à quoi il faut se soumettre en philosophie plutôt que de se fier à ses propres facultés sans les avoir soumises à la critique, puisque c'est justement là la définition que Kant donne du dogmatisme dans la *Critique de la raison pure* : « Le dogmatisme est la marche dogmatique que suit la raison *sans avoir fait une critique préalable de son pouvoir propre* »[4]. Dans le cours de 1925-26, Heidegger félicite Kant d'avoir su s'ouvrir à l'obscurité des phénomènes sans vouloir les forcer à se rendre prématurément à la lumière d'un intellect tout puissant et capable de tout expliquer. Il le loue en effet de sa pudeur ou de sa réserve *(Zurückhaltung)* devant les problèmes, de sa prudence réfléchie qui s'oppose au viol des phénomènes : « Quand il parvient à des limites, il laisse subsister les problèmes, ce qui est toujours plus positif pour la recherche à venir que la violence qui consiste à organiser des jugements à demi clairs en un système imposant »[5]. Ce système imposant qui s'oppose ainsi à la réserve et à la prudence kantiennes, c'est évidemment celui de Hegel, dont Heidegger dit un peu plus loin que son principe consiste à « nous [c'est-à-dire les hommes]

1. *Id.*
2. *Ga.* 21, p. 200.
3. *SuZ,* Tübingen, Niemeyer, 1963, § 6, p. 22.
4. *Critique de la Raison Pure,* Paris, PUF, 1963, p. 26 ; *KrV,* B XXXV.
5. *Ga.* 21, p. 201.

confondre avec le bon Dieu »[1] et auquel il reproche de n'avoir aucun sens de l'obscurité des problèmes philosophiques et aucun respect pour celle-ci : « Pour Hegel au contraire, tout est clair, car il est lui-même en possession de la vérité absolue »[2]. C'est cette proximité de Kant à l'égard des phénomènes qui lui permet de concevoir beaucoup plus concrètement et de manière plus principielle que Hegel ce que sont l'espace, le temps, la nature, parce qu'il a « une position plus libre à l'égard des choses », une position telle qu'elle se laisse encore poser des questions par les choses elles-mêmes. Or c'est précisément ce qui constitue pour Heidegger le propre de la pensée grecque : ainsi est implictement reconnue une proximité de Kant par rapport aux Grecs. Il y a en effet chez Kant, selon Heidegger, une « liberté interne de son philosopher lui-même qui reconnaît encore que des difficultés subsistent pour le philosopher humain et que la philosophie se tient à chaque instant devant la possibilité, pour utiliser un terme kantien, de devoir faire naufrage » *(eine Umkippung durchmachen zu müssen)*[3]. Cette exposition à un naufrage toujours possible de la raison, que Hegel avec son savoir absolu a voulu conjurer, c'est en fait la pierre de touche d'une pensée fidèle aux phénomènes qui se laisse dicter par eux sa propre loi.

Car cette pensée qui échoue sur la chose même, c'est la phénoménologie dont Heidegger trouve le modèle chez les Grecs, c'est-à-dire Aristote, grâce à celui qui dans l'ère moderne la fait revivre : Husserl. Kant lui-même n'est qu'un phénoménologue qui s'ignore comme tel, ce qui explique qu'il ne soit pas totalement libéré de tout dogmatisme, ce qui n'est pas le cas de Husserl, du moins du Husserl des *Recherches logiques* et de la période qui précède le « tournant » transcendantal, car le Husserl de la phénoménologie transcendantale fait, selon Heidegger, retour au néo-kantisme et au dogmatisme. Heidegger affirme en effet que Husserl est allé plus loin que Kant dans ses premiers cours de Göttingen – il fait probablement allusion à ses *Leçons pour une phénoménologie de la conscience intime du temps* de 1905 et à ses *Leçons de 1907* sur *Chose et espace* – dans l'analyse du champ de donation propre à chaque sens, dans ce qu'il nomme lui-même l'esthésiologie[4], c'est-à-dire dans l'investigation de la structure apriorique de chaque domaine de donation sensorielle : « Cette investigation elle-même, Kant et toute la philosophie antérieure l'ont

1. *Ibid.*, p. 267.
2. *Ibid.*, p. 269.
3. *Id.*
4. *Ibid.*, p. 273.

manquée ». Or elle seule peut servir de base à une psychologie réellement scientifique. Kant pour sa part « n'a pas explicitement vu la problématique phénoménologique, mais il se meut en elle comme le fait toute recherche philosophique authentique ». Heidegger veut souligner ici le fait que la phénoménologie n'est pas quelque chose de particulier, une direction ou un système de la philosophie, mais simplement « le fait que l'on ne fait pas que bavarder en philosophie, mais que l'on discourt à partir de la chose même », ce que, ajoute Heidegger, « il est aussi facile d'exiger formellement qu'il est difficile d'y satisfaire »[1].

Pour Heidegger, Kant n'est donc pas un pur phénoménologue, du fait qu'il entrelace de manière singulière un traitement par moments phénoménologique et par moments tout à fait dogmatique, c'est-à-dire « constructif » et « argumentatif ». C'est pourquoi Heidegger met l'accent sur le fait que pour étudier Kant, et non pas simplement le lire en vue de se cultiver ou de passer un examen, il est nécessaire non seulement de maîtriser la problématique phénoménologique (la philosophie de Husserl) mais aussi de s'être approprié ce qui constitue les problèmes fondamentaux de la philosophie depuis son début. On ne peut donc « commencer » par Kant : il faut auparavant avoir lu au moins Husserl et Aristote, ce qui est très exactement le chemin suivi par Heidegger dans ce cours. Pourtant Heidegger, après avoir ainsi opposé Kant à Husserl, insiste sur le fait qu' « il n'y a pas de phénoménologie pure »[2]. La phénoménologie est toujours en fait entachée de présupposés, bien que Husserl ait posé comme principe l'absence de toute présupposition, car la philosophie participe de l'essence de tout agir humain qui ne peut jamais se déployer comme un commencement radical, mais prend nécessairement sa source dans du dogmatique, de l'historique, du transmis : « Toute problématique philosophique a quelque chose dans son dos qu'elle ne peut atteindre elle-même en dépit de sa suprême transparence, car elle ne possède une telle transparence que parce qu'elle ignore cette présupposition »[3]. Il y a donc de l'immaîtrisable dans tout projet philosophique et la naïveté consiste, selon Heidegger, à s'imaginer comme Hegel avoir des yeux dans le dos[4] et à penser qu'on possède la vérité éternelle au lieu de

1. *Ibid.*, p. 279.
2. *Id.*
3. *Ibid.*, p. 280.
4. Voir la fin de l'introduction de la *Phénoménologie de l'esprit*, où HEGEL parle de ce retournement de la conscience par lequel elle devient capable de porter ses regards sur ce qui se passe « dans son dos », passage dans lequel HEIDEGGER, dans son commentaire des *Holzwege*, voit précisément la thèse de l'appartenance de

tenter de reconnaître sur quelle présupposition on fonde inévitablement son discours. Dans le cas de Kant, l'entrelacement du dogmatique et du phénoménologique, qui est de rigueur en toute philosophie de fait, a son fondement dans sa méconnaissance de la problématique phénoménologique qui lui vient de sa position historique, de son éloignement par rapport aux Grecs et de sa situation à l'intérieur de l'idéalisme subjectif; mais, d'autre part cet entrelacement est essentiel et ne peut être écarté par aucune philosophie dont le point de départ est toujours historique-factuel, ce qui constitue sa finitude inaliénable.

Or c'est cet entrelacement de phénoménologie et de dogmatisme qui explique selon Heidegger l'obscurité « inextricable » de l'esthétique transcendantale [1] sur laquelle on sait que son interprétation de la *Critique de la raison pure,* par opposition au néo-kantisme, met fortement l'accent. Heidegger évoque en effet d'entrée de jeu [2] ce texte de la fin de l'Introduction qui affirme qu' « il y a deux souches de la connaissance humaine qui partent peut-être d'une racine commune, mais inconnue de nous, à savoir la sensibilité et l'entendement ; par la première les objets nous sont *donnés,* par la seconde, ils sont *pensés* » [3]. Ces deux souches ne peuvent pas être ramenées à l'unité, qui, si elle existe, reste « inconnue de nous », comme l'affirme Kant. Ne pas respecter leur irréductibilité, c'est donc échouer par avance dans l'interprétation de Kant, ce qui est précisément, selon Heidegger, le cas de l'école de Marbourg [4]. Celle-ci en effet propose une interprétation « logique » de la *Critique de la raison pure* qui entreprend de résorber l'esthétique dans l'analytique. Heidegger reconnaît d'ailleurs « le niveau philosophique » de l'interprétation de Cohen qui, en dépit de son unilatéralité et de sa violence [5], domine de loin à son époque toute

notre être à la parousie de l'absolu (*Holzwege,* Francfort, Klostermann, 1963, p. 176, tr. fr. p. 158.)

1. *Ga.* 21, p. 278.

2. *Ibid.,* p. 282.

3. *Critique de la Raison Pure, op. cit.,* p. 49. *KrV,* A 15/B 29.

4. *Ga.* 21, p. 282.

5. *Ibid.,* p. 271. Notons que HEIDEGGER reconnaîtra lui-même la violence inhérente à toute interprétation comme telle dans le *Kantbuch :* « Il est vrai que pour arracher à ce que disent les mots ce qu'ils veulent dire, toute interprétation doit nécessairement user de violence « (*Op. cit,* § 35, p. 196, tr. fr. p. 256). Il se réclame d'ailleurs à ce propos d'un texte de Kant, la *Réponse à Eberhard,* qui distingue la lettre et l'intention, le dire et le vouloir dire des philosophes. Heidegger insiste pourtant sur le fait que cette violence nécessaire ne peut cependant pas être arbitraire, mais doit au contraire être guidée par la force d'une idée inspiratrice *(vorausleuchtende Idee)* qui seule peut permettre le risque, toujours téméraire, de se

autre interprétation de Kant. Il faut en effet souligner que Heidegger reconnaît à l'interprétation de Cohen un niveau proprement « interprétatif » et non pas seulement « historisant ». Car il a vu dans l'aperception transcendantale (dans la révolution copernicienne qui place le sujet en position « constitutive » à l'égard de l'objet) le centre véritable de la pensée kantienne, ce qui constitue une « reconnaissance » de la pensée de Kant. Mais c'est aussi ce qui fonde l'unilatéralité de son interprétation : il a tenté d'interpréter toute la critique à partir de l'analytique, en ôtant par là son autonomie à l'esthétique. Il a donc été conduit à dissoudre dans la spontanéité de la pure pensée le caractère proprement réceptif de la sensibilité, sans reconnaître que ce qui constitue la connaissance n'est pas uniquement la logique catégoriale, mais aussi la sensibilité pure en tant que « réceptivité créatrice ». J'utilise déjà ici le terme de « créatrice » *(schöpferisch)* connotant l'intuition pure que nous ne trouverons qu'en 1929, dans le *Kantbuch,* dont je cite ci-après le début du § 9 : « Il faut que la représentation pure et réceptrice se donne à elle-même ce qui est susceptible d'être représenté. L'intuition pure doit donc être, d'une certaine façon, "créatrice" »[1]. Ne reconnaissant pas la « passivité » inhérente au processus de la connaissance, ce qui est pour Heidegger, l'apport essentiel de Kant, Cohen est amené du même coup à s'écarter de ce qui constitue pour Heidegger l'expérience même de la pensée, c'est-à-dire celle d'une certaine non-maîtrise créatrice, par lequel celui qui reçoit doit aller au devant de ce qui se donne à lui. C'est donc le moment de la donation qui est manqué dans cette interprétation « logicisante » de Kant dont on pourrait faire apparaître la complicité secrète avec l'hégélianisme. On comprend dès lors pour quoi Heidegger peut dire que l'interprétation de l'École de Marbourg échoue par avance (*von vornherein :* d'entrée de jeu) dans son interprétation de Kant. Car ne pas reconnaître l'opposition du donner

confier à la « passion interne et secrète d'une œuvre » pour s'installer *(hineinstellen)* à travers elle dans ce qui n'est pas dit et être contraint de le dire. Ce passage donne sans doute la clé de toute interprétation véritable, car il indique ce qu'il y a de passif à la fois dans l'œuvre elle-même, qui, dans son caractère immaîtrisé, est passion plus qu'action et contient par là-même du non dit, et dans l'interprétation, toujours osée, toujours risquée, mais par là même « contrainte » à faire apparaître le non-dit de l'œuvre. Car il n'y a de véritable interprétation que dans le partage avec l'« auteur » de la même non-maîtrise de ce qu'il y a à penser : l'interprète n'est pas un *Besserwisser,* celui qui sait mieux et plus que l'auteur, mais celui qui fait apparaître le non-dit de l'œuvre comme tel, c'est-à-dire sa finitude ou sa non-maîtrise fondatrice.

1. *Kant et le problème de la métaphysique, op. cit.,* p. 42, tr. fr. p. 104.

et du penser ou vouloir l'abolir, c'est aussi ne pas faire droit à toute une tradition qui depuis Platon et Aristote distingue l' αἴσθησις de la νόησις, c'est-à-dire en langage kantien l'esthétique de la logique. Or Kant part sans l'interroger de cette distinction traditionnelle, sans tenter de montrer en quelle constitution de l'esprit humain, du *Gemüt*, elle s'enracine, ce que fait en revanche déjà Heidegger dans ce même cours de 1926 en montrant que le *Dasein* en tant qu'être dans le monde est constitué d'existentiaux irréductibles les uns aux autres et pourtant non isolables les uns des autres : la compréhension et la disposition (*Verstehen* et *Befindlichkeit*) dont la parenté avec les deux souches kantiennes ne peut pas être méconnue.

Pour Heidegger, tous les problèmes que rencontre Kant dans la première *Critique* viennent précisément de la séparation trop abrupte qu'il fait entre les deux souches de la connaissance, entendement et sensibilité. Il va donc être ainsi conduit à chercher entre eux une médiation, à la trouver dans une autre faculté, l'imagination, dont le caractère hybride restera largement ininterrogé, et finalement à donner à l'entendement une priorité sur la sensibilité. L'École de Marburg radicalise cette position kantienne qui est celle de la deuxième édition de la *Critique de la raison pure* en dissolvant purement et simplement la sensibilité dans l'entendement, en considérant que l'esthétique transcendantale est un « reste » précritique non surmonté au cœur du kantisme et en proposant une déduction de tout l'apriori. Mais ce faisant, le problème de l'unité de la *Critique de la raison pure* demeure non résolu. Il n'est, laisse entendre Heidegger, peut-être pas même encore réellement posé jusqu'à ce jour [1]. Il s'agit donc pour lui de montrer que l'esthétique transcendantale n'est pas « quelque chose de contingent » et qu'il y a une nécessité interne au projet kantien à poser un apriori intuitif, ce qui consiste à rendre à l'esthétique ses droits tout en faisant apparaître l'unité de la problématique de la

1. *Ga.* 21, p. 272. Dans son cours du semestre d'hiver 1927-28 (*Ga.* 25, *op. cit.*, p. 78-79 ; tr. fr. p. 90-91), HEIDEGGER note pourtant que Cohen et Natorp ont senti que la *Critique* manquait d'unité et que ce qui les tourmentait était un motif philosophique authentique « même s'ils cherchèrent la solution sur une mauvaise voie ». C'est ce qui lui permet de souligner un peu plus loin que « l'unilatéralité radicale » qui a conduit l'École de Marbourg à dissoudre l'Esthétique dans l'Analytique « a été plus favorable à l'interprétation de Kant que toutes les tentatives moyennes qui se dispensaient de définir dès le départ la problématique centrale de la *Critique* ». Heidegger y voit « la preuve qu'un mauvais chemin, pourvu qu'il soit suivi radicalement et avec une certaine rigueur scientifique, est infiniment plus fécond qu'un amas de « semi-vérités » où tout, autant dire rien, arrive à se laisser démontrer ».

Critique de la raison pure « sans coup de force », c'est-à-dire sans violence arbitraire.

Or ce qui est essentiel à cette entreprise, c'est qu'elle privilégie dans l'esthétique transcendantale, et conformément à la lettre du kantisme, l'intuition pure du *temps*. Kant en effet souligne bien dans l'Esthétique que « le temps est la condition formelle apriori de tous les phénomènes en général »[1] et non pas seulement des phénomènes internes dont il constitue en tant « forme du sens interne » la trame même. Je rappelle pour mémoire le raisonnement qui est à la source de cette primauté reconnue par Kant au temps sur l'espace : toutes nos représentations, indépendamment de leur contenu, sont temporelles en tant qu'elles s'insèrent toutes, les externes comme les internes, dans le « flux » de conscience. Le temps est donc la condition immédiate des phénomènes intérieurs et la condition médiate des phénomènes extérieurs : tous les phénomènes en général sont donc bien « dans » le temps. C'est en effet par le biais d'une « interprétation du temps » que la *Critique de la raison pure* est abordée dans ce cours de 1925-26 consacrée à la logique et à la question de la vérité. Qu'est-ce qui conduit donc de la question de la vérité à celle de la temporalité ? Il n'est pas question de retracer ici, même schématiquement, la totalité du parcours qui mène Heidegger de Husserl à Kant en passant par Aristote. Il faut du reste souligner à nouveau que le plan primitif du cours, exposé au § 5[2], n'envisageait pas de prime abord une telle connexion entre le problème de la vérité et celui de la temporalité. Étaient prévues : une introduction consacrée à Husserl et à sa critique du psychologisme ; une première partie traitant essentiellement d'Aristote, c'est-à-dire du problème de la vérité tel qu'il se pose au commencement décisif de la philosophie logique et du sol dans lequel s'enracine la logique traditionnelle ; une seconde partie consacrée à la radicalisation de la question de la vérité, à la distinction entre vérité originelle et vérité non originelle – ce sera aussi le thème du § 44 de *Sein und Zeit* qui fait apparaître le caractère dérivé du concept traditionnel de la vérité définie comme *adaequatio* –, mais il n'y est pas alors question de temporalité. Le cours effectivement prononcé suit ce plan jusqu'à la deuxième partie, laquelle va se voir dévolue une importance disproportionnée par rapport à la première (220 pages contre 70 pages). Mais surtout cette seconde partie va porter désormais comme sous-titre : « Répétition de l'analyse de la fausseté en rapport à sa temporalité ». Comment apparaît la temporalité dans le contexte de

1. *Critique de la raison pure, op. cit.*, § 6 c, p. 92 ; *KrV*, A 34/B 50.
2. *Ga.* 21, p. 26.

l'analyse de la vérité propositionnelle, objet de la partie consacrée à Aristote ? C'est la question à laquelle je voudrais brièvement tenter de répondre pour finir.

Au tout début de cette seconde partie, dans le § 15 précisément intitulé « L'idée d'une chronologie phénoménologique », Heidegger commence par citer une des *Réflexions* de Kant qui est également reprise dans *Sein und Zeit*[1] et qui dit ceci : « L'affaire de la philosophie ne consiste pas à donner des règles, mais à analyser les jugements cachés de la raison commune »[2]. Selon Heidegger, cela signifie que l'affaire du philosophe consiste à porter au jour les comportements qui sont au fondement de la conduite quotidienne de l'existence. C'est en ce sens qu'il comprend l'analytique kantienne, non pas seulement comme la décomposition de quelque chose en ses éléments selon le paradigme chimique de l'analyse, mais comme la reconduction de quelque chose à son lieu de naissance. Le terme ἀναλύω, Heidegger le rappellera beaucoup plus tard, dans un des séminaires de Zollikon, au cours de la séance du 25 novembre 1965, apparaît pour la première fois chez Homère, dans le deuxième livre de l'Odyssée, pour nommer ce que fait Pénélope la nuit, lorsqu'elle défait son tissage de la journée. Ce terme signifie délier, au sens de délivrer[3]. Il faut donc comprendre l'analyse comme la mise au jour de la genèse d'un phénomène, la mise en évidence des conditions de possibilité ultimes du donné. C'est en ce sens que Heidegger lui-même parlera d'« analytique existentiale » dans *Sein und Zeit*.

Or ce qui constitue le résultat de l'analyse de la proposition à partir d'Aristote, c'est, non pas comme le voudra la logique traditionnelle fondée plutôt après lui qu'à partir de lui, l'idée que la proposition est le lieu de la vérité et qu'il n'y a donc de vérité que dans l'énoncé et non dans les choses, mais au contraire l'idée que « la vérité est le lieu de la proposition »[4]. La vérité n'est donc plus comprise comme une qualité du jugement, mais comme une dimension de l'être lui-même. La saisie énonciative, qui n'a pas nécessairement la forme du jugement, n'ajoute ainsi rien à ce qu'elle découvre mais ne fait que le *présenter (gegenwärtigen)*. L'être, c'est donc la venue à la présence *(Anwesenheit)* de ce qui peut être découvert (vérité) ou recouvert (fausseté) dans un comportement. Telles sont les thèses auxquelles Heidegger est parvenu à la fin de la première partie : « Être veut dire

1. *SuZ*, § 1, p. 4.
2. *Ga.* 21, p. 197.
3. *Zollikoner Seminare*, Francfort, Klostermann, 1987, p. 148.
4. *Ga.* 21, p. 135.

présence [advenue] *(Anwesenheit).* Vérité veut dire présent [au sens de laisser venir à l'encontre, de présenter] *(Gegenwart)* »[1]. Or *Anwesenheit* et *Gegenwart* sont des caractères de la *Präsenz,* de la présence au sens temporel, ce sont donc des modes du temps, ce qui implique que l'analyse de l'énoncé, du λόγος ἀποφαντικός, s'oriente alors par rapport au temps et requiert une nouvelle tâche, celle de faire apparaître le caractère de temps *(Charakter der Zeit)* des phénomènes logiques. Aristote lui-même ne s'interroge pas sur le sens de cette identité de l'être et de la vérité qu'il met pourtant à jour, c'est-à-dire qu'il ne voit ni le caractère temporel de la présentation de ce qui est saisi dans l'énonciation, ni le caractère temporel de la détermination de l'être comme présence. C'est pourquoi il est nécessaire de radicaliser la question de la vérité en faisant apparaître sa genèse à partir de la temporalité.

D'où le projet d'une « chronologie phénoménologique » qui constituerait l'analytique auparavant définie au sens le plus strict et qui aurait pour tâche de faire apparaître la structure temporale des phénomènes. Heidegger utilise ici le terme latin de *temporal,* et non pas celui, germanique, de *zeitlich,* qui désigne habituellement ce qui s'accomplit *dans* le temps, car il ne s'agit nullement pour lui de mettre la vérité ou l'être « dans » le temps – ce serait là une retombée dans le psychologisme dont la critique a été faite une fois pour toutes par Husserl qui a soigneusement distingué le contenu non temporel de l'acte temporel du jugement – mais de faire apparaître le rapport qu'ont la vérité et l'être au temps eu égard à leur compréhension[2]. Ce qu'il s'agit donc de proposer ici comme tâche c'est une recherche portant sur le temps lui-même *(Erforschung der Zeit selbst).*

C'est donc dans le cadre d'une telle recherche, d'une entreprise de style analytique et génétique à laquelle Heidegger donne ici le nom de « chronologie phénoménologique » que s'effectue la lecture de la *Critique de la raison pure,* œuvre dont a déjà été souligné le caractère exceptionnel par rapport à toutes les autres conceptions philosophiques du temps. Ce que Heidegger dans ce cours nomme de manière éphémère « chronologie phénoménologique » doit être compris non pas au sens de la fondation d'une nouvelle discipline philosophique qui pourrait s'ajouter à celles déjà existantes, mais comme une redéfinition de la tâche philosophique dans sa totalité, puisque celle-ci est jusqu'à présent demeurée dans une grande incertitude dans son emploi des déterminations de temps. À cet égard, Heidegger soulignera, dans le

1. *Ibid.,* p. 199.
2. *Id.*

§ 6 de *Sein und Zeit,* qu'il est fort étonnant que l'on ne se soit pas interrogé jusqu'ici sur la fonction ontologique dévolue au temps, lequel sert de critère pour distinguer différentes régions de l'être. On oppose ainsi, rappelle Heidegger, le temporel à l'intemporel, (c'est-à-dire le spatial, en tant que le non intrinsèquement temporel), à l'atemporel (c'est-à-dire l'idéal, comme ce qui est sans rapport au temps) et au supratemporel (à ce qui est au dessus du temps, à l'éternel), comme si toutes ces distinctions allaient de soi.

En quel sens cette chronologie phénoménologique exige-t-elle donc un débat de fond avec Kant ? Telle est le dernier point sur lequel je voudrais pour finir donner quelques indications. Si la tâche de celle-ci consiste bien en l'investigation de la *Temporalität* des phénomènes, c'est-à-dire non pas de leur être-dans-le-temps, mais de ce qui fait qu'ils sont caractérisés par le temps et qu'ils sont donc de nature temporale [1] – il s'agit, précise par la suite Heidegger [2], de considérer que le temps opère *(fungiert)* non plus *rahmenmäßig,* comme un cadre, mais *strukturmäßig,* en tant que structure – cela implique nécessairement que soit développée une nouvelle conception du temps qui ne voit plus en celui-ci l'ordre de la succession, c'est-à-dire ne le situe plus dans la perspective traditionnelle qui le met en relation de manière primordiale et univoque avec la nature. La problématique chronologique consiste à cet égard à mettre en évidence la temporalité non pas comme un trait du monde, par lequel le temps devient quelque chose de subsistant *(vorfindlich)* [3], mais comme un trait du comportement du *Dasein* lui-même, ce qui ne signifie pourtant nullement une subjectivation unilatérale du temps. Car dire, comme le fait Heidegger lors de sa conférence sur « Le concept de temps » de 1924 devant les théologiens de Marbourg, que le temps est le *Dasein* lui-même ne consiste nullement à placer le temps « dans » l'âme ou le sujet, mais au contraire, en le rendant aussi singulier que l'existence elle-même, à renoncer à faire du temps un genre et à lui attribuer une essence séparée, afin précisément de le penser de manière temporelle [4]. C'est pour que cette nouvelle définition du temps ne devienne pas une simple phraséologie [5] qu'il est nécessaire, comme Heidegger le souligne, de faire apparaître le contraste entre l'apparente clarté de la

1. *Id.*
2. *Ibid.,* p. 409.
3. *Ibid.,* p. 204.
4. Cf. *Der Begriff der Zeit,* Tübingen, Niemeyer, 1989, p. 26, où HEIDEGGER déclare que « *Le* temps est dépourvu de sens ; (le) temps est temporel » (*Die* Zeit ist sinnlos ; Zeit ist zeitlich).
5. *Ga.* 21, p. 205.

compréhension vulgaire du temps, c'est-à-dire celle qui provient de la compréhension que le *Dasein* a de lui-même dans la quotidienneté, et l'obscurité des déterminations temporales des existentiaux du *Dasein,* que Heidegger se propose d'ailleurs à cette époque de nommer des *Temporalien,* des « temporaux » [1], en prenant comme référence l'histoire du développement du concept de temps. Une telle histoire n'a certes pas à être retracée dans sa totalité, il suffit de s'en tenir à l'analyse des moments cruciaux où l'élaboration du concept de temps conduit à lui attribuer en même temps une signification ontologique. Les jalons historiques ainsi parcourus dans le cours de 1925-26 (et cette histoire en abrégé se résumera finalement dans *Sein und Zeit* à la longue et célèbre note du § 82 où apparaissent essentiellement les noms de Hegel, Aristote et Bergson) se réduisent à l'interprétation hégélienne du temps (§ 20) et à l'analyse de l'influence d'Aristote sur Hegel et Bergson (§ 21) avant de revenir à l'analyse de la position kantienne à l'égard du temps qui couvre les §§ 22 à 36.

Quel est en fin de compte ce qui, pour Heidegger, donne à Kant une place aussi exceptionnelle dans l'histoire du concept de temps ? On connaît par avance, du moins formellement, la réponse : c'est dans la théorie du schématisme kantien que Heidegger aperçoit déjà une approche essentielle de la problématique chronologique, c'est-à-dire une approche d'une conception du temps qui ne fera plus de celui-ci le simple cadre d'apparition de la nature et du monde objectif. Car il s'agit bien de trouver dans cet « art caché dans les profondeurs de l'âme humaine » qu'est le schématisme transcendantal la monstration de la temporalité de ces comportements du *Dasein* que Kant nomme, dans un langage encore traditionnel et cartésien, aperception transcendantale, « je pense », actes de l'entendement et conscience. Mais cela n'autorise pas, selon Heidegger, à considérer, comme le fait Hegel, que la mise en relation dans le schématisme de l'entendement et de la sensibilité, de l'intemporel et du temporel, demeure encore extérieure et non suffisamment « dialectique », il est au contraire nécessaire, avec Kant, de s'interroger sur ce qui rend possible la déterminabilité du temps, si celle-ci suppose l'unification par l'entendement de la multiplicité du sens interne. Aussi Heidegger n'hésite-t-il pas, en radicalisant la problématique kantienne, à énoncer la question à partir de laquelle, selon lui, toute la problématique kantienne devient compréhensible : quelle est la condition de possibilité d'une connexion entre le temps en général et le je pense en général [2] ?

1. *Ibid.*, p. 243.
2. *Ibid.*, p. 309.

Cette question, qui est celle de l'unité de la subjectivité, est aussi celle que l'idéalisme post-kantien a tenté de résoudre, mais sans interroger les présupposés de Kant lui-même, et en continuant à questionner dans le même sens que lui, c'est-à-dire dans le sens cartésien, en mettant d'emblée l accent sur le « je pense ». Heidegger va même jusqu'à affirmer que toute la philosophie de Hegel reste incompréhensible si on ne la situe pas dans l'horizon de cette question de l'unité recherchée du sensible et de l'intelligible et que la solution qu'il lui donne est *« extrem Kantisch »,* ultrakantienne en tant qu'elle est dialectique [1]. Car il s'agit pour Heidegger non pas de « dépasser » Kant, mais de faire apparaître ce qui n'a pas été élaboré dans la position kantienne, en d'autres termes de débarrasser le « noyau phénoménologique » de sa pensée des dogmes cartésiens qui le recouvrent encore. Il ne faut donc pas s'étonner de trouver ici une référence à la vieille méthode de la maïeutique socratique : rendre Kant à Kant, en le délivrant de son carcan traditionnel et cartésien, c'est « en quelque sorte l'aider à avoir une bonne naissance » *(ihm zur rechten Geburt helfen)* en venant au devant de lui dans le dialogue [2].

Ce dialogue qui vient au devant de celui avec lequel on parle pour l'aider à être lui-même, c'est, notons-le, très exactement ce que Heidegger nomme *vorausspringende Fürsorge,* sollicitude devançante, une sollicitude qui rend l'autre à son souci propre, et qui s'oppose ainsi à une *einspringende Fürsorge,* une sollicitude qui se substitue à l'autre et prend en charge à sa place son souci [3]. Le rapport à l'histoire de la pensée et aux penseurs du passé n'est donc en rien différent de celui qui nous lie à l'autre *Dasein* et singulièrement au *Dasein* de nos contemporains. On a là sans doute l'esquisse d'une tout autre pratique de l'interprétation que celle qui s'attache uniquement aux énoncés d'un penseur. Il faut en effet, dit Heidegger, se référer, dans l'interprétation phénoménologique, à ce que « Kant devait avoir implicitement en vue » [4], ce qui signifie ne pas lire les énoncés des penseurs en les considérant comme achevés, purement subsistants et donc ne pas les détacher du comportement dont ils sont l'expression, ce qui en fin de compte implique que la problématique chronologique au sens large ne puisse pas seulement constituer l'objet de la pensée, ce qui est thématiquement visé, mais qu'elle doive nécessairement aussi avoir une action en retour sur la manière même dont on procède en philosophie.

1. *Ibid.,* p. 311.
2. *Ibid.,* p. 313.
3. Cf. *SuZ,* p. 122.
4. *Ga* 21, p. 313.

« Chronologiser » sa pensée, si je puis me permettre cette expression barbare, ou plus simplement concevoir la pensée comme une chronologie, c'est-à-dire comme un λόγος qui inclut dans « l'objet » même qu'il considère sa propre opération, qui pense sa propre temporalisation au lieu de ne s'attacher qu'au simple résultat de celle-ci, tel est sans doute le chemin qu'il s'agirait de suivre, la méthode qui nous permettrait d'accéder à l'idée, non pas d'une subjectivation du temps, fût-ce dans le cadre d'une subjectivité absolue de type hégélien ou husserlien, mais de cette étrange « identité » du *Dasein* et du temps dont Heidegger a trouvé le pressentiment dans le schématisme kantien.

Françoise DASTUR
Université de Paris XII (Créteil)

LA « TAPISSERIE DE LA VIE ». LE PHÉNOMÈNE DE LA VIE ET SES INTERPRÉTATIONS DANS LES *GRUNDPROBLEME DER PHÄNOMENOLOGIE* (1919/20) DE MARTIN HEIDEGGER

Und teil um teil ist wirr und gegenwendig
Und keiner ahnt das rätsel der verstrickten.
Da eines abends wird das werk lebendig.
(Stefan George, *Der Teppich, Werke* 1, Küpper, Düsseldorf, 1968, p. 190).

Tapisserie de la vie *(Teppich des Lebens)* : tel est le titre d'un recueil de poèmes de Stefan George auquel Heidegger se rapporte dans son premier cours qui traite des « problèmes fondamentaux de la phénoménologie ». Pourquoi George ? En suivant des indications de Otto Pöggeler, on peut donner une réponse claire à cette question : la réception allemande de Bergson se déroule d'abord en dehors des cercles de la philosophie académique. Au terme d'une longue discussion entre Gertrud Kantorowicz et Stefan George, l'élan vital bergsonien devient en allemand « Lebensschwungkraft » [1]. Quant à la réception académique, s'agissant de la phénoménologie, elle débute en 1911 par une boutade de Husserl. L'exposé de la philosophie bergsonienne que fait Koyré au séminaire de Göttingen, suscite le commentaire laconique : « Les bergsoniens conséquents, c'est nous » [2]. Une décennie plus tard, dans ses enseignements de Freiburg et encore dans *Sein und Zeit,* Heidegger ne dira pas autre chose. Sa propre découverte de Bergson a d'ailleurs un rapport direct avec Husserl. En 1921 Husserl charge son assistant, le *Privatdozent* Martin Heidegger, de préparer la thèse de Roman Ingarden en vue d'une publication au volume 5 du *Jahrbuch für Philosophie und phänomenologische Forschung*. Voilà, évoquées très rapidement, quelques fils généalo-

1. Otto PÖGGELER, *Schritte zu einer hermeneutischen Philosophie,* Fribourg/Munich, Karl Alber, 1994, pp. 15 ; 146.
2. *Ibid.*, p. 147.

giques qui expliquent la présence de George aussi bien que de Bergson, dans les premiers problèmes fondamentaux de la phénoménologie jamais exposés par Heidegger.

Bien entendu, il y a aussi des raisons systématiques qui m'ont fait inscrire l'image de la « tapisserie de la vie» dans le titre de cette étude. À mes yeux, elle illustre parfaitement la compréhension phénoménologique de la vie sous-jacente à l'idée même d'une « herméneutique de la facticticité ». En ce sens, le titre et le sous-titre de cette étude impliquent trois thèses.

1) En premier lieu, il suggère que le phénomène de la vie, de quelque façon qu'on le prenne, n'est pas un phénomène parmi d'autres ; il représente au contraire un des lieux les plus critiques où se décident les possibilités et les limites de la phénoménologie elle-même.

2) Le pluriel « les interprétations » rappelle d'abord qu'à l'intérieur même de la tradition phénoménologique, le phénomène de la vie a donné lieu à plusieurs interprétations : l'interprétation monadologique que Husserl lui-même donne de la vie transcendantale du sujet ; l'interprétation plus nietzschéenne de Max Scheler ; l'herméneutique de la facticité du premier Heidegger et, plus près de nous, le *Gestaltkreis* de Viktor von Weizsäcker ; la « phénoménologie matérielle » de Michel Henry, qui assimile la vie à « l'autoaffection »[1], « l'analytique de la chair» de Didier Franck[2] ; les travaux de Marc Richir et de Henry Maldiney[3], etc. Tous ces travaux montrent que c'est bien encore d'une question vive de phénoménologie qu'il s'agit.

3) Parmi ces inflexions possibles, j'ai choisi de m'intéresser plus particulièrement à l'herméneutique heideggérienne de la facticité, c'est-à-dire au premier grand chantier philosophique que Heidegger mettait en œuvre dans ses *frühe Freiburger Vorlesungen* qui vont du *Kriegsnotsemester* de 1919 jusqu'au cours : *Ontologie (Hermeneutik der Faktizität)* du semestre d'été 1923 (*Ga.* 63)[4], dans lequel on voit s'amorcer le virage vers une problématique ontologique, systématiquement mise en œuvre dans les cours de Marbourg et qui trouvera son

1. Michel HENRY, *Généalogie de la psychanalyse.* Le commencement perdu, Paris, PUF, 1989.

2. Didier FRANCK, *Corps et chair.* Sur la phénoménologie de Husserl, Paris, Minuit, 1981 ; *Heidegger et le problème de l'espace,* Paris, Minuit, 1985.

3. Henry MALDINEY, *Penser l'homme et la folie.* À la lumière de l'analyse existentielle et de l'analyse du destin, Grenoble, J. Millon, 1991.

4. Volumes actuellement parus : *Ga.* 56/57 ; *Ga.* 58 ; *Ga.* 59 ; *Ga.* 61 ; *Ga.* 63. Fait évidemment partie de ce chantier le rapport Natorp de 1922. Martin HEIDEGGER, *Interprétations phénoménologiques d'Aristote,* tr. fr. J.-F. Courtine, Mauvezin, TER, 1992.

expression canonique dans la publication de *Sein und Zeit* en 1927. Ce chantier mérite qu'on s'y attarde pour des raisons aussi bien intrinsèques qu'extrinsèques. Intrinsèques, pour autant que, jusqu'à très récemment, ces enseignements représentaient la partie comparativement la moins connue et la moins explorée de la pensée heideggérienne. Ce n'est que depuis une décennie environ qu'une nouvelle génération de chercheurs s'est attachée à étudier ce corpus, inaugurant par le fait même une nouvelle phase dans la réception de la pensée heideggérienne, dont on commence seulement maintenant à entrevoir les résultats. Dans une optique généalogique, il faut bien sûr mentionner en premier lieu les recherches de Théodore Kisiel [1]. Dans une optique plus systématique, je mentionnerai l'ouvrage de David Krell, *Daimon Life* [2], paru en 1992.

Raisons extrinsèques : même si, incontestablement, le langage dans lequel s'exprime cette herméneutique de la facticité nous est devenu assez étranger, voire presque imperméable (il reflète bien entendu aussi l'ambiance d'une époque, marquée par le pathos de la *Jugendbewegung*, sans toutefois s'y réduire), il n'est pas dit que la problématique sous-jacente ne puisse pas être la nôtre, comme j'essaierai de le montrer à propos de l'idée d'une herméneutique du soi. Une chose me semble sûre en tout cas : le Heidegger auquel on a affaire ici n'est nullement un penseur blindé dans ses certitudes dogmatiques, mais un chercheur au meilleur sens phénoménologique du mot, capable d'explorer plusieurs directions en même temps, d'en abandonner certaines, de changer de cap sous la contrainte des phénomènes eux-mêmes.

Dans ce corpus, le terme « interprétation » revêt une signification particulière : rien ne permet mieux de comprendre pourquoi dès le départ, la phénoménologie heideggérienne se présente comme une phénoménologie herméneutique (et non transcendantale) que son interprétation du phénomène de la vie. L'ascendant de Wilhelm Dilthey joue ici un rôle absolument déterminant, tout l'effort philosophique de Heidegger pouvant être compris comme une tentative de donner un sens phénoménologique à la fameuse affirmation de Dilthey : *Das Leben legt sich selber aus,* « La vie s'interprète elle-même ».

1. Theodore KISIEL, *The genesis of Heidegger's Being and Time,* Berkeley/ Los Angeles/ Londres, Univ. of California Press, 1993. Concernant notre question cf. particulièrement les pp. 116-147 de l'ouvrage.

2. David Farrell KRELL, *Daimon Life.* Heidegger and Life-Philosophy, Bloomington, Indiana Univ. Press, 1992.

Le corpus des *frühe Freiburger Vorlesungen* peut être appréhendé comme un chantier unique, ce qui n'interdit pas d'y reconnaître une certaine progression. Dans ce corpus, j'ai choisi d'analyser un seul texte, en raison de son allure programmatique. Il s'agit du cours du semestre d'hiver 1919/20 intitulé *Grundprobleme der Phänomenologie*, publié en 1993 comme volume 58 de la *Gesamtausgabe* par les soins de Hans-Helmuth Gander. Il n'est pas indifférent de remarquer d'emblée que l'enseignement de Heidegger pendant ce que je propose d'appeler sa décennie phénoménologique (1919-1928) est scandé à trois reprises par des introductions aux problème fondamentaux de la phénoménologie. Les *Grundprobleme* de 1919/20 inaugurent le chantier de l'herméneutique de la facticité ; l'*Einführung in die phänomenologische Forschung* qui inaugure en 1923/24 l'enseignement de Marbourg [1], ouvre la période de la rédaction de *Sein und Zeit* et reconduit la phénoménologie husserlienne aux sources aristotéliciennes ; les *Grundprobleme* de 1928 (*Ga.* 24) clôturent d'une certaine manière l'ontologie fondamentale de *Sein und Zeit*.

S'agissant de la première introduction à la phénoménologie de 1919/20, je voudrais ici en tenter une interprétation systématique [2]. Celle-ci se nouera autour de trois ternaires fondamentaux pour l'interprétation phénoménologique du phénomène de la vie aussi bien ici que dans l'ensemble des textes qui concernent l'herméneutique de la facticité : *Selbstgenügsamkeit, Ausdrucksgestalt, Bedeutsamkeit,* qui correspond à l'interprétation heideggérienne du phénomène de la vie, *Bezugs–, Gehalts–, Vollzugssinn* qui résume son interprétation de l'intentionnalité, et un ternaire thématique : *Umwelt, Mitwelt, Selbstwelt* qui contient son interprétation de la *Lebenswelt*.

Le cours commence par une brève *Vorbetrachtung* sous forme de « panorama historique » (pp. 1-23), destiné à faire passer les auditeurs d'un point de vue exotérique (la genèse historique du courant phénoménologique et sa place dans le paysage de la philosophie contemporaine) à une « disposition ésotérique », c'est-à-dire à la prise de conscience des problème auxquels s'attaque ou devrait s'attaquer la phénoménologie bien comprise. Aux yeux de Heidegger, le premier et le plus fondamental de tous les problèmes, « le plus brûlant et à jamais indéracinable, le plus originaire et le plus définitif » c'est « la phénoménologie *elle-même* pour elle-même » (p. 1). Si elle est

1. *Ga.* 17, édité par Friedrich Wilhelm von Herrmann, Francfort, Klostermann, 1994.

2. Les références indiquées dans le texte correspondent à la pagination du volume 58 de la *Gesamtausgabe*.

problématique pour elle-même, c'est justement parce qu'elle ne peut se comprendre que comme « science originaire de la vie en soi » *(Ursprungswissenschaft vom Leben an sich)*. Le phénomène de la vie n'est donc pas un phénomène parmi d'autres, dont elle doit s'occuper, au contraire c'est un phénomène – peut-être le seul ! – qui entre dans sa définition même. Est-ce un hasard si l'exergue de cette *Vorbetrachtung* est tiré de *Matière et Mémoire* de Henri Bergson ? Certainement pas, car Bergson est un des rares philosophes qui aient osé inscrire la vie dans leur définition même de la philosophie, même si aux yeux de Heidegger, sa notion d'élan vital embrouille les données phénoménologiques plus qu'elle ne les clarifie.

Quant à la phénoménologie husserlienne, c'est un autre « mot magique », le mot de donation *(Gegebenheit)* qui définit le radicalisme de l'interrogation à laquelle doit se livrer une authentique « science originaire » (p. 5). Le radicalisme de cette interrogation doit être défendu contre la phénoménologie elle-même, notamment quand elle est tentée de s'abriter derrière l'autorité des sciences, comme semblerait l'exiger une lecture hâtive et erronée de l'article programme : « La philosophie comme science rigoureuse » de Husserl, paru en 1910/11 dans la revue *Logos*. Pour Heidegger, « le radicalisme de la phénoménologie doit déployer ses effets les plus radicaux *contre elle-même et tout* ce qui s'exprime comme connaissance phénoménologique » (p. 6).

En intégrant le phénomène de la vie dans sa définition même, la phénoménologie affronte une tâche précise : laisser derrière soi l'alternative du rationalisme et de l'irrationalisme. « La phénoménologie combat précisément le rationalisme absolu, le rationalisme en général sous toutes ses figures. Elle combat également tout balbutiement confus avec des "paroles primitives" *(Urworte)* irrationalistes en philosophie. Elle fait comprendre que la séparation du rationalisme et de l'irrationalisme sous laquelle on se complaît aujourd'hui à tout ranger est totalement erronée *(grundverkehrt)* » (p. 20). Ce combat sur deux fronts est sous-tendu par quelques convictions fortes, par exemple que « la vie spirituelle en général doit retrouver organiquement les sources originelles et elle doit pour nous se déployer à nouveau à partir de nouvelles et authentiques situations fondamentales de la vie qui valent pour des *générations* » (p. 20). La génération présente qui voudrait représenter l'authentique esprit de la recherche phénoménologique doit se caractériser par deux choses : « l'implacable critique mutuelle, seule capable de maintenir sur la bonne trajectoire » (p. 23) et le refus de réduire les problèmes transcendantaux à l'unique forme de constitution qu'est « la science ». C'est alors qu'elle pourra réussir là où Nietzsche a échoué : élever la vie à la compréhension sans la trahir, parce qu'elle « a l'attitude fondamentale de l'accompagnement vivant du sens authentique de la vie, de la soumission qui comprend *(des verstehenden Sicheinfügens),* du dépassement du conflit par son aggravation à travers l'*humilitas animi* » (p. 23). On notera la pointe anti-nietzschéenne de cette déclaration : ce n'est pas l'orgueilleuse volonté de puissance qui offre les meilleures chances de compréhension du phénomène de la vie, mais « l'humilité de l'âme », c'est-à-dire l'humble soumission au phénomène tel qu'il se donne.

Ainsi se dessine une double tâche : mettre en évidence la vie comme « sphère problématique » primordiale et répondre à la question : d'un tel phénomène peut-il y avoir science, et en quel sens ?

I. La vie comme champ problématique primordial

D'entrée de jeu, l'enquête se heurte à quelques difficultés spécifiques de la phénoménologie. Il faut d'abord écarter un malentendu lié à la notion même de « problème fondamental » (p. 25). La phénoménologie doit en effet récuser la distinction habituelle du « fondamental » (c'est-à-dire du général) et du « spécial » (c'est-à-dire les applications particulières). Pour elle, tout est fondamental et spécial en même temps. « Dans la phénoménologie en tant que science originaire, il n'y a pas de problèmes spéciaux » (p. 26). Par le fait même, la notion d'origine reçoit un statut spécifique en même temps qu'elle devient problématique. L'origine n'est ni un axiome, une proposition générale, ni une entité mythique ou mystique ineffable ni, à l'inverse, l'immédiateté du vécu (p. 26). La difficulté retentit sur le concept même de donation. La donation la plus originaire n'est jamais directement donnée, elle doit au contraire être laborieusement conquise (p. 27). C'est cette dernière difficulté qui paraît être la plus décisive. Précisément parce que le concept de donation revêt une signification centrale en phénoménologie, il nous interdit de recenser des prétendues « données immédiates de la conscience ». C'est cette « étrangeté qui fait que le véritable domaine thématique *(Gegenstandsgebiet)* de la philosophie scientifique comme phénoménologie ne se rencontre nulle part dans la vie en soi » (p. 29), – autrement dit que la « vie en soi » n'est nulle part donnée telle qu'elle – qui ne doit pas être perdue de vue, ce qui revient à rendre problématique l'idée même de donation ou de prédonation *(Vorgabe).*

Une élucidation provisoire du concept de « vie en soi » permet non de résoudre, mais au moins de circonscrire l'étrangeté en question. D'entrée de jeu, Heidegger commence par un avertissement : toute considération empruntée aux sciences de la vie ou à la philosophie de la nature devra être écartée ici. La seule chose à quoi nous ayons affaire est le phénomène pur de la vie qui nous est tellement proche que nous ne disposons pas de la distance cognitive minimale que requiert d'ordinaire toute saisie cognitive. Ce qui « fait défaut, c'est la distance par rapport à elle, parce que nous la sommes nous-mêmes, et parce que nous ne nous voyons nous-mêmes qu'à partir de la vie elle-même qui est nous (accusatif), dans ses propres directions » (p. 29).

Dans cette phrase, on notera l'accumulation de la particule *« selbst »*. D'emblée est ainsi attirée l'attention sur la particularité phénoménologique fondamentale du phénomène de la vie : son « autosuffisance » *(Selbstgenügsamkeit)*. Ce terme – qu'on hésite évidemment à traduire par « aséité » – exprime dans un langage phénoménologique plus adéquat la teneur de sens de l'expression : « la vie en soi » (p. 30). Schopenhauer aussi bien que Simmel ont entrevu ce phénomène qui représente aux yeux de Heidegger la structure intentionnelle ou le « mode de remplissement » spécifique de la vie, consistant en ceci qu' « elle ne s'adresse toujours à elle-même que dans son propre "langage" » (pp. 31 ; 231), C'est d'abord ce fait que « la vie s'adresse toujours à elle-même dans son propre langage et se répond à elle-même, de sorte que, structurellement, elle n'a *pas besoin de sortir de ses gonds (sich aus sich selbst herauszudrehen)* » (p. 42) qui définit ce qu'il faut entendre par facticité. Nous pouvons ainsi poser l'équation suivante : *facticité = en soi de la vie = autosuffisance.*

Puisque cette équation commande toutes les analyses qui vont suivre, il faut la protéger contre plusieurs malentendus.

1) Le malentendu qui consiste à identifier l'autosuffisance à une sorte d'autosatisfaction, voir d'autocomplaisance. Or, « la vie se suffit à elle-même même là où elle doit vivre dans des imperfections, dans des insuffisances *(Ungenügendheiten)* » (p. 35). Les expériences du manque, de la frustration, de l'insatisfaction sous toutes ses formes, tout comme celles du plaisir, de la joie, etc. manifestent la structure de l'autosuffisance.

2) Le malentendu inverse consisterait à assimiler la facticité à une factualité brute et aveugle qui en ferait une absurdité au sens sartrien. Nous verrons plus loin que l'interprétation heideggérienne de la vie facticielle se situe aux antipodes de toute idée d'absurdité. Si la vie facticielle nous paraît parfois bien incompréhensible, ce n'est pas en raison d'un manque de sens, mais en raison d'un excès de sens (ou, pour être plus précis, de *Bedeutsamkeit*, de « significativité »).

3) Le troisième malentendu pourrait être mis dans la bouche de Michel Henry : le vrai nom de l'autosuffisance qui empêche que la vie puisse « se tordre pour sortir d'elle-même » *(Es dreht sich nie aus sich selbst heraus)* (p. 35) ne serait-il pas « autoaffection » ?

Le premier malentendu ne nous retiendra pas longtemps, pour autant que Heidegger lui-même indique les raisons pourquoi il doit être écarté immédiatement. Il en va tout autrement des deux autres malentendus qui sont plus à même de mettre en évidence la spécificité d'une phénoménologie herméneutique de la vie. C'est exactement ici que nous rencontrons notre premier ternaire : *Selbstgenügsamkeit*, *Ausdrucksgestalt* et *Bedeutsamkeit* (pp. 137 ; 139). Sans prise en compte d'une « figure expressive » et d'une « significativité », l'autosuffisance de la vie resterait incompréhensible. Au risque d'une certaine extrapolation, je suggère de mettre le second terme « Ausdrucksgestalt » respectivement « Bekundungszusammenhang » en opposition avec l'idée de l'autoaffection chez Michel Henry et le troisième en opposition à l'absurdité sartrienne.

1. Autosuffisance et figurativité expressive de la vie

Voyons d'abord en quoi l'interprétation heideggérienne du phénomène de la vie se distingue de celle de Michel Henry.

a) Vie et monde : la « Lebenswelt »

Le point de rupture intervient très tôt, dès que Heidegger parle d'un « caractère mondain de la vie » (*Weltcharakter des Lebens)* (p. 33) et qu'il établit la thèse que « notre vie n'est comme vie que pour autant qu'elle vit dans un monde » (p. 34), respectivement que « Toute vie vit dans un monde » (p. 36). D'emblée s'impose le concept de *Lebenswelt* (pp. 171 ; 250) qui signifie en l'occurrence que la vie facticielle est « une vie qui s'écoule en se tournant vers un monde de la vie » (*lebensweltwärts* verlaufendes Leben) (p. 66). Si nous voulions être fidèles à la phénoménologie matérielle de Michel Henry, nous devrions corriger cette expression *lebensweltwärts* en la remplaçant par quelque chose comme *« lebensinnenwärts »*. Pour Heidegger, le fait que la vie forme un monde de la vie signifie qu'elle « ne constate pas d'abord l'être-là, mais qu'elle est et elle vit en faisant l'expérience d'un monde » (p. 66).

La particule « dans » reçoit ici un sens directionnel. Heidegger forge plusieurs expressions qui cherchent à exprimer la nature très particulière du lien entre monde et vie. Outre le fameux *« Es weltet »* [1] qui avait fasciné si profondément le jeune Hans-Georg Gadamer, deux expressions se trouvent mise en exergue. « Dans la vie facticielle nous vivons "dans" un monde *(hineinleben).* La vie est littéralement "bordée de monde" *(weltlich gesäumt)* » (p. 157). Une vie « bordée de monde » : l'expression pourrait intéresser Jacques Derrida qui a essayé souvent d'approcher le problème de la vie à partir de concepts tels que la *marge*, la *bordure*, etc. Pour Heidegger, elle signifie que la première articulation essentielle de la vie est « sa familiarité avec le monde vécu et l'advocation de celui-ci au sens du mouvement de la vie elle-même » (p. 158). La seconde expression mise en exergue est « *weltlich* gestimmt » (« tonalité mondaine » ou mieux « accordée à un monde) : « L'expérience facticielle de la vie est littéralement "accordée à un monde" (*weltlich* gestimmt), elle vit toujours dans *(in ... hinein)* un "monde", elle se trouve *(befindet sich)* dans un "monde de la vie" » (p. 250). À elle seule cette phrase annonce les existentiaux de la *Befindlichkeit* (« affection ») et de la *Stimmung* (« tonalité ») qui inaugurent au § 29 de *Sein und Zeit* l'analyse de la constitution existentiale du là.

b) Le monde de la vie au pluriel : Umwelt, Mitwelt, Selbstwelt

Aussitôt qu'il est introduit, le concept de *Lebenswelt* doit être mis au pluriel. Le monde de la vie n'a rien de monolithique ; il faut au contraire distinguer une pluralité d'authentiques mondes de la vie (*genuine Lebenswelten)* (p. 98). Ici comme dans les autres cours de cette période [2], Heidegger suggère de distinguer trois mondes de la vie facticielle : le « monde ambiant » *(Umwelt),* le monde-avec-autrui, c'est-à-dire le monde de la vie intersubjective *(Mitwelt)* auquel Alfred Schütz consacrera ultérieurement de longues analyses et enfin le monde du soi *(Selbstwelt),* c'est-à-dire le monde de l'ipséité qui ne doit pas être confondue avec une pure intériorité (pp. 39 ; 64 ; 170 ; 199). La distinction de ces trois mondes a évidemment un sens phénoménologique qu'il ne faut pas confondre avec des théories analogues chez certains auteurs anglo-saxons récents. Elle admet d'ailleurs des distinctions supplémentaires. Ainsi faut-il sans doute distinguer dans la *Mitwelt* un monde des prédécesseurs, des contemporains et des successeurs, selon la ligne de recherche de Alfred Schütz.

1. L'expression apparaît dès le *Kriegsnotsemester* de 1919. Cf. *Ga.* 56/57, *Zur Bestimmung der Philosophie,* pp. 88-89, ainsi que le *Wesenssatz* : « Alles was real ist, kann welten ; nicht alles, was weltet, braucht real zu sein » (*ibid.,* p. 91).

2. Voir par exemple *Ga.* 61, p. 94, ou les « Remarques sur Jaspers », *Ga.* 9, p. 35 ; tr. fr. in *Critique,* 12, p. 21.

Ce ternaire nous fournit une première indication sur ce qu'il faut entendre par *Ausdrucksgestalt* respectivement par *Bekundungsgestalt*. En s'exprimant, la vie se donne un certain « relief » (p. 39). *Umwelt, Mitwelt et Selbstwelt* sont de tels « reliefs » différenciés, parce que l'autosuffisance est « un caractère qui admet plusieurs types » (p. 30) ou différentes figures de manifestation (*Bekundungsgestalten)* (p. 43 ; 45). Le concept de *Bekundungsgestalt* est déjà un concept implicitement herméneutique, pour autant qu'il signifie que « tout homme porte en lui un fonds de compréhensibilités *(ein Fonds von Verständlichkeiten)* et d'accessibilités *(Zugänglichkeiten)* immédiates » (pp. 34 ; 39) qui expriment l'autointerprétation tout à fait spontanée qui accompagne toutes les manifestations de la vie.

Pour le phénoménologue, c'est précisément cette capacité d'automanifestation qui revêt une importance particulière (p. 55). En postulant partout un « lien vivant entre la manifestation et l'autosuffisance » (63) la phénoménologie se donne pour tâche « de suivre le caractère de l'autosuffisance et de la manifestation *en le comprenant* (*verstehenderweise* nachgehen) » (p. 60). Tout se passe comme si les notions de *Bekundungsgestalt* (p. 45) et de *Ausdeutung* (interprétation) respectivement *Deutungszusammenhang* s'appelaient réciproquement. C'est en ce sens que la phénoménologie de la vie facticielle ne peut être qu'une herméneutique, en un sens du mot qu'il faudra préciser plus loin. Dans les *Grundprobleme*, Heidegger a conscience du caractère tâtonnant de sa recherche, comme l'attestent les nombreuses feuilles volantes qui accompagnent son manuscrit. Sur une des feuilles volantes, on lit ceci : le problème de l'expression a besoin d'une élaboration plus poussée, notamment en ce qui concerne son rapport à l'aiguisement (p. 97)[1].

c) Le statut particulier du monde du soi : vers une herméneutique du soi

L'allure herméneutique de cette approche se renforce encore si l'on examine le statut particulier de la *Selbstwelt*. Non seulement la *Lebenswelt* doit être mise au pluriel, parce que la vie a des reliefs ; en outre, pourrions-nous dire, ces reliefs ne sont pas de même nature. La vie reçoit son relief le plus tranché, le plus aigu dans le monde du soi. À plusieurs reprises, Heidegger attire l'attention sur le phénomène étrange « que la vie facticielle "peut" se centrer d'une manière particu-

1. D'où l'importance du cours suivant (*Ga.* 59) qui est précisément consacré à ce problème. Dans l'entretien avec un japonais, HEIDEGGER, retraçant sa découverte du problème herméneutique, attire lui-même l'attention sur ce cours. Sur ce thème, je renvoie à mon étude à paraître « Herméneutique et/ou déconstruction ».

lièrement accentuée dans le monde du soi » (p. 57). Le « peut » placé entre guillemets est important. La *possibilité* que la vie soit centrée autour d'un soi – centration que Heidegger appelle « aiguisement » *(Zugespitzheit)* est certes « toujours là dans la vie facticielle » (p. 60), mais ce n'est que sous certaines conditions historiques qu'elle est actualisée. D'où le rôle éminent du christianisme historique (p. 61). En parlant du « Royaume de Dieu en nous » le christianisme primitif a crée le paradigme historique le plus influent pour penser le monde du soi. Mais c'est aussi pour cette raison que Heidegger affirme que c'est un paradigme dont la phénoménologie devra s'affranchir radicalement (p. 61). Ici on rencontre un des leitmotivs de la phénoménologie de la religion mise en œuvre une année plus tard. Saint Augustin est invoqué comme un des grands témoins de cette pensée chrétienne de la *Selbstwelt*, ensemble avec Luther et Kierkegaard. Et la phénoménologie – qui prend ici l'allure d'une « herméneutique du soi » au sens que Paul Ricœur donne à cette expression [1] – aura toujours intérêt à se laisser instruire par le soi augustinien plutôt que par le *cogito* cartésien (p. 205). D'où l'étonnante paraphrase du *crede ut intelligas* augustinien qui devient chez Heidegger « Vis ton soi de manière vivante » *(Lebe lebendig dein Selbst)* (p. 62), respectivement : « Le soi doit d'abord se réaliser dans la plénitude de la vie avant de pouvoir connaître » (p. 205).

Dans la description heideggérienne de la *Selbstwelt*, on reconnaît l'influence du concept le plus central de l'herméneutique diltheyenne : *Selbstbesinnung*. Tout un paragraphe (§ 13, pp. 56-59) est consacré aux formes expressives de la *Selbstbesinnung*, allant des formes les plus élémentaires de la prise de conscience de soi-même jusqu'aux formes les plus élaborées que sont les autobiographies et les grandes confessions (pp. 58 sv.). Le trajet parcouru correspond en gros à celui de Dilthey dans les pages que *L'Édification du monde historique dans les sciences de l'esprit* consacre au problème de l'autobiographie.

Mais même si le mot est maintenu, la *Selbstbesinnung* n'est plus chez Heidegger tout à fait ce qu'elle était chez Dilthey, comme le montre le rôle décisif de la notion de « situation ». Si en effet on veut exprimer dans un langage phénoménologique encore plus rigoureux ce que suggère la notion – qui est aussi une image – de l'aiguisement, il faudra parler du « caractère de situation » (p. 62). C'est un des premiers concepts que l'herméneutique de la facticité léguera à l'analytique existentiale de *Sein und Zeit*. Sans « situation », pas de monde

1. Paul RICŒUR, *Soi-même comme un autre*, Paris, Le Seuil, 1990, pp. 15 ; 345.

du soi, car alors le soi se trouve réduit à un moi ponctuel. Or le phénomène qui se cache derrière des expressions linguistiques telles que « je », « moi », « soi-même » etc. (p. 157) est celui de la « possession de moi-même » *(Michselbsthaben)* (pp. 156 ; 164). Non seulement le « phénomène plénier du « avoir-soi-même-un-monde » *(Selbstwelthaben)* (p. 161), n'a rien à voir avec une auto-perception ou une auto-observation, mais « il n'a besoin d'aucun retour réflexif du je sur lui-même » (p. 159). Même si la forme grammaticale « soi » est celle d'un pronom *réfléchi* [1], il faut se garder d'en conclure à l'existence d'un sujet réfléchissant. Si toute expérience vécue implique une situation rapportée à un soi, il faut aux yeux de Heidegger éviter de confondre ce soi avec l'autodonation d'un moi pur, comme le suggère une formule de Reinach (p. 188).

Plus puissamment encore que l'idée d'un retour réflexif sur soi-même, la notion de situation interdit toute forme d'objectivation : « la possession de moi-même ne consiste pas à fixer un objet *(Anstarren eines Objekts)* ... au contraire c'est le se-pencher *(sich Vorneigen)* provenant d'expériences de la vie dans de nouveaux horizons vivants et proches, une provenance et un se-pencher dans lesquels en vivant, je me comprends moi-même, même si l'éprouvé lui-même pose les énigmes les plus difficiles à mon existence. La cohésion compréhensible est la vie elle-même et c'est en elle que je possède mon soi » (p. 165). Cette dernière phrase est particulièrement remarquable pour autant qu'elle inverse pour ainsi dire la séquence diltheyenne dans l'*Aufbau* : vécu – expression – objectivation [2]. Ce qui est premier, ce ne sont pas des vécus psychiques isolés, mais des « situations » changeantes (p. 76) qui déterminent autant de « lieux » spécifiques de compréhension de soi-même, étant donné que « ce qu'on rencontre facticiellement, c'est l'aiguisement facticiel de la vie facticielle autour du monde du soi » (p. 99). En précisant que cet « aiguisement » n'est pas un *Wasgehalt* (ce qui reviendrait à restreindre la notion à des situation de crise ou d'exaltation particulièrement « aiguës »), mais un *Wiegehalt* (un style d'expérience et non un contenu d'expérience pourrait-on dire) (p. 83), Heidegger prépare le terrain à la distinction de l'*existentiel* et de l'*existential* dans *Sein und Zeit*.

1. C'est précisément de ce statut grammatical que Paul RICŒUR tire argument au début de son herméneutique du soi pour affirmer « le primat de la médiation réflexive sur la position immédiate du sujet » (*Soi-même comme un autre, op. cit.*, p. 11).

2. Cf. notamment Wilhelm DILTHEY, *L'Édification du monde historique dans les sciences de l'esprit*, tr. fr. Sylvie Mesure, Paris, Le Cerf, 1988, pp. 85-104.

d) Bezugssinn, Gehaltssinn, Vollzugssinn : l'intentionnalité complexe de la situation

Rien ne montre mieux que la description heideggérienne de la *Selbstwelt* équivaut à une « herméneutique du soi » que sa définition de la « structure originelle » (pp. 259 ; 261) de la notion de situation à travers le ternaire *Vollzugssinn, Gehaltsinn* et *Bezugssinn.* Si en effet on se demande quelles sont les conditions de possibilité ultimes de la familiarité avec soi-même, la « phénoménologie du soi », confrontée au problème de la situation qui ne comporte aucune objectivation » (p. 258) découvre dans le phénomène de la situation plusieurs « éléments de sens » ou « directions de sens *(Sinnführungen)* » qui permettent d'interpréter ce qu'il faut entendre par « autosuffisance de la vie ». Le *Gehaltsinn* concrétisé dans un *monde de la vie,* correspond à une *idée* (s'agit-il de la « vision du monde » au sens de Dilthey ?) ; le *Vollzugssinn* est placé sous le signe d'une spontanéité qui aboutit à une configuration créatrice *(Gestaltung)* du monde de la vie ; enfin le *Bezugssinn* semble de nouveau se caractériser par l'occultation partielle du sens auquel on n'accède qu'en le produisant ou en l'effectuant *(Vollzug),* ce qui, dit Heidegger, semble caractériser les mondes esthétiques et religieux.

Comparée à des développements ultérieurs, la mise en place de ce ternaire a quelque chose de très tâtonnant. On peut néanmoins y reconnaître une première tentative de redéfinir le concept de l'intentionnalité. Mais il lui manque encore le terme le plus décisif : le *souci*, qui joue déjà un rôle déterminant dans la présentation de l'herméneutique de la facticité que Heidegger développe dans le cours du semestre d'hiver 1921/22 [1]. Le critère qui permet de distinguer les trois mondes *Umwelt, Mitwelt* et *Selbstwelt* n'est alors rien d'autre que le souci, de sorte que ces mondes forment autant de « mondes du souci » *(Sorgenswelten)* [2].

2) De l'expressivité à la significativité

Examinons maintenant les raisons qui nous interdisent d'assimiler la facticité à un « fait » *(Faktum)* brut et aveugle et la vie à un chaos informe. « La vie n'est pas un enchevêtrement *(Wirrsal)* de fluctuations obscures, un sombre *(dumpf)* principe de force, une monstruosité *(Unwesen)* illimitée qui dévore tout, mais elle *n'est ce* qu'elle est que comme *figure concrète dotée d'un sens* » (p. 148). Si le point de départ de la philosophie est « la vie facticielle en tant que fait *(Faktum)* »

1. *Ga.* 61, pp. 81-155.
2. *Ibid.*, p. 94.

(p. 162), il importe de renoncer à la prétention de considérer le fait soit comme l'application particulière d'une loi générale soit comme l'agrégat d'une série de « faits de vie», juxtaposés comme le seraient des pierres ou des plantes (pp. 162 ; 257). Dans la question de savoir « comment la vie s'éprouve elle-même *(wie Leben sich selbst erfährt)* » (p. 254), le problème du rapport entre fait et sens revêt une importance fondamentale (p. 256). Or, jusqu'ici la philosophie n'a traité ce problème que dans un cadre logique. Aux yeux de Heidegger le vrai problème est celui de son rapport au sens, ce qui exige que le facticiel lui-même soit compris comme *expression* » (p. 257).

Pour cela, il faut revenir à l'expérience de la vie qui ne fait pas encore l'objet d'une considération thématique ou théorique, c'est-à-dire la *faktisch unabgehobene Lebenserfahrung* (p. 102) et qui ne se signale pas non plus par un quelconque caractère exceptionnel, extravagant *(Keine besonders ausgefallene Lebenserfahrung ... keine Scheu vor Trivialitäten !)* (p. 103). Ces formules anticipent ce que *Sein und Zeit* identifiera comme le phénomène *positif* de la *quotidienneté*. C'est dans ces situations quotidiennes, mais qui ne sont pas quelconques, que la vie facticielle révèle son « sens », c'est-à-dire, pour être plus précis, sa *significativité*. Alors nous « voyons le sens dans lequel l'expérience facticielle a de nouveau et en permanence son éprouvé *(sein Erfahrenes)* dans le caractère de la significativité. Même le plus banal *(trivial)* est significatif, même s'il n'est que banal ; même ce qui n'a pas la moindre valeur est significatif » (p. 104).

Entendue en ce sens très englobant, la significativité décide du sens existentiel de ce qu'on appelle *réalité*. *« L'expérience de l'existence* s'achève dans et se satisfait de *la caractéristique de la significativité »* (p. 106). «Le sens de "existence" se trouve dans la vie facticielle dans les significativités actuellement éprouvées, mémorisées ou attendues, de sorte que l'éprouver d'un souvenir, d'un vécu ou d'une attente déterminés s'accomplit dans une unité pleine et concrète (situation ouverte) » (p. 106). L'ouverture qui caractérise toute situation atteint son degré maximal lorsqu'elle fait intervenir le neutre « quelque chose » *(Etwas)* : « Quelque chose cloche ; quelque chose n'est pas *geheuer* ». Ce sont ces expériences que Lévinas a en vue quand il parle de « l'obscur remue-ménage de l'il y a». Pour Heidegger, il est essentiel de distinguer cette indétermination « significative » du type d'indétermination que pose l'ontologie formelle (elle-même inséparable d'une apophantique formelle) quand elle parle du « Quelque chose en général » *(Etwas überhaupt)*. Cette ontologie porte à son comble la catégorie de la *Gegenständlichkleit*, alors que la significativité ne la rencontre même pas. Ce qu'elle porte à son comble, c'est au contraire « la plus extrême "étrangèreté" (*Unheimlichkeit*) potentielle et plénière de la vie, à savoir des contextes d'attentes certes non-transparents, mais néanmoins vivants » (p. 107). Le *mysterium tremendum,* c'est-à-dire le sacré et le numineux de Rudolf Otto est invoqué comme illustration possible de cette *Unheimlichkeit* (p. 107).

L'indétermination de sens n'est pas une absence de sens assimilable à un vide. Au contraire, elle peut représenter un caractère menaçant ou angoissant : « L'expérience facticielle de la vie se dissout donc en contextes de significativité. Une existence sans significativité n'a même pas la possibilité de la motivation » (p. 217). Le « quelque chose en général » de la logique formelle (et de l'ontologie correspondante) est ordonné à la notion d'*état de chose (Sachverhalt).* Par contraste, Heidegger forge la notion d'*état de significativité (Bedeutsamkeitsverhalt)* ou d'*état de la vie (Lebensverhalt)* (p. 112). La ligne de partage entre les deux notions ne coïncide toutefois pas avec la distinction entre actes cognitifs et non-cognitifs. Il n'y a pas d'expérience de la vie sans un minimum de pensée, c'est-à-dire de « prise de conscience » qui est aussi une forme de « prise de connaissance *(Kenntnisnahme)* » (p. 110). Cette prise de connaissance porte sur des « figures de sens » *(Gestalten)* qui peuvent prendre la forme de convictions fondamentales – « *La conviction* porte ma vie » (p. 113) – ou de récits qui empêchent de concevoir la vie facticielle comme une obscurité chaotique et inarticulée, une sorte de « torpeur » *(Dösnis)* (p. 113), à laquelle Heidegger opposera dans un cours ultérieur la *Diesigkeit* (« brumosité »)[1] spécifique de l'autocompréhension.

Une autre manière de marquer la distinction consiste à distinguer le « *en tant que* de la significativité » de l'en tant que de la détermination conceptuelle. Cette distinction se retrouvera dans *Sein und Zeit* sous la forme de la distinction de l'en tant que *herméneutique* et *apophantique*[2]. Ce qui vaut pour l'ensemble des figures de la significativité vaut également pour le soi-même. Le soi ne peut se comprendre, recevoir un sens qu'en lien avec les contextes de significativité que composent les situations (p. 186). Il y a donc un lien tout à fait essentiel entre l'expressivité et la significativité : « Les significativités sont des figures *expressives* de relations de sens qui se dégagent

1. « So wie Leben in sich selbst umwegig ist, so ist es auch "diesig". Die eigentliche Sicht ist erst auszubilden. (Die Diesigkeit ist eine vom Leben selbst verschuldete ; seine Faktizität ist es gerade, in dieser Schuld sich zu halten, immer neu in sie zu fallen. Das ist keine Metaphysik, aber auch kein Bild !) » (*Ga.* 61, p. 88).

2. *SuZ,* § 33, p. 158.

d'une idée et qui reçoivent en elle leur unité spécifique » (p. 190). Mais ces structures de sens ne doivent pas être confondues avec des structures téléologiques. Tous les actes ne sont pas finalisés, mais toutes les expériences de la vie facticielle comportent une significativité. En comparaison de la catégorie de la significativité, la catégorie de la finalité est beaucoup trop régionale (p. 220).

Pour être compris, les actes de significativité ont besoin d'être co-effectués (*Mit*vollzug). Ici se dessine un débat avec Max Scheler et sa théorie des sentiments de sympathie (p. 197). En parlant d'un « *Mit*charakter » de la significativité, Heidegger semble suggérer un lien particulier avec la *Mitwelt*. C'est dans le même contexte qu'il rejette une conception « moniste » de l'existence (p. 199) et qu'il évoque, toujours en référence à Scheler, l'hypothèse d'un surgissement « simultané » du propre et de l'étranger (p. 198). Pour laconiques qu'elles soient, ces indications sont précieuses pour autant qu'elles barrent la route à l'idée que la centration ou l'aiguisement qui caractérise la *Selbstwelt* laisserait autrui dehors. Au contraire, on peut se demander si autrui n'a pas un rôle déterminant à jouer dans la constitution de la significativité.

Greffons ici, sans autre forme de commentaire, un poème de Stefan George qui ouvre le recueil *Teppich des Lebens* auquel Heidegger se rapporte pour illustrer son idée de l'articulation entre autosuffisance, expressivité et significativité de la vie (p. 69) :

DER TEPPICH

Hier schlingen menschen mit gewächsen tieren
Sich fremd zum bund umrahmt von seidner franze
Und blaue sicheln weisse sterne zieren
Und queren sie in dem erstarrten tanze.

Und kahle linien ziehn in reich-gestickten
Und teil um teil ist wirr und gegenwendig
Und keiner ahnt das rätsel der verstrickten.
Da eines abends wird das werk lebendig.

Da regen schauernd sich die toten äste
Die wesen eng von strich und kreis umspannet
Und treten klar vor die geknüpften quäste
Die lösung bringend über die ihr sannet!

Sie ist nach willen nicht: ist nicht für jede
Gewohne stunde: ist kein schatz der gilde.
Sie wird den vielen nie und nie durch rede
Sie wird den seltenen selten im gebilde [1].

II. La phénoménologie comme compréhension originaire de la vie en soi

Abordons maintenant notre seconde question : de la vie définie par le ternaire : autosuffisance, expressivité, significativité peut-il y avoir science et en quel sens ?

1) Quelle science ?

Le concept général de science peut être défini par trois moments : préparation d'un « sol d'expérience » *(Erfahrungsboden),* formation d'un domaine thématique *(Sachgebiet)* et production d'une « logique concrète » (p. 75). De ce triple point de vue, n'importe quelle science présuppose la vie facticielle avec sa triple articulation de l'autosuffisance, de l'expressivité et de la significativité. C'est pourquoi il faut revenir au sens ordinaire de l'expérience que reflète l'expression verbale *« er-fahren »,* ce qui advient « au fil de la vie » dont le cours facticiel dessine des structures de sens analogues au motifs d'un tapis, comme le suggère le poème de George cité ci-dessus. Or, paradoxalement, la constitution du « sol d'expérience » scientifique suppose que ce « tapis de la vie » se dérobe. La disponibilité *(Verfügbarkeit),* autre nom pour dire « donation de sens » (p. 70), s'appauvrit et s'élargit en même temps, dès lors qu'une science conquiert son domaine thématique *(Sachgebiet)* spécifique et produit la « logique concrète » qui permet de l'étudier.

Si la phénoménologie doit devenir une science, ces trois moments vont également valoir pour elle. Or, peut-il y avoir une « science originaire de la vie en soi » (p. 79) ? Apparemment non, car cette science semble être triplement impossible : elle est intrinsèquement absurde, c'est-à-dire reposant sur un contresens *(widersinnig)* et factuellement irréalisable et superflue (p. 80). C'est ce triple obstacle épistémologique que Heidegger s'attache à faire sauter. Superflue, la phénoménologie le serait si elle doublait une autre science de la vie sur son propre terrain. Or cela n'est pas le cas : elle ne fait ni concurrence

1. Stefan GEORGE, *Werke.* Ausgabe in 2 Bänden, Düsseldorf-Munich, Küpper, 1968, p. 190.

à la biologie, ni à la psychologie (p. 81). Irréalisable, elle le serait si elle proposait un inventaire encyclopédique de toutes les manifestations de la vie. Or la phénoménologie ne veut nullement être une encyclopédie du savoir à prétention englobante, voire totalitaire, car elle distingue entre *Wasgehalt* et *Wiegehalt* (p. 82 ; 85). Enfin, elle serait insensée *(widersinnig)* s'il lui fallait tuer la vie pour pouvoir l'analyser. Or, l'approche phénoménologique du phénomène de la vie n'implique aucune « dé-vitalisation *(Entlebung)* » (p. 78), mais simplement une autre attitude que celle de la vie vécue : « *Das Leben soll ursprungswissenschaftlich als aus dem Ursprung entspringend verstanden werden* » (p. 85).

Le prix à payer pour devenir témoin de ce jaillissement originaire de la vie, est le retour à l'authenticité de l'expérience préthéorique *(genuine Erfahrungswelt)* (p. 92) qui veut être déchiffrée selon « le principe de l'adaptation nécessairement authentique au sens à la teneur de toute figure expressive *(Prinzip der notwendig genuinen Sinn- und Sachangemessenheit jeder Ausdrucksgestalt)* » (p. 93). La démarche est *sinngenetisch* (p. 94) et non *entwicklungspsychologisch* (p. 95). Retracer la genèse d'une figure du sens déterminée, ce n'est pas reconstruire l'histoire consciente ou inconsciente de sa production par un psychisme déterminé.

2) Quelle phénoménologie ?

Il reste à se demander sous quelles conditions la phénoménologie peut réaliser sa vocation d'être la « science originaire de la vie en soi ». La réponse générale à cette question ne fait aucun doute : c'est en devenant phénoménologie herméneutique, c'est-à-dire « compréhension originaire de la vie *(Ursprungsverstehen des Lebens)* » (p. 139) qu'elle y parviendra. Plusieurs indications montrent que cette métamorphose herméneutique de l'idée de phénoménologie affecte certains concepts majeurs de la phénoménologie husserlienne.

a) Donation et prédonation

Nous avons déjà vu que « donation », « ce mot magique de la phénoménologie et la pierre de scandale chez les autres » (p. 5) conduit, s'agissant du phénomène de la vie, à la question de savoir ce que « prédonner » et « donner » en général veulent dire au sens de l'idéalisme phénoménologique radical (p. 29). Heidegger prend soin de démarquer sa conception de la donation de la conception néokantienne aussi bien chez Natorp que chez Rickert (pp. 224-226). L'important est d'éviter la confusion avec un acte positionnel venant d'un sujet (p. 224) et avec la détermination d'un objet théorique. Or, aux yeux de Heidegger, « le problème de la donation ne doit pas être restreint à la connaissance des choses *(Dingerkennen)*, ni, à plus forte raison, à la “détermination d'un objet” » (p. 227). Le refus vise la « problématique transcendantale en général », y compris sa version phénoménologique qui « n'atteint pas le centre de la science originaire » (p. 230). Ce que la phénoménologie doit chercher, « c'est la donation de situations concrètes de la vie, de *situations fondamentales* dans lesquelles s'exprime la totalité de la vie. Dans toute situation, la vie est pleinement présente. Nous cherchons une situation dans laquelle cette donation totale se dégage clairement » (p. 231).

b) De la dialectique à la « diaherméneutique »

Cette insistance sur le « primat de la vie (en et pour soi) » (p. 227) nous reconduit-elle à quelque immédiateté ? Justement non ! Ce qui le montre, c'est la thèse de la proximité essentielle que la phénoménologie ici cherchée entretient avec la dialectique hégélienne. Les phénomènes de la vie ne sont pas visibles comme le sont les objets. C'est pourquoi le « voir absolu » s'exerce ici concrètement comme un *« Gegensehen »* (p. 110), « voir contrasté » on pourrait presque dire, en se servant d'une expression de photographe, un voir « à contre-jour » – qui commence d'abord par voir ce que *n'est pas* le phénomène (pas un objet, mais pas non plus un état d'âme etc.), avant de le discerner en sa spécificité. En cela réside la proximité avec la dialectique hégélienne (238) qui, plus que d'autres philosophies, a discerné le lien essentiel entre l'histoire et le problème originel de la vie (p. 246). Comme celle-ci, elle parie sur une productivité spécifique du « ne pas » (p. 148). Mais c'est précisément alors que se pose la question du caractère originaire ou non de la dialectique (p. 138). Pour Heidegger il est évident que la dialectique en tant que telle est aveugle à la donation (p. 225). Les concepts avec lesquels elle travaille restent des concepts d'ordre *(Ordnungsbegriffe)*, alors que ce dont le phénoménologue a besoin, ce sont des concepts expressifs *(Ausdrucksbegriffe)*. C'est pour cette raison que la vraie dialectique philosophique ne peut être qu'une *« diaherméneutique »* (p. 263)[1]. Paradoxalement, la thèse de la proximité essentielle entre la dialectique et la diaherméneutique exclut toute possibilité de compromis entre la phénoménologie hégélienne et husserlienne !

1. Sur ce concept cf. Rudolf Adam MAKREEL, “Heideggers ursprüngliche Auslegung der Faktizität des Lebens: Diahermeneutik als Aufbau und Abbau der geschichtlichen Welt”, in: D. Papenfuss/ O. Pöggeler, éds., *Zur philosophischen Aktualität Heideggers*, tome II, Francfort, Klostermann, 1990, pp. 163-178.

c) Intuition, Compréhension, Interprétation.

De même qu'il maintient le principe de l'évidence donatrice originaire, Heidegger maintient également l'intuitionnisme husserlien, tout en proposant un concept différent d'intuition. Le mérite de la phénoménologie est d'avoir mis en évidence l'importance principielle de l'intuition, du retour originaire aux phénomènes eux-mêmes (p. 237). En ce sens, il ne saurait être question de séparer la *Gegebenheit* (donation) des phénomènes et leur *Gesehenheit* (intuitivité) qui nous force toujours à nouveau de voir et de « voir par contraste » *(gegenzusehen)* (p. 219). Mais s'il n'y a pas de doute que l'insistance sur l'intuition originaire (l'évidence) et l'idée de la description adéquate marquent « un *pas décisif de la phénoménologie* » (p. 146), Heidegger se demande si le concept d'intuition est déjà suffisamment originaire. Tant que l'intuition peut encore être confondue avec l'intuition d'un objet, ce n'est pas le cas (p. 237). Comment compenser le risque que les notions d'intuition et de description adéquate se dégradent et se déforment, et perdent ainsi leur vertu fondamentale ? Cette dégradation se produit chaque fois que l'intuition n'est pas comprise comme *compréhension* et que la description n'est pas posée comme problème phénoménologique (« Anschauung nicht als *Verstehen* – Problem der Beschreibung *als phänomenologisches überhaupt nicht gestellt* ») (p. 146).

Tout se passe donc comme si le concept de *compréhension* venait corriger celui de l'intuition (p. 238) et le concept d'*interprétation* celui de la description. C'est ce double déplacement qui constitue la phénoménologie comme « Sinn anschauendes Verstehen » (p. 191), définition qui vise explicitement la philosophie transcendantale qui ne parvient pas à s'arracher à l'emprise de « l'atomisme logique » (pp. 144 ; 136). Telle sera la recherche philosophique qu'il s'agira de mettre en œuvre : « un guider *(ein Führen)* cherchant-comprenant dans les figures de la vie elle-même ... un guider qui, en des points décisifs, laisse le comprendre vivant en général à lui-même et à l'authenticité de sa compréhension originaire » (p. 150). Cela ne veut certes pas dire que le philosophe devient un « guide spirituel » ou un gourou : « Le comprendre lui-même est le guider » *(Das Verstehen selbst ist Führung)* (p. 150). Par rapport à ces orientations que nous fournit la compréhension même de la vie, toutes les autres directives, qu'elles viennent de la théorie de la connaissance ou de l'éthique sont secondaires. « Toute philosophie authentique est née de la détresse qui vient de la plénitude de la vie et non d'un pseudo-problème de la théorie de la connaissance ou d'une question éthique fondamentale »

(p. 150). Une note prévue pour le dernier cours évoque différentes modalités du comprendre, l'amour, l'offrande de soi et elle s'achève sur une formule qui pourrait aussi bien être mis dans la bouche du dernier Heidegger : *« Nähe aus aller Ferne abstreifen und so in die echte Ferne des Ursprungs kommen »*. « Dépouiller la proximité de toute distance et ainsi parvenir à l'authentique distance de l'origine » (p. 168).

La thèse que « la compréhension phénoménologique-philosophique est une compréhension qui prend son départ avec les figures concrètes de la vie » (p. 240) ne rend nullement caduque l'intuition. « Tout comprendre s'effectue dans l'*intuition*. D'où le caractère *descriptif* du travail phénoménologique » (p. 240). Simplement « la description doit être guidée par la visée de la compréhension » (p. 240). C'est précisément ici qu'il s'avère que le concept d'*interprétation* joue un rôle essentiel dans l'effectuation de cette compréhension. Les figures autosuffisantes, expressives et significatives de la vie ont besoin d'être *interprétées* (p. 137). La phénoménologie est donc un art herméneutique. À ce titre, elle remplace la réduction phénoménologique de Husserl par son contraire : la « participation » *(Mitmachen)* qui lui permet d'avancer dans les horizons les plus « invisibles » de la vie (p. 234). Comme l'herméneutique chez Schleiermacher, le « voir productif des phénomènes eux-mêmes » ne peut pas être *appris* (p. 255). Si l'on ajoute qu'il faut « donner figure » *(Gestaltgebung)* à ce qui est phénoménologiquement vu, le rapprochement avec l'art devient encore plus manifeste.

Rien ne montre mieux l'importance méthodologique de ce déplacement que la note suivante qui veut donner une vue d'ensemble de la méthode que requiert la phénoménologie ainsi comprise : « Méthode (tout étant placé sous une intuition fondamentale vivante, non-explicite) : *1)* Destruction et ses étapes possibles. *2)* pur comprendre. *3)* interprétation *4)* reconstruction » (p. 139). Pour elliptique qu'elle soit, cette note annonce un travail de pensée qui trouvera son aboutissement dans *Les problèmes fondamentaux de la phénoménologie* de 1928 dans la réinterprétation des trois éléments fondamentaux de la méthode phénoménologique que sont la réduction, la construction et la destruction [1].

1. *Ga.* 24, § 5, pp. 26-32 ; tr. fr. pp. 37-42. Cf. Jean-François COURTINE, "Réduction phénoménologico-transcendantale et différence ontico-ontologique", in : *Heidegger et la phénoménologie*, Paris, Vrin, 1990, pp. 207-247.

d) Et l'ontologie ?

Rétrospectivement, cette interprétation permet de mesurer la longueur et la complexité du chemin qu'il fallait parcourir avant d'arriver à l'élaboration d'une ontologie fondamentale. Pour conclure cette analyse, je voudrais rapidement attirer l'attention sur les obstacles qui empêchaient Heidegger de convertir immédiatement son herméneutique de la facticité en proposition d'une ontologie. On notera en effet que les rares occurrences du terme « ontologie » dans le cadre de ce cours ont toutes une connotation critique. Heidegger n'entend donc nullement homologuer ce terme (pp. 146 ; 148 ; 160). Plus fortement encore que la dialectique, l'ontologie est aveugle au phénomène central, celui de la vie et de l'histoire (p. 146) et comme le fait la dialectique, elle aussi travaille avec des concepts d'ordre quand elle se définit comme ontologie régionale d'une science déterminée. D'où le caractère énigmatique de l'évolution qui, très tôt déjà, dans le *Natorp-Bericht* (1922) et dans le dernier cours de Freiburg en 1923 (*Ga.* 63) permet de conclure un pacte entre l'herméneutique de la facticité et une ontologie *autre*, dont les *Grundprobleme der Phänomenologie* de 1927 chercheront à clarifier le statut.

Jean GREISCH
Institut Catholique de Paris

LA FINITUDE DE L'EXISTENCE ET LA QUESTION DE LA VÉRITÉ : HEIDEGGER 1925-1929

I. La question de la vérité dans la pensée de Heidegger

La question de la vérité est, conjointement avec la *Seinsfrage*, la question de la pensée de Martin Heidegger. La position qui lui est réservée dans *Sein und Zeit* est donc centrale de fait et de droit, dans la conclusion du sixième chapitre de la première section, dans le § 44, intitulé *Dasein, Erschlossenheit und Wahrheit*. La première partie du paragraphe expose « le concept traditionnel de la vérité et ses fondements ontologiques », en le caractérisant par trois thèses : la première, que le « lieu » de la vérité est l'énoncé *(Aussage)* en tant que jugement ; la deuxième, que l'essence de la vérité réside dans la « correspondance » du jugement avec son objet ; la troisième, qu'Aristote, « le père de la logique », a attribué la vérité au jugement comme à son lieu originaire, aussi bien qu'il a mis en circulation la définition de la vérité comme « correspondance » [1]. Heidegger établit tout de suite, en s'appuyant sur Thomas d'Aquin, que la définition remonte à Avicenne, qui renvoie à son tour au *Livre des définitions* de Isaac Israëli. Quant à la deuxième thèse, il y explique que le concept traditionnel de la vérité est dérivé et qu'Aristote n'a jamais pris parti pour le caractère originaire du rapport de la vérité et du jugement, en soutenant seulement que « le λόγος est la modalité de l'être du *Dasein* qui peut découvrir aussi bien que cacher ». Quant à sa thèse propre, Heidegger déclare que « l'énoncé n'est pas le "lieu" primaire de la

1. M. HEIDEGGER, *Sein und Zeit*, Tübingen, Niemeyer, 1967 (par la suite *SuZ*), § 44, a), p. 214 ; *Logik. Die Frage nach der Wahrheit* (WS. 1925/26 : *Ga.* 21), § 11, p. 128.

vérité, mais, au contraire, en tant que modalité de l'appropriation de l'étant découvert et mode d'être-dans-le-monde, l'énoncé est fondé dans l'être découvrant du *Dasein,* c'est-à-dire dans son être-ouvert *(Erschlossenheit)* »[1].

La question de l'énoncé, à ce point, est résorbée dans celle, plus complexe et radicale, de la « structure de la vérité », qui est méconnue de ceux qui s'arrêtent au niveau du jugement. L'analyse de l'*Aussage* comme manifestation *(Aufzeigung),* prédication et communication (§ 33 : *L'énoncé comme mode dérivé de l'interprétation, Auslegung*), doit s'accomplir par la voie de la clarification phénoménologique de ce qui rend possible sa destination essentielle à montrer l'étant. Comment se fait-il que le jugement laisse apparaître l'étant dans le monde ? De cette façon est posée *la question du λόγος,* qui est en même temps *la question du langage,* comme nous aurons à le considérer au delà des multiples hésitations de Heidegger. Mais de la primauté reconnue au λόγος dépend aussi le destin métaphysique que le Heidegger de ces années déjà voit s'étendre sur la pensée occidentale. De toute manière, si la critique du logocentrisme est centrale et irréversible, est-ce qu'elle implique aussi le dépassement de l'idée de la vérité comme « correspondance », ou bien s'agit-il seulement pour Heidegger de lui donner la fondation prépédicative qui lui fait défaut ? Plus généralement il faut se demander si la phénoménologie avec Husserl et Heidegger a réellement dépassé l'idée de la vérité comme adéquation. Quoi qu'il en soit, le fait est que la lecture de *Sein und Zeit* a convaincu beaucoup de gens que Heidegger a transféré une fois pour toutes la question de la vérité au delà de cette idée.

II. La vérité à l'épreuve du jugement

1) Heidegger et le λόγος d'Aristote

En gardant toujours à l'esprit les thèses de *Sein und Zeit*, j'utilise en premier lieu l'élaboration plus large et articulée de la question de la vérité que donnent les leçons du semestre de l'hiver 1925-26, *Logik. Die Frage nach der Wahrheit*. Il sera ainsi possible de mieux entendre et évaluer les raisons et le sens de la position que Heidegger expose dans son œuvre principale, et cela d'une façon bien plus concise. L'exclusion y est très ferme : « Aristote n'a jamais déterminé "la vérité" comme telle par le retour à la proposition *(Satz)* ». En citant *De*

1. *Ibid.*, p. 226.

interpretatione (ἔστι δε λόγος ἅπας μὲν σημαντικός, ... ἀποφαντικὸς δὲ οὐ πᾶς, ἀλλ' ἐν ᾧ τὸ ἀληθεύειν ἢ ψεύδεσθαι ὑπάρχει, 4, 17 a 1-3), il explique que « la proposition est définie par rapport à la vérité, lorsque la vérité ne vient pas, au contraire, de la proposition ». Ce qui se passe dans le texte d'Aristote est seulement que l'énoncé y est distingué comme un cas particulier du discours eu égard à la vérité, plus précisément à la possibilité d'être vrai ou faux. Aristote fait allusion à d'autres modes du discours, comme par exemple la prière, qui ne sont ni vrais ni faux. Heidegger, pour sa part, se limite à mentionner l'avis contraire d'autres penseurs – ainsi Bolzano et Husserl –, qui jugent que dans les expressions d'un désir, d'un ordre ou bien dans la formulation d'une question est présent un caractère d'énonciation. Il se refuse à une intervention directe dans la controverse, avant d'avoir gagné le sens grec de l' ἀληθεύειν et du ψεύδεσθαι, qui décide aussi de la différence entre l'énonciation et la prière. En effet, si le jugement comme ἀπόφανσις a le sens d'un « laisser voir », qui montre (δηλοῦν) l'étant en lui-même, à partir de lui-même, tel est seulement le discours qui soustrait la chose à son être-caché ou qui, au contraire, l'y plonge. La prière, au contraire, ne dévoile ni ne cache et représente donc un mode du discours qui ne peut pas être déterminé comme vrai ou faux. Heidegger traduit ἀπόφανσις par *Aufzeigung*, ce qui lui permet l'explication suivante de l'énoncé : « Aussage : Gesagtes von der Sache selbst her sagen, so daß in dieser Rede ihr Worüber sichtbar, zugänglich für das Erfassen wird ». Ce qui est dit dans le jugement est proféré *(ausgesprochen)* à partir de la chose, de telle façon que ce discours prédispose la chose même pour sa compréhension déterminée et définitive. La chose est montrée comme ce sur quoi porte le discours (comme le « Worüber » de la « Rede »), qui lui donne accès et, pour ainsi dire, en préserve la disponibilité.

Nous avons ainsi gagné ce que *Sein und Zeit* exposera comme le sens premier de l'*Aussage,* sens qui précède sa signification usuelle comme *prédication,* dans laquelle un prédicat vient à déterminer un sujet. Selon cette acception commune le sens du jugement se restreint jusqu'à perdre sa signification manifestative fondamentale, qui reste de toute façon présupposée : « Bestimmen ist immer Sehenlassen von etwas und nur als dieses möglich » [1]. Cette dérive, qui devient une déchéance, une perte foncière du sens originaire, s'accomplit au niveau de la troisième signification de l'énoncé comme communication *(Mitteilung),* communication qui entraîne le laisser voir en commun de

1. *Logik,* pp. 129-134.

ce qui est montré en tant qu'il est déterminé : « Sie ist das Mitsehenlassen des in der Weise des Bestimmens Aufgezeigten »[1]. Le texte de *Sein und Zeit* est sur ce point plus décisif que le texte de la *Vorlesung*. Il explique en effet que ce qui est énoncé, parce qu'il est communiqué, peut être partagé par les autres avec celui qui énonce en l'absence de tout rapport direct avec la chose qui est montrée en tant que déterminée. La transmission illimitée du dit perd ainsi de plus en plus le caractère de manifestation du dire, qui en arrive à couvrir la chose dont on parle au lieu de la révéler.

2) La vérité, le discours, le langage

À ce point il faut arrêter notre analyse sur les problèmes que nous avons déjà annoncées et qui regardent la question de la vérité en tant que liée à celle du langage. Une première considération envisage le fait qu'avec l'*Aussage* nous sommes dans le domaine de la *Rede* : l'ἀπόφανσις, que Heidegger interprète comme *Aufzeigung*, est la manifestation qui a lieu dans le discours. Cette *Aussage* a affaire au dire (« Aus-sage : Gesagtes von der Sache selbst her sagen », comme nous l'évoquions plus haut), avec un dire qui rend visible (« sichtbar ») son « Worüber », le « ce-sur-quoi il juge » ; elle est donc « ausgesprochene Aus-sage ». *La question de l'énoncé ou du jugement entraîne donc la question du discours comme manifestation et de son caractère linguistique*. Quel rapport y-a-t-il entre la *Rede* et la *Sprache* ? La *Vorlesung* déclare qu' « en principe » il ne s'agit pas de procéder du langage au discours, mais du discours au langage : « Die grundsätzliche Bewegung : nicht von Sprache zur Rede, sondern von Rede zur Sprache ». Heidegger remarque que cela n'implique rien moins que *le dépassement de la logique traditionnelle, orientée vers la proposition en tant que proférée*. Ce qu'il semble penser ici est que c'est seulement à partir du discours qu'on peut gagner, en suivant Aristote, le caractére apo-phantique de l'énoncé, dans le sens du décèlement de ce sur quoi il porte. Nous l'avons vu : la *Rede* est le type du discours qui révèle ou bien qui cache. S'en suit pour Heidegger que « la proposition n'est pas le lieu de la vérité, mais la vérité est le lieu de la proposition »[2]. Autrement dit, comme il va l'expliquer : la vérité est déjà ouverte, le ce-sur-quoi du discours (son *Worüber*) est rencontré à un niveau plus originaire, pour pouvoir être fixé dans le jugement et

1. *SuZ*, p. 155.
2. « Satz ist nicht der Ort der Wahrheit, sondern Wahrheit der Ort des Satzes », *Logik*, pp. 133-135.

rester à disposition du discours, qui, par exemple, le transmet à autrui, à qui une expérience directe peut faire défaut. La question plus radicale qui se pose alors est la suivante : si le discours renvoie à une ouverture plus principielle de la vérité, est-que celle-ci se passe, en son principe, aussi bien de la *Rede* que de la *Sprache* ? Quel rapport Heidegger peut-il concevoir entre le discours/langage et l' *Erschlossenheit* du *Dasein,* à laquelle *Sein und Zeit* reconduit sa phénoménologie de la vérité et que la *Vorlesung,* que nous avons suivie jusqu'ici, va gagner dans les prochains paragraphes ? Il faut sortir du discours pour ramener la primauté traditionnelle du jugement à une expérience plus radicale de la vérité, à une racine existentiale plus profonde, en dépassant ainsi le réduction de la question de la vérité au domaine de la proposition. Mais, comme on va le voir, *lorsque Heidegger mise en premier lieu sur la structure antéprédicative de l' « en-tant-que herméneutique », la question du jugement et de la proposition se joue dans le langage.* Ce qui fait question, à ce point, est alors la relation entre la *Rede* et la *Sprache,* relation qui va se figer selon la tendance dualiste à les séparer qui s'affirme en *Sein und Zeit.* Le but critique de mon analyse est en revanche de rétablir le rapport originaire de la vérité avec le langage en tant que discours parlé et compris, qui va, selon la dite tendance, être tout à fait perdu.

Dans cette perspective, il faut considérer, avant tout, que l'analyse de l'*Aussage* dans *Sein und Zeit* n'attribue d'une façon explicite l'*Ausgesprochenheit* à l'énonciation ni en tant que manifestation ni en tant que prédication, mais seulement en tant que communication. « Zur Aussage als der so existenzial verstandenen Mit-teilung gehört die Ausgesprochenheit ... Das Ausgesagte kann "weiter-gesagt" werden ». Pour évaluer d'une manière satisfaisante la portée de cette exclusivité il faut se rappeler que le § 34 qui suit, opère la distinction nette entre *Rede* et *Sprache* que la *Vorlesung* n'a pas encore formulée. Nous pouvons y lire, en effet, que « die Hinausgesprochenheit der Rede ist die Sprache », l'être proféré du discours est le langage, langage qui trouve dans le premier sa fondation existentiale-ontologique [1]. Cette distinction est reprise dans le § 44, lorsque Heidegger rappelle que la vérité en son sens originaire est l'être-ouvert du *Dasein,* auquel appartient l'être-découvert de l'étant. *Erschlossenheit* d'un côté et *Entdecktheit* de l'autre sont proposées ainsi comme les concepts fondamentaux qui structurent le champ sémantique de la

1. *SuZ*, pp. 155 et 160-161, où est précisé que « Das existenzial-ontologische Fundament der Sprache ist die Rede ».

phénoménologie existentiale de la vérité. Cela permet de confirmer que la vérité du jugement est un phénomène dérivé qui prend racine dans la structure de la compréhension *(Verstehen)*, dans ce que Heidegger appréhende comme le « als » herméneutique et qu'il distingue du « als » apophantique.

Sur cette structuration fondamentale de la vérité, nous aurons à revenir par la suite. Mais il ne faut pas omettre ce qu'il importe de souligner à ce moment de l'analyse, c'est-à-dire que cette vérité originaire est avant tout la vérité du *Verstehen*. À elle Heidegger rattache tout de même la *Rede*, le discours, ainsi qu'il l'a déjà tenté dans le § 34, après qu'il a traité de la *Befindlichkeit* et surtout, à profusion, du *Verstehen* et de l'*Auslegung*, jusqu'à introduire la problématique de l'*Aussage* en tant que mode dérivé de l'*Auslegung*. Ce que je trouve étonnant est que tout cela se passe sans ne serait-ce qu'un seul mot pour rendre moins abrupte et surprenante l'irruption de la distinction entre le discours et le langage, distinction qui est surchargée dans *Sein und Zeit* par rapport à l'introduction aristotélicienne, telle que nous l'avons reconstruite dans la *Vorlesung*. Surtout il est difficile d'échapper à l'impression que Heidegger essaye de récupérer le caractère « linguistique » de la discursivité trop tard, après qu'il a déjà gagné l'articulation de l'expérience du monde au niveau du rapport entre le *Verstehen* et l'*Auslegung*. À cette primauté et autosuffisance de la compréhension la *Rede* vient se superposer, sans apporter aucune contribution spécifique, tandis que la *Sprache* en produit une sorte d'extériorisation mondaine ; en effet, celle-ci garantit en plus à la discursivité fondamentale de l'existence seulement « eine spezifisch *weltliche* Seinsart ». Il faut noter que « weltlich » a ici déjà une signification de déchéance [1].

3) Critique de la vérité comme adéquation

Dans le même sens donc, comme je le disais, Heidegger, dans son paragraphe sur la vérité, se limite à compléter l'être-ouvert du *Dasein* en ajoutant le discours à la compréhension, dont il a éclairé la structure

1. Il faut rappeler ce qui est dit dans *SuZ*, p. 161 : « *Die befindliche Verständlichkeit des in-der-Welt-seins spricht sich als Rede aus* ... Die Hinausgesprochenheit der Rede ist die Sprache. Diese Wortganzheit, als in welcher die Rede ein eigenes "weltliches" Sein hat, wird so als innerweltlich Seiendes wie ein Zuhandenes vorfindlich. Die Sprache kann zerschlagen werden in vorhandene Wörterdinge. Die Rede ist existenzial Sprache, weil das Seiende, dessen Erschlossenheit sie bedeutungsmäßig artikuliert, die Seinsart des geworfenen, auf die "Welt" angewiesenen In-der-Welt-seins hat. »

complexe (le « als » herméneutique) : « Zur Erschlossenheit des Daseins aber gehört die Rede ». Or, sur le fondement de cette discursivité originaire, le *Dasein* s'exprime en proférant des mots : *Dasein spricht sich aus,* c'est-à-dire qu'il s'exprime dans le jugement à propos de l'étant découvert : « L'énoncé donne en partage l'étant *(teilt das Seiende mit)* dans la modalité de son être-découvert ». Le *Dasein* qui reçoit la communication est alors transféré, quant à sa réceptivité *(Vernehmen),* dans un rapport de dévoilement avec l'étant qui est en discours. « L'énoncé en tant que proféré contient dans son ce-sur-quoi *(Worüber)* l'être-découvert de l'étant *(die Entdecktheit des Seienden).* » En tant que proféré, il devient tout de même quelque chose d'utilisable dans le monde, qui peut être reçu et retransmis. Il maintient un relation à l'étant découvert, en devenant tout de même une chose qui se trouve et se présente parmi les choses du monde. Il faut entendre alors que l'être proféré et communiqué de l'énoncé s'éloigne de plus en plus de sa racine originaire dans l'*Erschlossenheit* du *Dasein,* parce que, dans la communication, ni celui qui parle ni celui qui écoute n'ont besoin de répéter l'expérience originaire du découvrement de l'étant. La fréquence des échanges communicatifs – je dirais, de l'ordre de la dimension langagière du *Mit-sein* –, transfère le *Dasein* dans la situation dans laquelle *on* sait et *on* dit par ouï-dire, sans avoir aucune relation directe avec la chose même. Le fait que l'existence est absorbée par ce qu'*on* dit caractérise son incapacité de se retrouver dans son ipséité propre, sa déchéance dans la situation du *Man,* de l'anonymat existential. Elle vit alors son rapport constitutif à la vérité dans la forme dérivée, ou plutôt déchue, d'une relation purement factuelle entre l'énoncé proféré et l'étant dont *on* parle. « L'être-découvert de [l'étant] devient la conformité d'un étant donné – l'énoncé proféré – *avec* le donné simple *(das Vorhandene)* – l'étant dont *on* parle. » De cette façon la vérité est devenue une relation qui s'établit à l'intérieur du monde entre réalités qui sont simplement données, en tant qu'elles ont perdu le lien originaire avec l'être-ouvert du *Dasein* et son être-découvrant par rapport à l'étant. La vérité résulte tout simplement de l'adéquation entre *intellectus et res,* comme la tradition l'a établi, en suivant saint Thomas plutôt qu'Aristote [1].

L'extériorisation du langage par rapport au discours, que *Sein und Zeit* a opérée, a ainsi rendu possible *une critique de la vérité comme adéquation,* qui a en ligne de mire la perte du plan ontologique et l'abaissement de la question de la vérité sur un niveau tout à fait

1. *SuZ*, pp. 223-224.

ontique. Le jugement prête son œuvre à cette perversion de l'être de la vérité dans la mesure où il perd sa racine dans l'être-ouvert du *Dasein* au monde. En tant qu'adéquation entre étants donnés, la vérité n'est pas pensée à sa racine. Cela semble signifier que *ce n'est donc pas l'idée d'adéquation comme telle qui trahit l'être plus propre de la vérité, mais le fait qu'elle est pensée à partir du jugement,* en tant que celui-ci est détaché de l'origine antéprédicative qu'il faut retrouver. À ce niveau le « langage » est introduit comme *Rede,* sans que cela n'exerce aucune influence sur l'être-ouvert de l'existence au monde comme compréhension et interprétation. J'ai déjà souligné que la *Rede* redouble, sans effet appréciable, l'articulation herméneutique du monde. De l'autre côté, sur le plan du jugement comme communication, il faut prendre bonne note du fait que le « langage » comme *Sprache* comporte des effets finaux tout à fait négatifs. Cela signifie que la restriction effective du « langage » au domaine de l'énoncé propositionel porte préjudice au rapport entre langage et vérité. Lorsque la *Vorlesung* annonce le renversement du rapport entre proposition et vérité, il faut entendre que *l'antéprédicatif – le lieu originaire de la vérité – se passe du langage* presqu'autant que le précatégoriel et la dimension de la genèse passive, qui sont analysés par la phénoménologie husserlienne. Reprenons donc la thèse de la *Vorlesung,* pour considérer ce qu'elle signifie et ce qui s'en suit pour la doctrine heideggérienne de la vérité. Ainsi que nous l'avons déjà vu, cette thèse est formulée de façon très nette : « La proposition n'est pas le lieu de la vérité, mais la vérité est le lieu de la proposition »[1].

III. La vérité à l'origine

1) Heidegger et Aristote : la conception « symbolique » du langage, l'énigme de l' « en tant que », la fonction du νοῦς

Dans les cours qui suivent *Sein und Zeit* la réflexion de Heidegger insiste sur les problèmes dont j'ai tenté la présentation. Je les reprends maintenant au point avancé qui correspond au cours de l'hiver 1929/30 à Freiburg, *Grundbegriffe der Metaphysik. Welt, Endlichkeit, Einsamkeit.* Il faut signaler que la *Vorlesung,* très riche et amplement développée, traite dans le dernier chapitre (le sixième) de la question du λόγος en relation à la question du monde, en vue de gagner la thèse que l'homme est par son être propre « weltbildend », formateur de

1. Voir *supra,* p. 156, n. 2.

monde. Cette indication explicite me semble très importante : elle laisse voir en effet des connexions que les cours et les écrits qui précèdent ne révèlent pas encore avec une clarté appréciable. La question à penser devient maintenant, sur la base de la critique du « logocentrisme », la relation essentielle entre, d'une part, le privilège que la métaphysique reconnaît au λόγος, donc à la logique, et l'oubli du monde d'autre part. La question de l'origine antéprédicative du λόγος s'ouvre ainsi dans la perspective de l'expérience du monde que la métaphysique a manquée. Ce qu'il faut analyser c'est en particulier comment cette question de l'origine se relie à celle de l'être et surtout comment tous ces thèmes se dénouent à partir du problème de ce que *Sein und Zeit* appelait le « als » herméneutique. Il y a quelque chose d'énigmatique *(Rätselhaftes),* dit Heidegger, dans le « als » – le ᾗ de l' ὂν ᾗ ὄν d'Aristote : il ne représente pas une fantaisie bizarre du langage, mais est fondé dans le sens d'être du *Dasein.* Au niveau du λόγος il entre en fonction pour révéler ce que l'on sait toujours déjà de l'étant, qui donc peut être rendu explicite dans l'énoncé qui dit la chose « en tant que » tel ou tel (du sujet A « en tant que » B, qu'on lui attribue). Cet « en tant que » permet ainsi de reconnaître comme vraie la proposition qui concorde avec ce dont elle « parle » [1]. En effet, il faut le rappeler, le langage exerce une fonction simplement expressive au niveau dérivé de l'énonciation. « La proposition énonciative est une formation nécessaire à l'intérieur du discours humain et en particulier du discours quotidien, du rapport quotidien du *Dasein* à l'étant donné ». Elle n'est ainsi en aucune façon la dimension originaire, « le toute autre, *das ganz Andere* », qui garantit, comme on va voir, *la dernière mesure d'adéquation de la vérité prédicative.* En cherchant cela, Heidegger a besoin d'avoir recours à un autre « als », qui n'appartient plus au λόγος, mais qui en constitue la condition de possibilité [2].

À ce point, il faut reprendre d'une façon plus directe le rapport de la problématique de la vérité chez Heidegger avec son inspiration aristotélicienne. Le λόγος d'Aristote y est encore présenté comme le niveau linguistique de l'être de l'homme (ζῷον λόγον ἔχον), c'est-à-dire comme la possibilité du discours et du langage en général : « die Moglichkeit des *Redens* und *Sprechens* überhaupt » [3]. Ce qui est nouveau, dans le cours de 1929/30, c'est une théorie « symbolique » du

1. *Grundbegriffe der Metaphysik, Ga.* 29/30, pp. 416-417.
2. *Ibid.*, pp. 439-440 et 456.
3. *Ibid.*, p. 451

langage, qui voudrait expliquer ce qu'il faut entendre sous l'expression de λόγος σημαντικός. La théorie propose un dualisme très net entre significations *(Bedeutungen)* et sons *(Laute),* qui se rattache en tout clarté à celui établi entre *Bedeutungen* und *Worte* au § 34 de *Sein und Zeit.* Heidegger donne un sens « symbolique » au κατὰ συνθήκην, que Aristote oppose au φύσει, pour expliquer le « donner-à-comprendre » qui se produit dans le λόγος σημαντικός. La parole ne résonne jamais comme un simple événement naturel, tels les cris des animaux. Elle se produit seulement lors de l'entrée en jeu du symbole : ὅταν γένηται σύμβολον. Les sons qui croissent à la hauteur de l'intention significative entrent, pour ainsi dire, à son service et dès ce moment ne sont plus simplement du naturel (φύσει), mais ils sont des mots. Ils ne se forment pas par des procès naturels, ainsi que les organismes (ὡς ὄργανον), mais κατὰ συνθήκην. Ici il ne faut pas penser à la convention des sujets parlants, qui s'accorderaient sur les significations des sons, mais à ce que signifie le σύμβολον pour les Grecs. Le mot porte en soi l'idée de la conjonction d'une chose avec une autre, qui sont retenues l'une à l'autre par la συμβολή : dans le cas qui nous intéresse, les sons et leur significations *(Bedeutungen).* Loin de tout conventionnalisme, Heidegger élargit enfin le sens de la συνθήκη, qu'il a déterminée en premier lieu comme l'élévation des sons au niveau des significations, pour comprendre l'accord des mots avec la réalité ainsi que l'être-convenu des hommes dans le monde qu'ils habitent. Depuis toujours il sont convenus, en effet, en ceci, qu'ils sont ouverts, les uns avec les autres, vers l'étant qui les environne dans le monde. « Les mots, le discours se produisent en vertu de l'accord avec ce qui d'une façon préliminaire peut être entendu et en tant que tel compris, avec ce sur quoi plusieurs dans le même temps peuvent et doivent convenir, les uns avec les autres, en tant qu'il s'agit de ce qui doit être entendu dans le discours. » « Die Worte erwachsen – explique-t-il tout de suite – aus der wesenhaften Übereinkunft der Menschen miteinander. »[1] Conclusion : l'événement de la signification – le fait que le λόγος donne à comprendre – n'a rien en commun avec les procès naturels, mais doit être fondé dans la structure complexe d'une « symbolisation » multiforme : l'*Übereinkunft* (la συμβολή) qui tient ensemble les hommes avec l'étant, entre eux et avec les mots qu'ils profèrent, en faisant résonner leur compréhension dans les discours[2].

1. *Ibid.*, § 72 a), pp. 444-447.

2. *Ibid.*, p. 451 : « Aufgrund der Übereinkunft mit dem Seienden kann und muß der Mensch sein Verständnis zur Verlautbarung bringen, solche Lautzusammenhänge bilden, die Prägungen von Bedeutungen sind, Verlautbarungen,

Avec cette interprétation « symbolique » de l'expérience du langage chez Aristote, qui comporte en effet une « symbolisation » plus générale et profonde, c'est-à-dire du *Dasein* en tant que tel (en tant qu'il existe dans le monde), Heidegger vise à confirmer la position fondamentale qu'il a reconnue au comprendre dans la structure de l'existence. Le *Dasein* est avant tout *Verstehen,* et c'est en vertu d'un tel « Grundverhalten des Daseins » qu'il y a « langage », aussi bien en tant que *Rede* que comme *Sprache.* Le cours de 1925/26, qui n'opérait pas la distinction entre discours et langage de manière aussi nette que *Sein und Zeit*, expliquait que le « langage *(Sprache)* est possible seulement par le fait qu'il y a compréhension, c'est-à-dire *Dasein,* auquel appartient la structure du comprendre »[1]. Maintenant Heidegger peut donc élaborer cette théorie de l'élévation symbolique des sons, qui exprime parfaitement l'idée de la priorité de la signification – la partie intelligible – par rapport à la partie sensible ; la dernière doit subir l'empreinte de la première pour en être transfigurée et devenir parole et langage. « La signification ne croît pas pour les sons, au contraire, *en vertu des significations déjà formées et qui se forment se produit l'empreinte du son.* Le λόγος est φωνή en effet, mais pas en premier lieu, pour être après quelque chose d'autre, au contraire, il est en premier lieu quelque chose d'autre et aussi ... φωνή »[2].

Cela considéré, il s'agit de récupérer, à l'intérieur du caractère « symbolique » général qui rend chaque discours σημαντικός, celui qui le spécifie comme ἀποφαντικός, c'est-à-dire, comme nous l'avons déjà vu au début, la possibilité de révéler ou bien de cacher, τὸ ἀληθεύειν ἢ ψεύδεσθαι. « Pour juger faux, pour tromper, je dois, en tant que je parle, vivre dans une tendance discursive qui est orientée sur le faire apparaître quelque chose »[3]. On croirait entendre Habermas ou Apel. Où peut bien se trouver, à ce point, le fondement de cette possibilité intime du λόγος de révéler ou cacher ? La thèse qui guide la problématique du jugement, construite par Heidegger, est découverte dans Περὶ ψυχῆς, Γ 6, où Aristote déclare, en premier lieu, que la condition de possibilité du vrai et du faux est la synthèse, la formation de l'unité. Heidegger retrouve ainsi le νοῦς, qui saisit l'unité dans le moment même qu'il la forme et fournit ainsi au λόγος sa fondation. Il le traduit comme *Vernehmen,* un prendre qui est aussi un

die wir Wörter und Worte nennen. "Jedes" Reden ist durch diese γένεσις des σύμβολον bestimmt. »

1. *Logik,* pp. 150-151.
2. *Grundbegriffe,* pp. 445 (je souligne).
3. *Ibid.*, p. 452.

recevoir, calque linguistique du latin *per-cipere (per-capere* ; avec les problèmes qui se posent pour les langues néo-latines, qui n'ont pas la double possibilité assurée en allemand par le mot *Wahrnehmung).* Et Heidegger alors de citer tout de suite : τὸ γὰρ ψεῦδος ἐν συνθέσει ἀεί, celui qui veut tromper a déjà opéré la synthèse qu'il va nier (il a déjà compris que A est B (blanc), lorsqu'il nie qu'il soit tel). Et il explique en général que ce qui doit être manifesté de quelque façon que ce soit – soit tel qu'il est, soit tel qu'il n'est pas –, doit être saisi en avance dans l'unité des ses déterminations ; cela signifie qu'il est déjà saisi dès le début « en tant que » tel ou tel. Il peut ainsi retrouver dans la σύνθεσις d'Aristote la structure du « als », la saisie préalable qui forme l'unité du quelque chose déterminé et se constitue comme la condition de possibilité pour la vérité et la fausseté du λόγος. « Le "en tant que" se trouve chez Aristote sous le titre de la σύνθεσις. » À ce point on peut comprendre que la structure herméneutique centrale de *Sein und Zeit – das hermeneutische « als »* – n'est pas une propriété du λόγος, mais la condition de sa possibilité [1]. D'autre part, cette structure antéprédicative ne serait pas analysée d'une façon suffisante, si Heidegger s'en tenait à son caractère de synthèse, sans rappeler que celle-ci n'est possible qu'à la condition d'être en elle-même pouvoir de distinction, à savoir de διαίρεσις. Le vrai et le faux ont toujours affaire pour Aristote – cela est fort connu – avec la synthèse et la distinction. La conclusion de Heidegger est donc que la structure complète du λόγος ἀποφαντικός est fondée sur un pouvoir de tenir ensemble qui est en lui-même, *dans le même temps,* une force de séparation. C'est là la puissance du νοῦς, qui retentit dans l'énigme du « en tant que » et qui renvoie à la structure la plus profonde du *Dasein,* au secret de son être, duquel jaillit tout ce qui se passe au niveau du jugement, mais qui peut faire oublier l'origine de sa vérité [2].

2) L' « en tant que », l'être, le monde

Si l'analyse phénoménologique est descendue ainsi dans les profondeurs de l'attitude énonciative/prédicative pour interpréter le phénomène du « als », elle ne doit perdre de vue le fait que

1. *Ibid.*, pp. 454-456 ; les textes d'ARISTOTE cités par Heidegger sont *De anima,* Γ 6, 430 a 27 et 430 b 1 ; il faut rappeler que dès 430 b 5, on peut lire que « τὸ δὲ ἓν ποιοῦν, τοῦτο ὁ νοῦς ἕκαστον » : le νοῦς est ce qui fait l'unité. Ce texte est cité ensuite, p. 461.

2. Pour ARISTOTE il suffit de rappeler *De interpretatione,* 1, 16 a 12 : περὶ γὰρ σύνθεσιν καὶ διαίρεσιν ἔστι τὸ ψεῦδος τε καὶ τὸ ἀληθὲς ; de plus *Metaphysica,* E 4, 1027 b 19, cités par HEIDEGGER, *Grundbegriffe,* p. 458.

l' ἀπόφανσις est la manifestation *(Aufweisung)* de l'étant-donné en tant que tel : *Sehenlassen des Vorhandenen als solchen, des Seienden als Seienden,* tel que l'étant est et dans le comment de son être. Cela signifie que dans l'énoncé ce qui vient au discours est tel ou tel étant particulier non pas seulement par rapport à ses propriétés, mais aussi à son être, c'est-à-dire en tant qu'il *est.* Dans l'énoncé, ce qui est visé est donc l'étant, mais ce qui est compris avec lui, dans la même intention, c'est son être. *Le témoin linguistique, la trace de cet événement de l'être se révéle dans le « est » de la proposition*[1]. D'une part ce phénomène linguistique sans relief apparent se propose ainsi comme un moment essentiel de la structure de l'énoncé ; d'autre part on peut comprendre l'importance de l'énoncé en vue du problème de l'être. Dans l'énoncé l'être se fait jour, il s'ensuit que la copule – le « est » de la proposition – devient fatalement le guide de l'interrogation métaphysique autour de l'être à partir d'Aristote. Cependant comme dans le cas de la vérité, se pose la question de savoir s'il ne faut pas chercher au dessous du λόγος une révélation plus originaire de l'être. Nous avons appris, en effet, « que le λόγος ne se suffit pas à soi-même, mais qu'il est fondé, au contraire, dans une dimension plus originaire »[2]. Avec l'aide d'un autre texte du *De interpretatione,* Heidegger peut expliquer que l'être ou le non être ne signifient pas la chose (« οὐδὲ γὰρ τὸ εἶναι ἢ μὴ εἶναι σημεῖόν ἐστι τοῦ πράγματος ») : « l'être par lui-même n'est rien : αὐτὸ μὲν γὰρ οὐδέν ἐστι » ; ce qui dans la traduction de Heidegger devient : « Sein ist kein Seiendes ». « L'être signifie tout de même une certaine synthèse (προσσημαίνει δὲ σύνθεσίν τινα), qui ne peut être pensée sans ce qui est donné ensemble »[3]. Donc, lorsqu'il s'agit de l' « est », la forme de la synthèse revient comme recours décisif pour gagner le « als » herméneutique à l'origine du « als » apophantique. À partir de la copule, en tant que moment structurel du λόγος, on aboutit ainsi au même résultat qu'à partir du problème du vrai et du faux comme propriétés du λόγος. Par suite la question que Heidegger a préparée et rendu presque inévitable est la suivante : s'agit-il dans les deux cas de la même synthèse, c'est-à-dire du même « als » ?[4]. Ma propre question, à

1. *Grundbegriffe,* pp. 462 et 466-467. HEIDEGGER note, à propos de ῥῆμα et ὄνομα, que si le « est » fait défaut – dans des propositions tel que « l'oiseau s'envole », « le tableau a une position défavorable » –, le verbe co-signifie, avec la forme temporelle déterminée, l'*être-dans-le-temps* qui concerne l'étant dont on parle.

2. *Ibid.*, p. 491.

3. ARISTOTE, *De interpretatione,* 3, 16 b 19 sv.

4. *Grundbegriffe,* p. 473

ce point, reprend dans son sens essentiel celle que j'ai posée auparavant : *comment penser une origine prélinguistique du problème de l'être, à l'instar de ce qu'on faisait à propos de la vérité ?*

La direction que Heidegger a frayée à ses questions est déclarée sans ambiguïté : « L'*être* et le *en tant que* font signe vers la même origine. Autrement dit : la clarification de l'essence du *en tant que* se conjugue avec le problème de l'essence de l'*est,* de l'être ». Cela est confirmé peu après : « le *en tant que* et l'être ont la même racine ». Ce qui me semble mériter la plus grande attention est la déclaration suivante : « Les deux questions servent à développer le problème du monde »[1]. En effet, comme je l'ai déjà indiqué, le *Weltproblem* est repris avec force dans le cours de 1929/30, ainsi que dans l'essai sur « l'essence du fondement », après l'exposition révolutionnaire de *Sein und Zeit.* Il faut alors se demander si la question du monde, qui a été d'une certaine façon absorbée par la question de l'être dès *Sein und Zeit*, se trouve maintenant en mesure de transformer cette dernière en une vraie question qui puisse être vraiment pensée. Il est également possible qu'en posant la question du monde l'existence s'ouvre au rapport à une altérité qui ne se résolve pas dans le projet du comprendre, mais qui soit à l'origine de l'être-jeté du *Dasein* dans la nécessité de comprendre. À cette nécessité l'existence répondrait toujours de son être, sans pouvoir jamais l'atteindre.

La question, qui semble se dédoubler, reste en effet la même question. De façon plus directe, il s'agit de se demander si le problème du monde est posé en fonction de l'être du *Dasein,* qui en devient ainsi la raison, ou bien si en faisant du monde une question, la pensée gagne la *dimension autre* à laquelle Heidegger se réfère selon la citation précédente. Il garde encore à l'esprit celle-ci lorsque, vers la fin de la *Vorlesung,* il parle *du monde comme de l'autre,* autre qui ne s'ajoute pas à la multiplicité des choses connues ou à connaître, parce qu'*il n'est rien de l'étant.* Selon l'expression de *Sein und Zeit*, *le monde est le néant,* devant lequel l'existence s'angoisse. Et la *Vorlesung* ne manque pas de souligner que, du monde, il n'en est rien pour l'intellect

1. *Ibid.*, pp. 484 et 491. La perspective est renforcée : « Le *en tant que,* c'est-à-dire la relation qui le soutient et le forme, rend possible de regarder vers quelque chose tel que l'être. La question, qu'en est-il de l'être, ne peut pas être posée abstraction faite de la question de l'essence du *en tant que* et vice versa. Il faut réfléchir, laquelle des deux mérite de fait la préférence dans la discussion du point de vue de la méthode. »

vulgaire [1]. Si donc Heidegger s'efforce de penser le néant de l'être comme la différence du monde par rapport à l'étant, est-ce qu'il parvient à remettre en question l'être du *Dasein* par rapport à ce qui lui demeure autre ? *Penser le monde signifierait-il ainsi pour Heidegger s'interroger sur la racine de la finitude de l'existence, en accomplissant enfin l'expérience de la différence que* Sein und Zeit *a manquée ?*

La *Vorlesung* présente des indications très précieuses, que j'ai soulignées, mais qui restent à mon avis ambiguës à cause de la fidélité qui persiste avec l'analyse existentiale de *Sein und Zeit*, centrée sur la primauté du comprendre. Le thème de la *Weltbildung* confirme cette primauté, parce qu'il ne s'agit en fin de compte que d'une expression plus élaborée du primat du *Verstehen*. Elle renforce l'idée du rapport essentiel au monde qui constitue l'être du *Dasein,* en continuant tout de même à penser ce rapport à partir de l'existence. Il faut reconnaître que la *Vorlesung* intensifie l'effort pour transférer celle-ci au dehors d'elle-même, mais il s'agit précisément alors pour l'analyse de sortir du *Dasein,* c'est-à-dire de suspendre sa tendance centripète ; ce que Heidegger ne réussit pas encore c'est à trouver l'existence dans une dimension effectivement autre, comme existence suspendue dans son être le plus propre à l'origine immémoriale de sa facticité, selon l'inspiration la plus profonde du mot *Dasein* appliqué à l'être de l'homme. Par la suite le problème pour Heidegger sera toujours de contrecarrer les effets subjectivistes – anthropocentriques – de son analyse, ainsi qu'il le fera avec force à la fin de la *Vorlesung* à propos de l'idée de l'*Entwurf*. Toutefois, je dois avouer que, si j'admire l'effort de Heidegger, j'ai bien de la peine à le croire sur parole, lorsqu'il déclare que le propre de cette « action » *(Handlung)* toute particulière est gardé dans le préfixe « Ent- », qui arrache le projetant à soi-même [2]. Ici comme ailleurs, il me semble soucieux plutôt d'effacer les traces qui révèlent l'inspiration subjectiviste de son ontologie fondamentale, celle qui survit et qui entame la conversion ontologique de la phénoménologie. Autrement dit, son problème reste celui d'aller au fond de la direction qu'il a ouverte à la pensée, mais qui reste obscure à lui-même par plus d'un aspect essentiel. On a ainsi

1. *Grundbegriffe,* pp. 504-505 : « der vulgäre Verstand sieht vor lauter Seiendem die Welt nicht » ; *SuZ*, p. 187 ; pour les autres textes des *Grundbegriffe,* voir ci-dessus, p. 161, n. 2.

2. HEIDEGGER dit que « dieses Geschehen des Entwurfs den Entwerfenden in gewisser Weise von ihm weg- und forttrögt » ; mais il ajoute que « ce qui se produit dans cet enlèvement du projet est aussi que le projetant se retourne d'une façon particulière vers soi-même » : « der Entwurf ist eine fortnehmende Zukehr » (*Grundbegriffe,* p. 527).

l'occasion, une fois de plus, de réaliser que les difficultés du langage ne sont pas extérieures à ce qui se passe dans la pensée, comme on aimerait bien se l'imaginer, mais trahissent et provoquent ses incertitudes. Tout compte fait, « das Schwierige liegt in der Sprache », comme dira Heidegger plus tard, venu le moment de reconsidérer son chemin.

Si nous analysons en bref l'idée de la *Welbildung,* nous voyons que Heidegger ne manque pas de poser la question. « Le monde appartient à la *Weltbildung* ... le monde se forme et il est seulement ce qu'il est dans cette formation. Qui forme le monde ? Selon la thèse, l'homme. Mais qu'est-ce que l'homme ? » Il ne forme pas le monde, explique Heidegger, ainsi qu'une société des chanteurs. Le point difficile à penser est que si c'est l'homme qui forme le monde, il peut tout de même exister seulement sur le fondement même du monde. L'indication obscure est que formateur de monde n'est pas l'homme de la rue – on dirait bien, non pas le sujet empirique –, mais « le *Dasein* dans l'homme »[1]. La question revient lorsque, ayant atteint la dimension antéprédicative d'un vérité prélogique, qui fonde la possibilité même du λόγος en tant qu'agir de l'homme, Heidegger insiste pour demander où peut avoir lieu cette ouverture originaire de l'étant : « Wenn der λόγος ein Verhalten des Menschen ist, wo ist dann diese ursprüngliche Offenbarkeit ? » La réponse est que la dimension originaire ne peut s'ouvrir d'aucune façon en dehors de l'homme, mais l'homme lui-même est, dans son être le plus profond, cette ouverture qui précède le domaine de la prédication et de la logique, et qui est atteinte par la thèse : « l'homme est formateur de monde ». Tout renvoie donc à la *Weltbildung*. Elle est à l'origine du λόγος, dans le sens le plus ample qu'on puisse lui donner, c'est-à-dire *en tant que discours et langage*. Ce qui signifie que l'*est* de la proposition porte à l'expression le fait que « dans le λόγος, dans le langage et donc à l'intérieur de la *Weltbildung* de l'homme, il est possible de dire l'être »[2]. Ici, encore une fois, le « langage » survient à l'ouverture fondamentale de la *Weltbildung,* soit comme *Rede,* soit comme *Sprache.*

1. *Ibid.*, pp. 413-414.
2. *Ibid.*, p. 468.

IV. La vérité de la finitude et la question de la relativité du vrai

1) La réhabilitation de la théorie adéquative de la vérité et le minimum de réalisme de la phénoménologie.

La conclusion à tirer est double. D'une part, Heidegger utilise Aristote pour rétablir une conception du λόγος plus ouverte que celle qui le mesure sur la primauté de l'ἀπόφανσις. D'autre part sa conception du langage reste prisonnière de la théorie aristotélicienne du λόγος, ainsi qu'il la reconstruit, sur la base de sa contraposition au νοῦς. S'il faut rechercher la vérité qui précède la logique, celle-ci précèdera tout simplement le « langage », auquel, en particulier en tant que *Sprache,* est reconnue une fonction seulement expressive (communicative), en aucun cas « formatrice » de vérité. Le problème est en effet pour Heidegger de retrouver dans la *Weltbildung* la condition de possibilité du langage, par le fait préalable que le monde permet d'être en rapport avec l'étant en tant que tel. Une fois l'étant manifesté, il est possible d'avoir affaire avec lui en tant qu'il est, qu'il n'est pas, qu'il a été, qu'il sera : « De l'étant il sera possible de dire quelque chose comme l'être selon une extraordinaire multiplicité d'acceptions ». La *Weltbildung* (le *Verstehen* de *Sein und Zeit*) est ainsi la traduction de la fonction du νοῦς chez Aristote : il est « der Grund der inneren Möglichkeit des λόγος », caractérisé par la structure de la σύνθεσις-διαίρεσις que Heidegger a portée au jour en essayant de comprendre la fonction herméneutique du « als » [1]. D'une telle façon l'herméneutique précède le logique, ainsi que le linguistique, en donnant leur dernière mesure de vérité. La *Vorlesung* parle d'une « vorprädikative Offenbarkeit » et d'une « vorlogische Wahrheit », qui fonde, en venant en avance, la possibilité pour le λόγος d'être vrai ou faux. Elle fonde aussi la multiplicité des sens de l'être, qui ne se laisse pas dériver de la copule et de ses significations, mais de ce dont parle chaque énoncé et chaque copule, c'est-à-dire de l'étant en tant que déjà manifeste.

Nous assistons ainsi à la réhabilitation de l'ancienne définition de la vérité en tant que « adaequatio intellectus ad rem », qui doit être considérée « im Ansatz richtig », correcte dans sa formulation de principe, mais ne peut pas être acceptée en tant que détermination essentielle de la vérité. Elle introduit en effet le problème de la possibilité d'établir une mesure de la conformité à quelque chose, mesure

1. *Ibid.*, pp. 468 et 486.

qui a lieu dans le jugement. La solution que Heidegger a gagnée par la voie de l'antéprédicatif est que « ce qui doit fonder l'*adaequatio* est le caractère fondamental de l'être ouvert : *Was der adaequatio zugrunde liegen muß, ist der Grundcharakter des Offenseins* ». Sa stratégie est de trouver la mesure du pouvoir de manifestation de l'énoncé dans l'étant tel qu'il est, c'est-à-dire tel qu'il est révélé avant la prédication. C'est pourquoi il ajoute que « l'ouverture antéprédicative *(vorprädikative Offenbarkeit)* » n'est pas simplement quelque chose qui se produit toujours ou qui est toujours déjà là, mais qu'elle implique l'événement d'un lien déterminé par lequel l'existence se laisse obliger. « L'être-ouvert pour ... est selon sa nature la liberté d'opposer soi-même, en se laissant lier, à ce qui est donné ici en tant qu'étant. » Ce qui se produit en vertu de cette disposition à être obligé, préliminaire au jugement, est que « la mesure est transférée par avance à l'étant, de façon que la conformité ou la non-conformité se règlent sur celui-ci ». D'un côté, donc, la liberté fondamentale du *Dasein,* qui est le présupposé de sa faculté de se-laisser-lier et qui établit la détermination essentielle de la vérité comme *Erschlossenheit* de l'existence. De l'autre l'appel à l'ipséité de l'étant, à qui se voue cette liberté instituée par la *Weltbildung* et qui fonde la notion dérivée de vérité. Celle-ci, loin d'être dépassée, sinon dans ses dégénérations sur le plan du rapport entre étants donnés (le jugement et la chose), est réhabilitée par le recours à la dimension de l'antéprédicatif. Cela signifie que si le monde est résorbé, en tant qu'« ouverture prélogique de l'étant », dans l'événement fondamental de la « formation du monde » – c'est-à-dire dans l'événement du *Dasein* en tant que tel –, tout de même celui-ci veut retrouver l'étant, dans le monde qu'il forme, comme ce qui peut déterminer sa liberté. « Ce qui oblige *(das Bindende)* se montre pour la manifestation en tant qu'étant, lequel est chaque fois ainsi ou ainsi, ou bien n'est pas tout à fait ainsi ; qui simplement est ou n'est pas ; qui a cette essence ou bien une autre. »[1]

Il y a ici une tension réaliste dans la « phénoménologie » de Heidegger, qui trouve son expression dans la formule par laquelle il traduit le sens grec du mot : « ἀποφαίνεσθαι τὰ φαινόμενα : ce qui se montre, tel qu'il se montre à partir de lui-même, le faire voir à partir

1. *Ibid.*, pp. 496-497 : « Das Offensein für ... ist von Hause aus das sich-bindenlassende freie Sich-entgegenhalten zu dem, was da als Seiendes gegeben ist ... Es ist dies der vorgängige Bezug auf das, was dem aufweisenden Aussagen das Maß gibt : das Seiende, wie es ist. Die Maß-gabe wird im Sinne des sich-bindenlassenden Verhaltens im vorhinein dem Seienden übertragen, so daß an diesem die Angemessenheit oder Unangemessenheit sich regelt. »

de lui-même ». Cette formule introduit l'idée typiquement réaliste d'une ipséité de l'étant – d'un être-soi de l'étant en tant que tel –, à laquelle Heidegger a recours, dans les textes et les cours de cette période, et chaque fois la vérité du jugement est liée à la découverte de l'étant en lui-même. La démonstration que tel énoncé découvre effectivement ce sur quoi il juge est alors l'être-découvert de l'étant lui-même : « das Entdeckt-sein des Seienden selbst, es im Wie seiner Entdecktheit ». L'énonciation est confirmée lorsque « ce qui est énoncé, c'est-à-dire l'étant lui-même, se montre comme le même *(als dasselbe)*. Confirmation *(Bewährung)* signifie : se montrer de l'étant en sa mêmeté *(in Selbigkeit)* », c'est-à-dire que l'étant lui-même vient à montrer qu'il est énoncé tel qu'il est [1]. À ce point l'adéquation est accomplie, en vertu de la disponibilité antéprédicative de l'étant en lui-même, qui est assurée par la *Weltbildung* avant le langage. L'ipséité de l'étant en tant que tel ou tel est la condition de la mêmeté entre lui-même en tant qu'énoncé et en tant que révélé avant le jugement, au niveau du « als » herméneutique.

Ce que je trouve étonnant est que ce qui se passe avant le jugement soit considéré par Heidegger comme tout simplement révélateur de l'étant-en-lui-même. En d'autres termes, dans la découverte herméneutique de l'étant il a besoin d'effacer tout ce qui provient de la liberté de l'existence (c'est-à-dire de sa responsabilité au sujet des choses du monde) à la faveur d'une autoprésentation mythique de l'étant par lui-même. La *valeur de présence* triomphe ici sur le caractère herméneutique du rapport prétendu originaire de l'existence avec l'étant intramondain. Malgré l'importance que la *Weltbildung* vient assumer en tant que condition préalable pour la rencontre de l'étant, le mythe de la simple auto-donation des choses implique la perte de la signification pratique du rapport herméneutique, tel qu'il est gagné dans *Sein und Zeit* par le biais de l'analyse de la *Zuhandenheit* qui précède l'être-donné de l'étant [2].

1. *SuZ*, pp. 35 et 218.

2. J'ai traité de ce caractère pratique de l'herméneutique dans mon livre *I fenomeni e le parole. La verità finita dell'ermeneutica,* Genova, Marietti, 1992, en particulier dans les chapitres IV, *Linguaggio e differenza,* et VII, *Comprensione, linguaggio, prassi. Heidegger e la svolta ermeneutica della fenomenologia.* Le § 12 de *Logik, "Die Grundstruktur des λόγος und das Phänomen der Bedeutung",* traite de la « Als-Struktur des primären Verstehens », c'est-à-dire du « hermeneutisches "Als" », en expliquant que « das vorhandene Gebrauchsding muß bekannt sein, d. h. zugänglich z. B. in dem, wozu es dient, in dem, als was es gebraucht ist und für den Gebrauch begegnet » (p. 143). Sous le concept du « Gebrauch » est ainsi anticipée l'herméneutique de la *Zuhandenheit.* Ce qui est essentiel, c'est d'entendre

J'oserais parler d'une régression de la phénoménologie en deçà de Kant à cause de la persistance d'une conception adéquative de la vérité, qui est fondée dans le réalisme de l'étant-en-soi : l'étant qui se meut à partir de son être-soi à la rencontre de l' ἑρμηνεία existentiale et du λόγος. Bien que Kant n'ait jamais abandonné l'idée de l'adéquation, la phénoménalisation des choses dans l'expérience du sujet signifie essentiellement qu'*il n'y a pas* des choses déterminées – qui soient concevables en tant que telles – indépendamment de leur « apparaître *(erscheinen)* ». La chose acquiert sa forme déterminée, ses caractères, en vertu de la relation à l'existence qui l'utilise et l'use, en jouit ou la méprise, élabore ses théories au sujet de son être ou en fait l'objet des ses passions. Par contre, la rédecouverte par *Sein und Zeit* du caractère pratique de l'herméneutique fondamentale de l'existence présuppose cette dé-substantialisation kantienne de l'être de la chose, ainsi que la mise en question opérée par Husserl de l'attitude naturaliste vis-à-vis du monde.

Il s'ensuit, d'un côté, qu'il n'y a pas d'étants déterminés avant la *Weltbildung,* mais aussi, de l'autre, qu'il n'y a aucun sens à invoquer l'apparition de l'étant en vertu de son être propre, vu qu'il n'y a pas d'être de l'étant indépendant de son venir à l'existence, du rapport qui vient s'instaurer entre celle-ci et son monde. L'étant n'est pas tel avant le rapport, ainsi que l'existence n'est jamais simplement pour soi, mais peut être ce qu'elle a à être seulement dans le monde, en vertu de sa relation pratique (herméneutique) aux choses. *La vérité de ce rapport, donc, n'est jamais à chercher en dehors de lui* : elle ne peut trouver aucun point d'appui préexistant à l'herméneutique existentiale qui révèle l'être des choses. *La finitude de l'existence* doit alors faire de nécessité vertu : elle doit faire l'économie de l'en-soi des choses, c'est-à-dire d'un présence fondamentale à laquelle il faudrait faire appel en dernière instance. L'existence ne peut prétendre au point de vue absolu, car *elle est constituée, en tant que telle, dans la vérité finie de son ouverture au monde.* D'autre part, *une herméneutique de la finitude* a tous les atouts dans son jeu, pour montrer le contresens de la

qu'on n'a pas simplement à faire à ce propos avec le moment «pragmatique» de la phénoménologie herméneutique de Heidegger, mais bien avec l'être plus profond de l'existence en tant que «πρᾶξις». Dans ses travaux récents F. Volpi a bien illustré ce thème par rapport à Aristote. Mais il faut souligner la conséquence essentielle qui en résulte, c'est-à-dire le caractère *pratique* – non pas simplement pragmatique – du rapport *herméneutique* du *Dasein* au monde, aussi bien au niveau du *Verstehen* que de la *Rede-Sprache,* surtout par rapport à la question de la vérité, comme je vais l'expliquer.

présupposition de la valeur de présence absolue, sans qu'il n'y ait personne pour qui elle se réalise.

2. La présupposition de la vérité et la question du relativisme

L'obsession du relativisme, qui oppresse la philosophie depuis toujours et qui ne peut être que très vive à l'école de Husserl, est sans doute à l'origine de cette exigence d'un minimum de réalisme qui vient limiter le renouvellement radical de la pensée de la vérité tenté par Heidegger. Il y a dans *Sein und Zeit* l'idée extraordinaire qu'être pour le *Dasein* est être dans la vérité, et par là, nécessairement, dans la non-vérité. « Le *Dasein* est essentiellement dans la vérité en tant qu'il est constitué par son être-ouvert. » Heidegger trouve dans cette existentialisation de la vérité la chance de répondre – pour ainsi dire, de loin – à la question, qui vient de Nietzsche, à propos de la présupposition de la vérité. « Pourquoi devons nous présupposer qu'il y a la vérité ? ... "Nous" présupposons la vérité, car "nous", qui sommes selon la modalité d'être du *Dasein*, sommes "dans la vérité". Nous ne la présupposons pas comme quelque chose qui est "en dehors" ou "au dessus" de nous, à qui nous nous référons entre les autres "valeurs". » La présupposition de la vérité est déjà "faite" avec l'être du *Dasein* : « Nous *devons* présupposer la vérité, elle *doit être* comme l'être-ouvert du *Dasein,* ainsi qu'il *doit* être toujours mien et toujours celui-ci. Cela dépend du fait qu'il est essentiellement jeté dans le monde. » De même que le *Dasein* n'a jamais à décider de son avoir-à-être, car il se trouve toujours déjà dans l'être, il n'existe pas à distance de la vérité et ne peut pas être appelé à répondre de son rapport avec elle – à le démontrer – plus qu'il ait à démontrer sa propre existence : « la vérité est déjà présupposée lorsque le *Dasein* en général existe » [1].

Ce qui expose tout de même cette conception existentiale de la vérité au soupçon de relativisme, est qu'elle devienne une affaire exclusive du *Dasein* (qui est toujours mien). Comme l'idée de la *Weltbildung* reconduit le monde à la « formation » du *Dasein,* l'être de la vérité vient s'identifier avec l'être de l'existence. « Wahrheit "gibt es" nur – écrit Heidegger –, sofern und solange Dasein ist » [2]. Ce que

1. *SuZ*, pp. 226-229

2. « Alle Wahrheit ist gemäß deren wesenhafter daseinsmäßiger Seinsart relativ auf das Sein des Daseins. Bedeutet diese Relativität soviel wie : alle Wahrheit ist "subjektiv" ? » Non, répond Heidegger, si par là on entend que la vérité est décidée par le sujet à son gré. Mais il insiste sur la question qui le trouble : « Wird die rechtverstandene Wahrheit dadurch im mindesten angetastet, daß sie ontisch nur im "Subjekt" möglich ist und mit dessen Sein steht und fällt ? » (*id.,* 226-227).

Heidegger ne réussit pas encore à penser est la réciproque de cette thèse, laquelle – par son unilatéralité – le replonge dans le subjectivisme malgré les intentions qui guident sa recherche (qui, toutefois, ne sont pas encore parfaitement claires à lui-même). Il ne suffit pas, donc, de lier la vérité à l'existence – ce qui reste quand même essentiel pour enlever à la vérité toute prétention à l'absolu métaphysique. Il faut aussi que l'existence dépose sa primauté, dans laquelle retentit encore la certitude fondamentale du « moi », pour se retrouver, non pas *identifiée à,* mais plutôt *obligée par la vérité* qui se donne à elle. Autrement dit, l'existence est destinée à la vérité, car celle-ci se destine au *Dasein.* L'existence n'est donc pas l'être de la vérité, si ce n'est parce que la vérité est l'être de l'existence, ainsi que l'existence ne « forme » que le monde qui, lui en premier lieu, l'ouvre et la réclame pour son propre événement. L'être-ouvert du *Dasein* est ainsi l'*Ereignis* de la vérité, qui s'approprie l'être de l'homme en se confiant à lui. Il faut alors compléter l'affirmation de *Sein und Zeit* par sa réciproque, qui dira : *Dasein "gibt es" nur, sofern und solange Wahrheit ist.*

Si la pensée phénoménologique retrouve l'événement de la vérité à l'origine du *Dasein* – au lieu du *Dasein* à l'origine de la vérité –, elle s'affranchit de la primauté ontico-ontologique de celui-ci et, peut-être du même coup, du soupçon paralysant de relativisme. Au moins, de son spectre métaphysique, qui est produit par la présupposition du sujet-existence au monde, c'est-à-dire à la *relation herméneutique fondamentale,* par laquelle le *Dasein* est toujours hors de soi, auprès des choses, dans le monde. Il faut entendre cet éloignement originaire du *Dasein* par rapport à soi-même comme la *relation de la finitude,* qui fonde l'appartenance de l'existence au monde et son ouverture aux choses. C'est le monde qui donne à l'existence les choses à interpréter selon les possibilités d'être qu'il lui a prédonnées. Pour le *Dasein interpréter est ainsi répondre au monde,* non pas s'obliger par soi-même envers l'étant tel qu'il est, mais plutôt se trouver obligé par le monde qui ouvre son être à la rencontre des choses. Il n'y a plus besoin alors d'aucune fondation ontique de la vérité comme adéquation à ce que l'étant révèle de soi, d'aucune mesure déterminée à partir du mythique être-soi de la chose. Celle-ci trouvera toute l'ipséité qui lui sied seulement en vertu des relations multiples qui, autour des étants, se nouent entre les existences dans le monde. L'être de la chose est toujours son être dans ce monde des relations existentiales, qui interprètent sa choséité en assumant le liens herméneutiques (ontologiques) qui viennent du monde. Ainsi l'étant ne devient pas simplement le produit d'une puissance créatrice, qui ne sied pas à l'*intellectus ektypus* des hommes, à leur compréhension finie de l'être des choses, mais il n'est pas non plus déjà là, en tant qu'étant déterminé, avant la rencontre avec les possibilités herméneutiques des existences. Il reçoit la détermination nécessaire à sa choséité, ou bien à son caractère d'événement, seulement dans le monde, il est donc, du commencement à la fin de sa compréhensibilité, l'étant du monde pour les existences qui l'interprètent en tant que tel.

3) Finitude et altérité

De l'autre côté de la relation que nous essayons de reconstituer, la compréhension et l'interprétation du *Dasein* perdent le caractère prééminent du projet *(Entwurf),* pour acquérir celui de la réponse *(Antwort)* à qui l'existence est toujours appelée par le monde. À ce point la reconstruction critique de la question de la vérité, telle qu'elle s'articule autour des thèmes de *Sein und Zeit*, a révélé le manque fondamental de cette première phase de la pensée de Heidegger. Ce qui lui fait défaut est *l'expérience de l'altérité,* qui résiste aux projets de l'existence, car elle les suscite et en mesure donc aussi les limites. Pour mieux le dire, cette expérience est manquée, bien qu'elle soit toujours en vue, ce qui rend aussi dramatique qu'énigmatique la faillite du grand projet phénoménologique de *Sein und Zeit.* Il faut reconnaître aussi que la tentative des écrits et des cours à partir des années trente est caractérisée par l'effort pour respecter *l'altérité qui s'impose aux limites de la finitude de l'existence.* J'ai donc aussi critiqué le Heidegger de 1919-1929 à la lumière de son parcours ultérieur. Toutefois le questions posées ne regardent pas seulement le problème d'une discussion interne à la lecture de Heidegger, mais aussi l'intérêt d'un dépassement de sa phénoménologie existentiale dans la direction, indiquée par lui-même, d'une « phénoménologie de l'inapparent ». Celle-ci exige à mon avis une *herméneutique de la finitude,* qui n'expérimente pas l'être fini des existences comme damnation et défaite – à la façon de l'ontothéologie –, mais comme ouverture de l'existence vers l'altérité qui la fait être : ce qui me semble devoir être pensé au delà de Heidegger lui-même, sinon contre certaines des ses positions, en tout cas grâce à la radicalité des questions qu'il a posées.

Car enfin ce que Heidegger a essayé de penser à travers la question de l'être, ou bien du monde, pour aboutir à la question du langage, est peut-être seulement *l'autre à qui l'existence doit répondre de son être.* Sans y réussir, quant à sa première phase, faute de comprendre que la fondation ontique de la *Seinsfrage* ne pouvait pas gagner la différence de l'être et de l'étant qu'il cherchait. Comme il lui manqua le courage de traduire la compréhension de l'être dans l'expérience de la différence du monde, qui s'imposait quand même à l'existence dans l'angoisse. Il me semble que la tentative de combiner dans *Sein und Zeit* transcendentalisme, ontologie et pensée de la finitude ne pouvait pas le conduire au delà du subjectivisme. Une telle tentative lui permettait encore moins une expérience du langage qui ne cherchât pas à le fonder dans l'ouverture prélinguistique du sens, qui a lieu simplement au niveau du comprendre (de l'*intellectus,* en sa traduction existentiale-pratique). En conséquence, le langage reste encore à peu près le pur moyen expressif du sens, duquel on a beaucoup de peine à comprendre s'il contribue effectivement, et comment, à l'élaboration herméneutique des significations des choses. Il est quelque chose du sensible, de mondain dans le sens de l'extériorité, et il a par suite des effets de particularisation de l'universel intelligible, qui renforcent les soupçons de relativisme qui sont liés à la multiplicité effective des langues.

La méfiance à l'égard du langage, réduit à l'expressivité extérieure, ainsi que la réduction du monde à la *Weltbildung* et de la *Seinsfrage* à la question *du sens* de l'être, révèlent l'impuissance de la tentative heideggérienne à renverser avec ses questions la primauté ontico-métaphysique du *Dasein.* Il s'agit de rendre à l'existence sa finitude radicale en retrouvant dans son être-ouvert au monde ce qui la dépasse, c'est-à-dire l'événement de l'altérité qui la fait être. Cet événement est à penser, en tant que différence, comme institution de la relation de la finitude, institution qui ouvre l'existence à l'autre qui la limite en préservant son altérité. À l'origine est donc une différence – c'est-à-dire une relation –, qui s'institue dans l'homme, mais qui n'a pas son principe dans l'être de celui-ci. Ce qui s'ouvre dans l'homme ne vient pas de l'homme et ne trouve pas en son existence sa raison d'être. Il n'y a ici aucun retour à l'humanisme anthropocentrique, mais seulement l'expérience que la parole, ainsi que la pensée, arrivent à l'homme – le font exister en tant que tel –, lorsqu'ils ne dérivent pas de lui. Le langage, inséparable du comprendre de même que le comprendre du langage, n'établit pas l'homme comme centre du monde en vertu du pouvoir de la donation du sens aux choses (la *Sinngebung* de la phénoménologie husserlienne, dont le premier Heidegger ne s'est pas encore affranchi). Au contraire, il lui donne d'exister en emportant son être depuis son origine, en le transférant dans une dimension qui reste autre, par rapport à laquel l'homme exerce plutôt un pouvoir de réponse que de disposition. Par l'autre qui, en tant que langage, l'appelle à être, l'existence est envahie depuis toujours, sans pouvoir se dérober au destin herméneutique qui s'accomplit grâce à elle. En effet, ce n'est pas la « formation » du monde par le comprendre qui fonde la possibilité du langage, au contraire c'est dans le langage et en tant que langage que le monde advient à l'existence des hommes. « Nur wo Sprache, da ist Welt », annoncera Heidegger à partir des ses cours sur Hölderlin, en renversant sa position d'avant 1930 [1]. Cela signifie qu'en tant qu'ouverture linguistique de la pluralité des choses et des événements le monde convoque les existences au colloque – le thème du « Gespräch », que Heidegger reprend de la poésie d'Hölderlin, mais qui reste chez lui une indication muette. Dans le colloque chaque existence tente, à sa manière propre, de répondre à l'appel qui ne cesse de retentir, qui lui assigne donc la place de sa responsabilité inévitable. C'est donc le colloque qui mesure la vérité du discours de chacun, non pas en vertu du consensus, toujours précaire, qu'il produit, mais du rapport à l'altérité du langage qui oblige chacun à répondre aux autres, en remettant en jeu les convictions privées. La relativité nécessaire du rapport de chacun à la vérité est ainsi toujours contrecarrée par la responsabilité inéluctable qui le constitue comme interlocuteur et lui empêche de faire appel à une vérité réservée, exclusive.

Mario RUGGENINI
Université de Venise

1. Il me semble opportun de rappeler que dans le cours du *Wintersemester* 1929/30 HEIDEGGER exprime encore une conception qui fait dépendre le langage de l'ouverture du monde. Il serait possible de la formuler, en inversant la thèse que nous citions tout à l'heure dans le texte, de la façon suivante : « Nur wo Welt, da ist Sprache ». Il dit en effet que la « Weltbildung die Möglichkeit der Sprache in sich birgt. [...] Gerade dieses, daß im λόγος, in der Sprache und damit innerhalb der Weltbildung des Menschen Sein sagbar ist, bringt die einfache Aussage in dem "ist" zum Ausdruck » (p. 468).

L'HERMÉNEUTIQUE DANS *SEIN UND ZEIT*

Le présent propos se veut très modeste et n'est qu'indirectement ambitieux. Il est modeste puisque sa seule intention est de contribuer à la compréhension d'une seule phrase de *Sein und Zeit*. S'il a quelque prétention, c'est seulement parce qu'il s'agit peut-être de la phrase la plus importante de tout *Sein und Zeit*. Il s'agit, comme chacun l'aura deviné, de cette phrase solennelle qui définit ce qu'est la philosophie et qui se lit comme suit :

> La philosophie est une ontologie phénoménologique universelle qui part de l'herméneutique du *Dasein*, laquelle, en tant qu'analytique de l'*existence* a fixé la fin du fil conducteur de tout questionnement philosophique là où il *jaillit (entspringt)* et là où il doit *rejaillir (zurückschlägt)* [1].

Phrase cruciale, incontestablement, mais tellement « chargée » qu'elle en est même un peu lourde : elle ne comporte pas moins de quatre propositions relatives (commençant par *ausgehend von ..., die als ..., woraus ...* et *woher ...*), ce qui est encore plus indigeste en allemand qu'en français. Conscient de la lourdeur, Heidegger a même ressenti le besoin de camoufler la première, donc la plus importante des quatre relatives (« qui part de l'herméneutique du *Dasein* »), sous un participe présent (« ausgehend von ... »), ce qui est évidemment beaucoup moins courant en allemand qu'en français. Cette phrase chargée se trouve aussi à la toute fin de l'Introduction, juste avant les remerciements dus à Husserl et l'avertissement sur le caractère inouï

1. *SuZ*, p. 38. C'est HEIDEGGER qui souligne les termes « existence » et les verbes « jaillir » et « rejaillir » afin de mettre en évidence l'enracinement du questionnement philosophique dans le problème que représente pour soi-même l'existence, là où émerge le « besoin » de la philosophie, pourrait-on dire avec le Hegel de la *Differenzschrift*, et là où il doit trouver à s'appliquer. Ce rappel de la philosophie à ses questions vitales peut être vu comme une critique indirecte de la philosophie épistémologisante de son temps, celle des néo-kantiens, mais aussi celle de la la phénoménologie dont l'orientation lui apparaissait beaucoup trop théorique.

des formulations que Heidegger se permettra, à l'image des tours de force ontologiques risqués par Platon et Aristote.

La phrase prend ainsi l'allure d'une conclusion, d'un bilan, mais aussi d'une promesse puisqu'elle annonce le plan général du projet philosophique de Heidegger en 1927, dont on sait qu'il n'a pas été conduit au terme qui lui avait justement été fixé par les déclarations liminaires de l'Introduction. Cela sera surtout vrai de la promesse du « zurückschlagen », du rejaillissement de l'analytique philosophique sur l'existence. Comme Jean Greisch l'a excellemment aperçu, cette problématique du « rebondissement » trouvera un prolongement important, voire un semblant de réalisation, dans la question de la « métontologie » dont Heidegger a parlé dans un cours de 1928 (*Ga.* 26, p. 199), mais qu'il avait déjà évoquée au semestre d'été de 1926 (*Ga.* 22, p. 106), donc immédiatement après avoir terminé la rédaction de *Sein und Zeit* [1]. Ce qui rend cette fugitive métontologie encore plus fascinante, c'est que Heidegger l'ait aussi associée, on ne peut plus clairement, et dès 1928, à la question de la *Kehre*, mais aussi, ce qui revient ici au même (*Kehre* voulant dire dans ce contexte « retourner à ... »), au « domaine de la métaphysique de l'existence – c'est-à-dire aussi au cadre dans lequel pourra se poser la question de l'éthique » (*Ga.* 26, p. 483). Le mérite de Jean Greisch est d'avoir montré que ce rebondissement sur l'existence, qui ne peut pas ne pas être éthique, s'inscrivait tout à fait dans la mouvance du *zurückschlagen* de la phrase qui nous occupe. C'est donc cette phrase qu'il faut bien entendre si l'on veut espérer comprendre le rejaillissement sur l'existence de l'ontologie phénoménologique universelle et, éventuellement, le lieu de la question éthique chez Heidegger. Retournons donc à la sentence fétiche où se résume le projet de *Sein und Zeit.*

Dans ses premières scansions, la phrase du § 7 semble d'abord assez étrangère à cette problématique du rejaillissement sur l'existence. Elle présente, en effet, un caractère un peu scolaire, Heidegger y récitant une litanie de titres afin d'exposer la portée (ou l'universalité) de son entreprise : phénoménologie, ontologie, herméneutique, laquelle se trouve assez clairement identifiée à une analytique de l'existence [2].

1. Cf. Jean GREISCH, *Ontologie et temporalité. Esquisse d'une interprétation intégrale de Sein und Zeit*, Paris, PUF, 1994, p. 482.

2. Il paraît en effet évident que la relative « die als Analytik des Daseins das Ende ... festgemacht hat » doive être rattachée au féminin « Hermeneutik » qui la précède immédiatement. Les traducteurs l'ont bien compris en traduisant ici le pronom relatif par « laquelle » afin de de marquer l'immédiateté du terme de référence. Mais d'un strict point de vue grammatical, il serait possible de rattacher la relative au féminin de la proposition principale, donc à « universale phänomenologische

S'il est patent que les trois termes de phénoménologie, d'ontologie et d'herméneutique entretiennent une certaine concurrence dans la trame de l'œuvre, pour ne rien dire de la concurrence des interprétations, l'intention avouée de Heidegger est d'établir leur solidarité essentielle, chacun des termes devant être impensable sans les deux autres. Des trois termes de cette trinité, il ne fait aucun doute que c'est celui d'herméneutique qui reste le moins élucidé dans le glossaire de Heidegger. En effet, tout le § 7 s'est employé à définir, avec toutes les subtilités souhaitables, ce qu'il fallait entendre par « phénoménologie », alors que les quatre (voire les six) premiers paragraphes ont tout mis en œuvre, tout tenté, pour établir la primauté philosophique de la question de l'être, donc de l'ontologie. Bref, l'ontologie et la phénoménologie sont des projets clairs ou, à tout le moins, assez bien circonscrits dans l'ambiance de *Sein und Zeit*. Quant à l'herméneutique, Heidegger ne lui réserve, comme on l'a souvent noté récemment [1], qu'une demie-page, dans laquelle il décline en vitesse, ou sans souci didactique apparent (comme celui qu'il a déployé lorsqu'il a défini l'ontologie ou la phénoménologie), rien de moins que quatre définitions de l'herméneutique, si denses qu'il est presque impossible de s'y retrouver [2]. On peut le regretter puisque l'herméneutique, à l'époque et en dépit de sa faveur relative, ne pouvait se réclamer d'une notoriété comparable à celle de la tradition ontologique ou de la phénoménologie. Cette discrétion, accidentelle ou voulue, de la part de Heidegger sur le sens à donner à l'herméneutique est d'autant plus malheureuse que Heidegger s'est bien donné la peine de préciser, dans la seule phrase qui nous intéresse ici, que l'ontologie et la phénoménologie devaient bel et bien *partir* de l'herméneutique du *Dasein* ! Le texte dit bien : « ausgehend von der Hermeneutik des Daseins ». *Ausgehen* connote l'idée d'un point de départ. Ce n'est donc pas forcer le texte de Heidegger que de soutenir que l'ontologie phénoméno-

Ontologie ». Ceci ne serait pas un contresens car HEIDEGGER cherche justement à montrer que l'on opère ici avec des synonymes. Il reste seulement à en bien entendre l'imbrication.

1. Outre Jean GREISCH, *op. cit.*, p. 109, cf. J.-F. COURTINE, “Phénoménologie et/ou ontologie herméneutiques”, in *Comprendre et interpréter. Le paradigme herméneutique de la raison*, Paris, Beauchesne, 1993, p. 152.

2. Cf. la reprise de la nomenclature heideggérienne chez J. GREISCH, *op. cit.*, p. 109. La plus limpide est évidemment la quatrième, celle qui associe l'herméneutique à l'idée diltheyenne d'une méthodologie des sciences humaines, mais c'est évidemment celle que Heidegger estime la plus secondaire. Comment comprendre alors l'articulation des trois autres définitions ? Sont-elles équivalentes ou renvoient-elles à des projets plus précis ?

logique devait trouver son fondement ou son assise (son point de départ, en tout cas) dans l'herméneutique du *Dasein*. Ce n'est pas rien. D'où notre question, qui doit être celle de toute interprétation de *Sein und Zeit* : pourquoi – à quel titre et comment – l'herméneutique forme-t-elle le point de départ de l'ontologie phénoménologique universelle dans *Sein und Zeit* ?

On sait que le jeune Heidegger a beaucoup parlé d'herméneutique dans ses cours des années vingt, résumant même tout son projet philosophique sous le titre d'une « herméneutique de la facticité ». Mais il est permis de se demander si Heidegger disposait alors d'un concept précis, et cohérent, d'herméneutique. Déjà, ses premiers auditeurs en ont douté. Permettez-moi d'évoquer à cet effet le témoignage d'un auditeur discret, mais immédiat du cours du semestre d'hiver 1924/1925, celui de Josef König. Ce dernier était tout de même assez bien placé pour parler d'herméneutique puisqu'il avait étudié auprès de Georg Misch à Göttingen, l'un de ceux qui ont le plus contribué à faire ressortir l'orientation herméneutique de la pensée de Dilthey [1]. Dans une lettre du 11 janvier 1926 à Helmut Plessner, König écrit [2] à propos du cours de Heidegger : « Er redet viel von Hermeneutik – in einem ursprünglich klugen Sinn, aber zugleich so inkohärent, kauend, verschweigend, hinterhältig, daß mir übel werden könnte » (« Il parle beaucoup d'herméneutique – en un sens originellement intelligent, mais en même temps de façon si incohérente, mastiquée, dissimulée et sournoise qu'on pourrait en avoir mal au cœur »). Heidegger a-t-il vraiment un concept d'herméneutique qui soit si incohérent, remâché, dissimulé et sournois, au point d'en devenir malade ? J'aimerais, pour ma part, tenter de montrer ici que Heidegger possède bel et bien un concept d'herméneutique cohérent, mais qu'il est effectivement un peu dissimulé et que s'il est sournois, ce n'est que pour une certaine forme de phénoménologie.

Pour y parvenir, il est donc urgent d'établir pourquoi *seule* l'herméneutique, adéquatement comprise, permet à la philosophie d'être une ontologie et une phénoménologie. La phrase du § 7 le laissait déjà deviner : la philosophie doit partir de l'herméneutique du *Dasein*

1. On peut même soutenir que c'est Misch qui, par sa longue Introduction au tome V des *Œuvres complètes* de Dilthey, a vraiment monté en épingle cet achèvement herméneutique de la pensée de Dilthey. Les rares textes que Dilthey a lui-même consacrés à l'idée d'herméneutique sont beaucoup moins explicites. Heidegger est de ceux qui ont été impressionnés par l'ingénieuse reconstruction de Misch, comme l'atteste la note de la p. 399 de *SuZ*.

2. Cf. Josef KÖNIG/Helmut PLESSNER, *Briefwechsel 1923-1933*, Fribourg/Munich, Karl Alber, 1994, p. 113.

si elle veut être une ontologie phénoménologique. En termes négatifs ou « prohibitifs » : sans herméneutique comme assise de la philosophie, l'ontologie et la phénoménologie demeurent des vœux pieux. Heidegger est d'ailleurs le premier à avoir mis le doigt sur l'impraticabilité de principe de la phénoménologie, mais aussi de l'ontologie, en rappelant que l'être, leur objet privilégié, ne se montrait mais pas du tout. En quoi l'herméneutique permet-elle à l'ontologie comme à la phénoménologie de s'accomplir ?

Il est inutile de revenir ici sur les raisons qui font de l'ontologie et de la phénoménologie les deux premiers titres de la philosophie pour Heidegger. Chacun sait qu'ils servent à désigner respectivement l'objet et la méthode de la philosophie. En tant que discours de la méthode, la phénoménologie comporte un sens essentiellement prohibitif, au reste assez banal car son intention de surface est de rappeler qu'il faut tenir éloignée toute affirmation qui ne ferait pas l'objet d'une légitimation à même les choses elles-mêmes. Il faut donc partir (en principe, mais on verra que ce ne sera pas aussi simple) des choses « telles qu'elles se montrent ». Le titre d'ontologie sert, de son côté, à identifier l' « objet » de la philosophie : l'être. La dignité de cet objet tient – un peu comme dans les ontologies de la métaphysique plus classique – à sa primauté dans l'ordre de l'intelligibilité [1], mais aussi dans l'ordre plus terre à terre de nos préoccupations. Dans un esprit presque scolastique – et je le dis pour rendre hommage au souci didactique de Heidegger – *Sein und Zeit* a même distingué trois primautés de la question de l'être : ontique d'abord [2], le *Dasein* que nous sommes étant continûment confronté au souci de son être ; ontologique ensuite, car toute connaissance (scientifique) de l'étant viendrait s'appuyer sur une compréhension préalable de l'être de cet étant. À ces deux primautés vient s'ajouter une primauté dite ontico-ontologique, selon laquelle le *Dasein*, en tant que source de toute compréhension d'être, renfermerait la condition de possibilité de toutes les autres ontologies (régionales, peut-on ajouter avec Jean Greisch [3]).

1. Sur cette préséance dans l'ordre de l'intelligibilité, cf. le *Proemium* du commentaire de saint THOMAS à la *Métaphysique* d'Aristote et l'importance que lui accorde justement J.-F. COURTINE, *Suarez et le système de la métaphysique*, Paris, PUF, 1990, p. 32 sv.

2. *SuZ*, p. 13. HEIDEGGER traite, bien sûr, de la primauté ontologique au § 3 avant de présenter la primauté ontique au § 4. Mais dans le résumé des trois primautés qu'il présente à la p. 13, la primauté ontique est dite la première (« der erste Vorrang ist ein ontischer »).

3. *Op. cit.*, 88. Le filiation husserlienne (l'allusion aux ontologies régionales) est nettement plus évidente pour cette priorité hybride (« ontico-ontologique ») que

Ces distinctions philosophiques de la phénoménologie et de l'ontologie sont bien connues. C'est pourquoi notre attention doit surtout porter sur les obstacles que Heidegger semble s'obstiner à dresser sur la voie de l'ontologie et de la phénoménologie. C'est que Heidegger cherche non seulement à établir la primauté de l'ontologie et de la phénoménologie, mais aussi à en révéler les apories afin de justifier la nécessité de sa propre intervention herméneutique. Cela ne doit pas surprendre, car sa réhabilitation de l'ontologie s'accompagne, bien sûr, d'une « destruction de l'histoire de l'ontologie » (qui n'est évidemment pas seulement, et quoi qu'on en dise, une affaire « positive » de désobstruction, mais aussi une « destruction » au sens pur du terme ; s'il aimait jouer avec les mots et leur soutirer des sens inédits, Heidegger était toujours bien conscient de leur sens premier !). Il est aussi très clair que sa conception de la phénoménologie n'est pas non plus, pour le dire poliment, très « orthodoxe ». On pourrait sans peine y lire une critique de Husserl, comme plusieurs commentateurs l'ont déjà fait, s'inspirant de la critique que Heidegger réservait à son enseignement oral. Mais il faut y reconnaître plus fondamentalement encore une mise à découvert des apories qui guettent toute entreprise purement phénoménologique ou ontologique.

L'aporie qui hante la phénoménologie et l'ontologie est la même. Elle tient à l'inapparence de leur objet. La phénoménologie promet, semble-t-il, de faire voir les phénomènes. Mais que fera-t-elle voir au juste ? La réponse de Heidegger est aussi limpide que paradoxale : ce qui a besoin d'une mise en lumière expresse, c'est très précisément ce qui ne se montre pas, ce qui, explique utilement Heidegger, se trouve d'abord et le plus souvent dissimulé *(verborgen)* en regard de ce qui apparaît, mais qui n'en appartient pas moins de manière essentielle à ce qui apparaît, en lui procurant sens et fondement (*SuZ,* p. 35). Phrase chargée encore une fois, mais dont on ne retiendra ici que le caractère aporétique ou « sournois », pour reprendre l'expression, un peu méchante, de Josef König : la phénoménologie doit s'occuper prioritairement de ce qui ne se montre pas ! C'est une thèse que Husserl en tout cas n'aurait jamais acceptée telle quelle, la phénoménologie étant pour lui la science des phénomènes *tels* qu'ils se montrent.

Le mérite de l'analyse de Heidegger est cependant de mettre à nu ce que j'appellerais l'*aporie thématique* de la phénoménologie. Il est bel et bien de vouloir parler des phénomènes, mais de *quels* phénomènes doit-on parler au juste dans une philosophie qui veut détenir quelque

pour les deux autres. Mais HEIDEGGER n'a traité à fond (§§ 3 et 4) que des deux premières.

pertinence argumentative ? Il est clair en tout cas qu'on ne saurait parler sous peine de trivialité des phénomènes du monde ambiant, c'est-à-dire de ceux qui se montrent de façon prépondérante : il y a ici des fenêtres, des tables, etc. Heidegger somme ainsi la phénoménologie, qu'il tire ainsi de son sommeil positiviste, de se « mouiller » en quelque sorte et de dire quels sont les phénomènes qu'il y a lieu de privilégier, et pourquoi.

C'est ici, bien sûr, que l'herméneutique est appelée à jouer un rôle important dans l'entreprise de Heidegger. Mais lequel exactement ? Il y a une manière simple d'éclairer le rapport entre l'herméneutique et la phénoménologie qu'on trouve souvent dans la littérature sur Heidegger, mais qui me paraît manquer de justesse. C'est l'idée selon laquelle les phénomènes auxquels la philosophie aurait affaire seraient déjà des données imbues d'interprétation. Faire de l'herméneutique, ce serait rappeler que les phénomènes eux-mêmes relèvent déjà de l'ordre interprétatif. En d'autres termes, Heidegger soutiendrait qu'il n'y a jamais de « choses elles-mêmes », ce qui en soi justifierait l'entrée en scène d'une herméneutique.

Contre cette interprétation vague et générale de l'intervention herméneutique en phénoménologie, je pense qu'on peut faire valoir deux arguments. Premièrement, Heidegger lui-même n'a jamais dit – ni dans le texte de *Sein und Zeit*, ni dans les passages pertinents de ses cours – que c'est ainsi qu'il convenait d'envisager la relation de la phénoménologie et de l'herméneutique. On pense plutôt à Nietzsche ou à Richard Rorty lorsqu'on entend qu'il n'y a pas de phénomènes, mais seulement des interprétations. Deuxièmement, il importe de rappeler que Heidegger n'oppose jamais l'herméneutique à l'idée d'une légitimation à même *les choses elles-mêmes*. On peut l'accuser de naïveté, mais si Heidegger fait de l'herméneutique, ce n'est pas parce qu'il n'y a pas de choses elles-mêmes, mais, bien au contraire, pour y ménager un accès. On en trouve d'ailleurs l'exemple le plus manifeste dans le fameux § 32 consacré à la compréhension. Heidegger y soutient la thèse que toute compréhension obéit à une structure d'anticipation, à une *Vorstruktur*. On en a souvent tiré la conclusion, peut-être légitime en elle-même, mais certainement erronée dans le cas de Heidegger, que cette structure préalable d'anticipation (Gadamer parlera plus tard de préjugés) frappait de caducité tout recours aux choses elles-mêmes. Or, c'est très exactement le contraire que soutient Heidegger. S'il faut s'aviser de la structure d'anticipation du comprendre, c'est justement au nom d'une légitimation à même les choses elles-mêmes. La « tâche première, constante et ultime de l'interprétation » *(Auslegung)* est en effet, et je cite Heidegger, « de ne pas se laisser donner ces anticipations suivant des coups de tête *(Einfälle)* ou l'hégémonie des lieux communs *(Volksbegriffe),* mais d'assurer son thème scientifique en développant ces conceptions à partir des choses elles-mêmes »[1]. Cet appel aux choses elles-mêmes a quelque chose de remarquable au cœur de l'analyse la plus herméneutique qu'ait jamais livrée Heidegger, celle des §§ 31 à 34. C'est justement au moment où on pourrait le soupçonner d'être le plus éloigné de la phénoménologie, et de Husserl, c'est-à-dire sur la question du cercle herméneutique, que Heidegger se réclame avec le plus d'insistance du principe des choses elles-mêmes[2] : toute compréhension doit chercher à s'élaborer en conformité avec les choses elles-mêmes.

Comment comprendre alors l'articulation de la phénonénologie et de l'herméneutique si l'on doit y voir plus ou autre chose que le truisme selon lequel tous les phénomènes seraient des interprétations ? La clef de l'énigme se trouve, je crois, dans l'idée, souvent évoquée au § 7, selon laquelle l'objet par excellence qui doit occuper la phénoménologie se trouve « dissimulé » *(verborgen),* on pourrait aussi dire « caché » *(versteckt),* « obstrué » *(verstellt),* « recouvert » *(verdeckt),* etc. Nous avions vu, en effet, que l'impératif de toute phénoménologie en tant que méthode de légitimation était de faire voir ce qui ne se montre pas, mais cette absence de phénoménalité tient d'abord à la *dissimulation* du phénomène en question – fût-il insigne, ou, qui se trouve justement dissimulé en raison même de son caractère insigne. L'inapparent qui intéresse Heidegger ne ressortit pas à une quelconque réalité intelligible, un arrière-monde infra-phénoménal, mais à un inapparent qui a intérêt ou dont « on » prétend qu'il a intérêt à rester caché, tapi. C'est cette singulière dissimulation, qui est en fait un refoulement, qui préoccupe Heidegger[3]. C'est que ce phénomène par excel-

1. *SuZ,* p. 153. À noter ici l'emploi nettement péjoratif du terme de « Volk » en 1927. Ce texte, tout à fait pertinent, eût été le meilleur correctif des égarements de 1933 !

2. Sur l'orientation existentiale que Heidegger assigne cependant au principe des choses elles-mêmes, cf. notre étude sur "La contribution silencieuse de Husserl à l'herméneutique", in *Philosophiques,* (20), 1993, pp. 383-398.

3. Ce refoulement de la question de l'être a été bien aperçu par Jean GREISCH, *op. cit.*, pp. 72, 73, 75, 219, qui a tout à fait raison d'écrire que la question de l'être se trouve en quelque sorte « inscrite dans la chair de l'existant » (p. 79), que le *Dasein* se trouve comme « condamné » à se poser la question de l'être « qui se confond avec lui-même » (p. 80). Mais dans les pages qu'il consacre à l'infléchissement herméneutique de la phénoménologie (p. 106-110), J. GREISCH n'a peut-être pas assez expliqué en quoi c'est cette dissimulation qui appelle justement une herméneutique du *Dasein.* J. Greisch en reste peut-être au niveau du cours de 1919

lence qui reste le plus souvent *verborgen* (caché, dissimulé, recouvert), n'en est pas moins, disait Heidegger, essentiel à tout ce qui se montre « en lui procurant sens et fondement » (*SuZ*, p. 35) – *Sinn und Grund* !

L'urgence philosophique est donc celle de tirer ce phénomène de l'oubli que lui inflige la parade des autres phénomènes qui n'ont d'autre mission, précisément, que de le « recouvrir ». Ce phénomène, on le sait et Heidegger le répète à satiété, est celui de l'être. Si cet « être » ne se montre pas, c'est justement parce qu'il se trouve recouvert, caché, dissimulé, détourné. Or comment interpréter cette dissimulation, cet oubli de l'être (sur lequel s'ouvre et contre lequel est dirigé tout *Sein und Zeit*) comme phénomène philosophique par excellence ? Pour le comprendre, il convient de partir de la caractérisation canonique du *Dasein* comme de l'être pour lequel il y va en son être de cet être même. Le *Dasein* est investi d'une ouverture à soi, à son « être », lequel est éprouvé comme pouvoir-être ou possibilité d'être *(Seinkönnen)*, c'est-à-dire comme un projet pouvant faire l'objet d'une détermination libre et éclairée : je peux être ceci plutôt que cela, et lorsque je suis ou que je fais ceci, je sais que je pourrais plutôt faire cela (comme l'atteste exemplairement l'expérience du remords). La notion de *Dasein* a plusieurs significations chez Heidegger, mais il en est une sur laquelle insistait le cours sur l'herméneutique de la facticité de 1923 qui est probablement plus mordante que les autres, à tout le moins dans la genèse de *Sein und Zeit*. *Dasein*, y expliquait Heidegger veut dire « Nichtweglaufen », littéralement : ne pas se sauver, ne pas ficher le camp [1]. Être un *Dasein*, cela veut dire que je puis être « là » où et quand tombent les orientations fondamentales quant à mon être.

Le texte du cours de 1923 nous permet d'ailleurs d'observer que Heidegger a d'abord introduit son concept de *Dasein* afin d'*expliquer* celui de facticité [2]. Le terme de *Dasein* comporte cependant une gamme de sens plus variée (ne pas s'enfuir, être là même lorsqu'on est ailleurs,

lorsqu'il se contente de souligner à cet égard la greffe de la notion d'interprétation sur celle d'intuition (p. 26). De ce point de vue, qui est celui de 1919, il est clair qu'il n'y a probablement pas de « tournant herméneutique » de la phénoménologie chez Heidegger (p. 26). Mais dès que cette phénoménologie en devient une de la dissimulation du *Dasein*, et de la question de l'être, elle a pris un tournant herméneutique sans commune mesure avec l'orientation tangentiellement perspectiviste qu'on peut déceler dans la théorie phénoménologique de l'intentionnalité.

1. Cf. *Ga.* 63, p. 7. Sur ce point, voir les explications lumineuses de Günter FIGAL, *Heidegger zur Einführung*, Hambourg, Junius Verlag, 1993, p. 39 sv.

2. *Ga.* 63, p. 7 : « *Faktizität* ist die Bezeichnung für den Seinscharakter "unseres" "eigenen" *Daseins*. Genauer bedeutet der Ausdruck : jeweilig dieses Dasein (Phänomen der "Jeweiligkeit"; vgl. Verweilen, Nichtweglaufen, *Da*-bei-, Dasein), sofern es *seinsmäßig* in seinem Seinscharakter *"da"* ist. »

être là où l'être se manifeste, être ce là au sens transitif du terme, éprouver l'angoisse de notre là temporel : bigre ! je suis là, mais pas pour toujours, etc.) que celui de facticité, dont Theodore Kisiel a bien mis en évidence les origines néo-kantiennes [1]. Le terme de « facticité » restait ainsi enchâssé dans une opposition platonicienne à l'ordre de l'universel, ce qui aurait condamné l'herméneutique heideggérienne à n'être qu'un platonisme inversé. Le terme de facticité a donc peu à peu été supplanté par celui de *Dasein*, tout comme le titre « herméneutique de la facticité » par celui d'une « herméneutique du *Dasein* ». Dans *Sein und Zeit*, l'idée d'une « herméneutique de la facticité » n'a plus qu'un sens rétrospectif (cf. *SuZ*, p. 72 n.). Mais l'herméneutique du *Dasein* demeure bien entendu le point de départ, et de retour, de l'ontologie phénoménologique universelle.

Le *Dasein* est donc moins l'être « là », ce qui est toujours partiellement vrai, mais surtout celui qui peut être là, mais qui, le plus souvent, n'est justement pas là. C'est qu'il est ailleurs. Heidegger a parfois parlé (dans *Ga.* 29/30 et les *Beiträge* en particulier) à cet égard d'un *Wegsein* ! La formule est géniale et presque plus pertinente que la notion de *Dasein*. Le contraire du *Dasein*, ce n'est pas l'inexistence, le non-être, mais bien l'être-ailleurs, l'être distrait, l'être loin de soi, bref le *Dasein* qui n'est pas « là ». À quoi tient cette dissimulation ou cet oubli de soi du *Dasein*, que le jeune Heidegger a parfois assimilé à une *Ruinanz*, une « ruine » du *Dasein* ? À une chute ou à une sorte de péché originel ? Il n'est pas aisé de répondre à cette question et on peut se demander si Heidegger a jamais offert une explication détaillée de ce *Verfallen*, de ce *Dasein* qui décampe. Mais si l'on suit le mouvement général de ses analyses, je pense qu'il faut dire que cet oubli de soi tient surtout à une fuite du *Dasein* devant sa temporalité finie, ou sa mortalité tout simplement. Ouvert à son propre être, à ce qu'il est, le *Dasein* se trouve exposé à l'horreur de sa propre mortalité, horreur à chaque fois individuelle même si elle est la chose du monde la mieux partagée [2]. Le rappel à soi que cherche à promouvoir l'herméneutique du *Dasein* est donc un rappel à cette confrontation avec soi-même qui habite toute finitude.

Le *Dasein* qui ne se montre pas est donc un *Dasein* qui se fuit lui-même. Mais cette fuite est en réalité un leurre, puisque, même fuyant,

1. Cf. T. KISIEL, "Das Entstehen des Begriffsfeldes « Faktizität » im Frühwerk Heideggers", in *Dilthey-Jahrbuch*, 4, 1986-87, pp. 91-20.

2. C'est le sens la *Jeweiligkeit*, qui rime si justement avec la *Jemeinigkeit*, c'est-à-dire de la durée qui est à chaque fois « la mienne », mais qui est aussi celle de chacun, d'où son universalité.

le *Dasein* ne fait que confirmer qu'il est bien « là » ou « à l'être », mais sur le mode du manquement ou de la déchéance à soi. Le *Wegsein* est donc bel et bien une modalité, bien que déficiente, du *Dasein*. C'est cette déchéance que cherche à combattre Heidegger, non pas parce qu'il lui voue une aversion particulière (imputable disons à ses origines chrétiennes), mais parce qu'il estime, en bonne phénoménologie, qu'elle est contraire au *Dasein*, conçu, mais aussi éprouvé comme l'être qui a la capacité de s'ouvrir à soi et de lutter contre l'obstruction qu'inflige à cette ouverture le règne assourdissant du bavardage. Le *Gerede*, qui rassemble tout l'univers des lieux communs, à la fois rassurants et divertissants, n'est pas un phénomène quelconque dans l'architecture de *Sein und Zeit*. Il est l'antithèse même du *Dasein* (qui explique et justifie en partie l'aversion, réelle celle-là, de Heidegger pour tout ce qui relève de l'ordre le l'*Öffentlichkeit*). Le *Wegsein* décrit la situation du *Dasein* qui s'abandonne aux ragots qui courent au lieu de s'attaquer aux choses elles-mêmes, en commençant par les siennes. S'y abandonner, succomber au divertissement des racontars, c'est cesser en quelque sorte d'être là ou de n'y être que sur le mode de l'absence à soi, du *Wegsein* [1].

Il n'est donc pas étonnant que le jeune Heidegger ait souvent parlé d'un éveil à soi du *Dasein*, d'un *Wachsein*, pour décrire la finalité secrète, et carrément éthique, de son herméneutique de la facticité [2]. Il ne s'agit pas, bien entendu, de proposer au *Dasein* des modèles particuliers d'éveil ou d'édification, mais de rappeler au *Dasein* qu'il est investi d'une telle possibilité d'éveil, ou qu'elle ne fait que sommeiller en lui tant qu'il se livre aux « divertissements », c'est-à-dire à la diversion du « on » et du bavardage. Ne pouvant se substituer à l'éveil qui échoit à chacun d'entre nous, l'herméneutique du *Dasein* se contentera donc d'indications formelles. Leur fonction est d' « annoncer » (c'est le sens du *Kundgeben* du § 7 de *Sein und Zeit*, qui sera repris dans *Unterwegs zur Sprache* lorsque Heidegger expliquera le sens de sa première herméneutique) au *Dasein* ces structures fondamentales d'éveil virtuel, susceptibles de lui permettre de résister, dans les limites imparties à chacun, à la dictature du bavardage.

1. Sur cette déchéance au niveau des discours qui ont cours et créance, cf. notre étude sur "L'intelligence herméneutique du langage", in *L'horizon herméneutique de la pensée contemporaine*, Paris, Vrin, 1993, p. 257 sv.

2. Cf. *Ga.* 63, p. 10, et *L'universalité de l'herméneutique*, p. 143. Sur la portée éthique de cette herméneutique de la facticité, cf. notre étude "Das junghegelianische und ethische Motiv in Heideggers Hermeneutik der Faktizität", in *Der Sinn für Hermeneutik*, Darmstadt, Wissenschaftliche Buchgesellschaft, 1994, pp. 89-102.

Le déploiement de cette herméneutique, qu'est tout *Sein und Zeit* bien entendu, s'accomplit surtout aux §§ 31 à 34 qui traitent de la compréhension, de l'interprétation et de l'énoncé comme mode dérivé de l'interprétation. Il faut cependant bien voir que cette analyse se trouve à toutes fins utiles encadrée par les phénomènes du « on » au § 27 et celui du bavardage au § 35. L'herméneutique de Heidegger n'a aucun sens si on l'extrait de ce contexte. Herméneutique ou bavardage ? – voilà l'alternative devant laquelle Heidegger traduit le *Dasein*. Ce n'est pas du tout l'opposition des choses elle-mêmes (disons phénoménologiques) et des choses qui seraient plutôt interprétées (herméneutiques) qui le tracasse. Il y va au contraire d'une juste compréhension et appropriation de soi du *Dasein* au nom des choses elles-mêmes, du *Dasein* tel qu'il est capable d'être là.

Comme l'expliquera le § 31, le *Dasein* est au monde sur le mode de la compréhension, c'est-à-dire qu'il se comprend dans l'être ou s'y comprend à la lumière de projets d'existence plus ou moins conscients. Mais en tant qu'être de compréhension, le *Dasein* jouit aussi de la possibilité de s'assurer de ses propres possibilités de compréhension. Cette mise en lumière des possibilités de mon être, investies en toute compréhension, Heidegger l'appelle *Auslegung*, interprétation ou explicitation. La traduction d'*Auslegung* par explicitation a le très grand bonheur de rappeler que toute interprétation digne de ce nom doit d'abord commencer par un éclaircissement – une destruction, pourrait-on déjà dire – des possibilités de compréhension qui la déterminent. Mais il ne faut pas perdre de vue le sens naturel et originaire de l'*Auslegung*, celui qu'entendra immédiatement toute oreille allemande, et qui est celui d'interprétation. La première condition de toute interprétation est de tirer au clair les voies d'intelligibilité qui gouvernent notre compréhension. L'*Auslegung* est un exercice de vigilance, car les intelligibilités courantes qui s'emparent de notre intelligence œuvrent le plus clair du temps à notre insu. L'interprétation ou l'*Auslegung* du *Dasein* n'est que la compréhension conduite à son propre terme, qui s'approprie elle-même (cf. *SuZ*, p. 148 : « l'explicitation du comprendre, voilà ce que nous nommons l'*Auslegung* »). Je n'aurais pour ma part aucun scrupule à parler ici d'*Aufklärung*. Si Heidegger lui-même n'a pas expressément parlé d'*Aufklärung*, c'est évidemment parce que le terme est historiquement assez chargé, mais il a souvent parlé de transparence, *Durchsichtigkeit* (cf. *SuZ*, pp. 144, 146, que Martineau traduit par « translucidité »), de clarté *(Helle, Erhellung)*, d'explicitation ou d'éclaircissement

(Auslegung)[1]. L'*Auslegung*, l'explicitation, est le nom que donne Heidegger à l'éclaircissement des présupposés de la compréhension[2].

Le terme d'herméneutique chez Heidegger n'est d'abord qu'un équivalent, un peu plus technique, du terme d'*Auslegung*. Heidegger dit bien au § 7 de *Sein und Zeit* qu'il prendra le terme d'herméneutique au sens originaire du terme « selon lequel il désigne le travail de l'*Auslegung* » (*SuZ*, p. 37). Faire l'herméneutique du *Dasein*, c'est redonner au *Dasein* les moyens de s'ouvrir les yeux sur sa propre condition de *Wegsein*. L'herméneutique est donc pour Heidegger un exercice d'*Aufklärung*. Son intention est de tirer au clair, de détruire, si l'on préfère, les idoles qui privent le *Dasein* d'une juste appropriation de soi. Si une herméneutique expresse du *Dasein* est requise, c'est que le *Dasein* reste d'abord dissimulé à lui-même sous l'empire des racontars *(Gerede)*. Or, pour Heidegger, c'est le bavardage, au sens large (idéologique, éthique, politique, etc.) du terme qui barre l'accès aux choses elles-mêmes.

On a souvent dit, mais sans toujours y croire, que la phénoménologie de Heidegger était herméneutique, mais il faut aussi voir que l'herméneutique du *Dasein* est aussi une phénoménologie car sa tâche expresse est de reconquérir phénoménologiquement le phénomène essentiel du *Dasein* contre sa propre dissimulation[3]. Or cette phénomé-

1. Le chapitre consacré à l'herméneutique de Heidegger dans *L'universalité de l'herméneutique* s'intitulait timidement "L'herméneutique ou l'explicitation de l'existence", mais l'original allemand (*Einführung in die philosophische Hermeneutik*, Darmstadt, Wissenschafltiche Buchgesellschaft, 1991, p. 119) risquait déjà le terme de « Selbstaufklärung ». L'intention était clairement de briser le monopole que revendique l'École de Francfort sur ce terme. Toute science, toute connaissance, toute philosophie, toute déconstruction (même celle de l'histoire de l'être qu'on aimerait tant faire passer pour de la mystagogie !) est de l'*Aufklärung* ! Or la véritable dialectique des Lumières, la fameuse *Dialektik der Aufklärung*, provient pour une large part des ennemis ou des épouvantails que l'*Aufklärung* s'invente elle-même afin de justifier ses prétentions fondamentalistes. Le meilleur antidote contre cette dialectique se trouve dans une autocritique des Lumières, dans ce que Kant, je crois, a appelé une critique de la raison pure et ce que Heidegger appelle une herméneutique de la facticité qui s'approprie réflexivement ses propres contenus au nom d'une plus grande transparence.

2. *SuZ*, p. 148 : « Die Ausbildung des Verstehens nennen wir Auslegung. In ihr eignet sich das Verstehen sein Verstandenes verstehend zu » (« Le déploiement du comprendre, voilà ce que nous nommons l'*Auslegung* »).

3. L'important paragraphe méthodologique de la seconde partie de *SuZ*, le § 67, le stipule très clairement : « Die *Seinsart* des Daseins *fordert* daher von einer ontologischen Interpretation, die sich die Ursprünglichkeit der phänomenalen Aufweisung zum Ziel gesetzt hat, *daß sie sich das Sein dieses Seienden gegen seine eigene Verdeckungstendenz erobert* » (*SuZ*, p. 311) (tr. fr. E. Martineau, Paris, Authentica, 1985 : « le *mode d'être* du *Dasein requiert* d'une interprétation ontolo-

nologie ne peut pas s'en tenir aux phénomènes qui se précipitent d'abord et le plus souvent. Elle doit au contraire interroger quant à leur légitimation les bavardages qui se présentent d'abord et le plus souvent, c'est-à-dire les soumettre à une *Auslegung*, à une interprétation ou une explicitation, afin de mesurer leur conformité aux choses elles-mêmes. C'est que la façade du bavardage vient justement recouvrir, voire obstruer le phénomène essentiel qui est celui du *Dasein*, celui de la possibilité d'une ouverture à soi comme projet d'existence. L'être qui phénoménalement ne se montre pas, c'est cet être possible dont le *Dasein* est pourtant le souci constant. Pour le faire remonter à la surface en quelque sorte, pour confronter le *Dasein* à son propre être, il est donc nécessaire de pratiquer une explicitation ou une herméneutique du *Dasein*. Tel m'apparaît être, à tout le moins, le sens précis qu'il faille donner au projet herméneutique dans l'architecture systématique de *Sein und Zeit*.

J'en répète, en conclusion, les données essentielles. Le phénomène qui doit préoccuper à titre insigne la phénoménologie, si elle ne doit pas parler de tout et de rien, est un phénomène qui est d'abord dissimulé *(verborgen)* en regard de ce qui se montre, mais qu'il est urgent de tirer au clair puisqu'il se trouve secrètement à la racine de tous les autres phénomènes qui se pressent à l'avant-plan. La fonction d'une herméneutique du *Dasein* sera dès lors de procéder à une explicitation de ce *Dasein*, d'abord afin de détruire toutes les strates de cette dissimulation (tâche herméneutique qui est celle de la destruction [1]), mais aussi de produire le *Dasein* tel qu'il peut être en lui-même pour lui-même, c'est-à-dire pour le *Dasein* individuel et concret que nous sommes. Il s'agit en quelque sorte de rappeler le *Dasein* et chaque *Dasein* à soi-même. C'est en effet dans le souci du *Dasein* pour son propre être que s'enracinent les questions de la philosophie, les vraies. Il n'est donc que naturel que les éclaircissements de l'herméneutique du *Dasein* rejaillissent ou se répercutent *(zurückschlagen)* sur le *Dasein* lui-même. La philosophie reconduite à son propre point d'origine doit trouver à s'appliquer sur le terrain de notre *Dasein* concret. Ainsi, l'herméneutique du *Dasein* doit être comprise comme la condition de possibilité d'une éthique.

Jean GRONDIN
Université de Montréal

gique qui s'est donné pour but l'originarité de la mise en lumière phénoménale *qu'elle conquière l'être de cet étant contre sa propre tendance au recouvrement*»).

1. Sur l'identification de la destruction et de l'herméneutique de la facticité chez Heidegger, cf. *L'universalité de l'herméneutique*, Paris, PUF, 1993, p. 142 sv.

GENÈSE ET DÉVELOPPEMENT D'UN THÈME : L'ISOLEMENT

Il y a, semble-t-il, quelque paradoxe à introduire dans un colloque une notion, celle *d'isolement,* qui paraît impliquer la négation de tout *conloqui,* sinon, en général, de tout *cum.* Si nous nous l'autorisons cependant, c'est dans la mesure où une des décisions majeures de *Sein und Zeit* consiste, selon nous, à avoir fait pointer la question la plus universelle – la question de l'Être – en direction de ce que Heidegger appelle la *Vereinzelung* – l'isolement ou la singularisation le plus radical : « la question du sens de l'Être, lisons-nous au § 8, est la plus universelle et la plus vide, mais elle contient en même temps la possibilité d'être, en son propre, isolée [singularisée] de la manière la plus aigüe *(ihrer eigenen schärfsten Vereinzelung)* en référence à ce qui est à chaque fois *(jeweilig)* le *Dasein* »[1]. En fait, comme le montrera plus tard Heidegger lui-même, toute métaphysique, du seul fait qu'elle est ontologie (science de l'étantité de l'étant en général) pointe vers quelque chose ou quelqu'un de *Seul* (ὁ Μόνος, disait Philon) qui est l'étant par excellence – et c'est par là qu'elle est simultanément théologie ; or, ainsi que nous le voyons dans le cours de 1927 *Die Grundprobleme der Phänomenologie,* c'est cette place de la théologie qu'occupe, chez Heidegger, l'analytique du *Dasein*[2] – ce qui ne signifie certes pas que l'homme comme tel soit Dieu, ni la mesure de toutes choses, mais signale simplement qu'il y a en lui quelque chose qui correspond, mais en creux, au divin (θεῖον) dans la mesure où ce terme est synonyme d'*Übermächtige,* de « surpuissant »[3]. *En creux,* disions-nous, car cette sur-puissance *(Übermacht)* qui est en même

1. *SuZ, Ga.* 2, p. 52 [39]. Sauf indication contraire, toutes nos citations renvoient à la *Ga.* ; pour *SuZ* nous ajoutons, entre crochets, la pagination de la première édition.

2. Cf. *Ga.* 24, p. 26.

3. Cf. le cours de 1928 *Metaphysische Anfangsgründe der Logik, Ga.* 26, p. 13.

temps im-puissance *(Ohnmacht)* advient à la liberté finie du *Dasein* en tant que « devancant il laisse la mort prendre pouvoir sur lui » [1], *i. e.* en tant qu'il entre dans l'espace inquiétant et étrange *(unheimlich)* de l'isolement absolu. L'isolement constitue donc l'épreuve où l'homme est confronté à ce qu'il y a en lui d'excessif *(überschüssig)* [2] et qui n'est pas différent de sa propre mort – « *das Grosse* » (le « trop » grand), la chose énorme et monstrueuse qui hantait les cauchemars du petit Malte Laurids Brigge et qui, ensuite, ne cesse de l'alourdir, de le retrancher, mais en lui permettant du même coup de déboucher sur l'espace ouvert et vertigineux du divin. Le *Dasein* est seul, comme le Dieu de la théologie traditionnelle est seul – mais, pour le *Dasein,* cette solitude est éprouvée comme le poids le plus lourd, comme ce dont il éprouve, « d'abord et le plus souvent *(zunächst und zumeist)* » la tentation de se décharger sur un autre. Dans les pages qui suivent, nous tenterons d'examiner comment s'est formée cette notion de l'isolement radical du *Dasein,* isolement qu'exprimait déjà, de manière si poignante, le *Nachtlied* du *Zarathoustra* de Nietzsche, où c'est, rappelons-le, Dionysos – Dieu – qui parle.

*

* *

Dans les cours de la première période de Fribourg (1919-1923), la pensée de Heidegger apparaît comme orientée vers une philosophie de la *vie,* dont les modèles seraient fournis par Nietzsche, Bergson et Dilthey ; néanmoins, il ne s'agit pas ici de la vie « en soi », refermée dans la clôture de son auto-suffisance, mais de la « vie en et pour soi » [3] qui n'est pas immédiatement donnée et que la méthode phénoménologique doit précisément nous faire découvrir, par un procédé qu'il nous reste à décrire. « Notre vie, écrit Heidegger est seulement comme *(als)* vie en tant qu'elle vit dans un monde » [4], et ce monde, on le sait, est triple : monde ambiant, monde de l'avec, monde du soi *(Umwelt, Mitwelt, Selbstwelt)* ; toute vie « en soi » se trouve simultanément et indistinctement dans ces trois mondes, et l'accès au « domaine originel *(Urgebiet)* » de la vie « en et pour soi » s'opèrera

1. *SuZ, Ga.* 2, p. 508 [384]. Pour cette œuvre, nous adoptons en général, en la modifiant parfois, la traduction d'E. Martineau (Paris, Authentica, 1985).

2. *Ga.* 26, p. 248.

3. *Grundprobleme der Phänomenologie* (cours 1919-1920), *Ga.* 58, p. 203 et *passim.*

4. *Ibid.,* p. 34.

par un « centrage » ou un « pointage » [1] sur la *Selbstwelt,* opération qui n'aboutit d'ailleurs qu'à reconnaître un privilège de fait, simplement resté inaperçu jusque là. Philosopher, c'est donc s'arracher à tout ce qui est de l'ordre de l'*Um-* et du *Mit-* pour entrer dans la solitude du souci de soi, en répétant ainsi ce qui avait été la démarche première du christianisme : « le paradigme historique de cet étrange processus de position du centre de gravité de la vie facticielle et du monde de la vie dans le monde du soi et dans le monde des expériences internes s'offre à nous dans la genèse du christianisme. Le monde du soi comme tel entre dans la vie et est vécu comme tel » [2]. La réduction phénoménologique nous restitue aujourd'hui cette expérience intérieure qui avait été déformée et rendue méconnaissable par suite de l'adoption de l'aristotélisme comme philosophie du christianisme officiel (« Vis ton soi de façon vivante *[lebe lebendig dein Selbst]* » [3] est la leçon de Husserl comme elle était celle de St Augustin) – sauf que la phénoménologie va peut-être plus loin et élève la *Zugespitztheit* (l'aiguisement, l'être-pointé) à une puissance supérieure : « cette *Zugespitztheit* n'est pas un contenu-quoi *(Wasgehalt),* mais un contenu-comment *(Wiegehalt)* » [4], il ne s'agit pas seulement de revenir sur le soi comme étant, mais sur ce qui dans le soi est proprement soi-même, *i. e.* une certaine *manière* de vivre le monde. Tout artiste, tout philosophe, tout saint, voire tout homme se définit singulièrement par le *comment* de son être-là, et c'est précisément ce *comment* et cette *manière* qui, une fois passée par le défilé de la réduction eidétique, fournit son thème à la phénoménologie. Dans un sens différent, Kierkegaard avait déjà dit que l'important n'est pas *ce qu'*on pense *(was),* mais *comment* on le pense, et c'est pourquoi peut-être chez Heidegger, héritier à la fois de la phénoménologie et de la démarche « existentielle », ce centrage, cette compression sur la *manière* du soi-même n'est pas seulement, comme chez Husserl, un impératif théorique, mais aussi un accès à la « vitalité la plus haute » [5] (le style étant d'ailleurs ici plus bergsonien que kierkegaardien), une sortie de la sphère des *Bezüge* (= des relations *à* ou *avec*) qui signifie simultanément une entrée dans la sphère du *Vollzug,* de l'accomplissement (à tous les sens du terme), *i. e.* de la « pleine spontanéité de soi », cette « spontanéité du soi vivant » étant

1. *Zugespitztheit, ibid.,* p. 59. Comme nous le verrons, l'image de la « pointe *(Spitze)* » se retrouvera, au terme de la période considérée, dans le cours de 1929-1930, *Die Grundbegriffe der Metaphysik.*

2. *Ibid.,* p. 61.

3. *Ibid.,* p. 62.

4. *Ibid.,* p. 85.

5. *Ibid.,* p. 123.

alors synonyme d'*Existenz* [1]. La vie vivante, c'est donc être absolument soi-même, sauf que cette vie pleine n'est atteinte que par un mouvement de reprise vers le centre [2], mouvement qui suppose un *divertissement* initial et qui est défini dès 1920 comme une *destruction* [3]. Heidegger précise même que cette « destruction » n'est pas une simple voie d'accès au propre *(das Eigentliche),* mais qu' « elle est elle-même le propre » ou encore « l'existentiellement décisif *(Entscheidende)* » [4] ; là encore, l'idée d'un contenu final est donc subordonnée à la manière d'y parvenir, ou plutôt d'y revenir. Mais, si tout est dans la manière et si la manière est celle d'un retour, cela présuppose qu'on avait *fui,* et fui devant le *Selbst* : pourquoi, si celui-ci n'est que spontanéité et plénitude ? Certes, Heidegger répond encore (comme l'eût fait Bergson) qu'il s'agit seulement pour la vie de se reprendre vis-à-vis du « dépôt » par où se traduit sa finitude ; mais en même temps une nouvelle problématique s'esquisse que vont développer, à la fin de cette période, les textes et les cours de 1922-1923.

Dans ces textes, et notamment dans l'*Anzeige der hermeneutischen Situation* [5], le centre vers où pointe la pensée philosophique n'est plus le lieu d'une plénitude, il est au contraire ce dont la vie soucieuse des hommes s'est détournée dès le début, ce qu'elle fuit (ou plutôt ce dont elle est la fuite) parce que ce centre marque le lieu solitaire de la mort et de la décision : « le *Dasein* esquive *das Schwierige* [= le difficile, ce qui pèse et alourdit], ce qui est en même temps μοναχῶς, simple, sans détours il [le *Dasein*] ne veut pas être [re]porté *sur* et *en* une décision originaire, dans l'acte de la répéter *(wiederholen)* » [6]. Au centre du *Dasein,* il y a donc quelque chose qui à la fois alourdit la vie et la rend démesurément simple en la décidant une fois pour toutes – et cette instance, devant laquelle le *Dasein* accède à ce qu'il est en propre *(als das Eigene)* n'est rien d'autre que la mort. La vie commence par se « dérober » et se cacher *(sich verbergen)* [7] à cette vérité abyssale qui

1. *Ibid.,* p. 260-261.

2. Dès son premier cours de Fribourg, *Zur Bestimmung der Philosophie* (tenu durant le *Kriegsnotsemester* 1919), HEIDEGGER évoquait déjà « le problème à la Münchhausen de l'esprit » : « se tirer soi-même par les cheveux du marécage de la vie naturelle » (*Ga.* 56/57, p. 16).

3. Cf. *Phänomenologie der Ansschauung und des Ausdrucks* (cours de 1920), *Ga.* 59, p. 183 sv.

4. *Ibid.,* p. 184-185.

5. Nous citerons ce texte d'après l'édition bilingue procurée par J.-F. COURTINE sous le titre *Interprétations phénoménologiques d'Aristote,* Mauvezin, TER, 1992.

6. *Phänomenologische Interpretationen zu Aristoteles. Einführung in die phänomenologische Forschung* (cours 1921/1922), *Ga.* 59, p. 109.

7. *Anzeige,* éd. cit., p. 24.

seule pourtant lui permet d'être authentiquement elle-même, et c'est cette fuite vers le monde rassurant des choses et du *on* que Heidegger désigne alors comme « ruinance *(Ruinanz)* » et « verrouillage *(Abriegelung)* ». Curieusement, ce verrouillage ou cet « endurcissement *(Verhärtung)* »[1] dans le monde stable du devenir est une manière de s'alléger la vie, en esquivant ce qui en elle est véritablement pesant, la mort : pour Heidegger comme pour Rilke, « si la vie n'est proprement ce qu'elle est qu'en cet être-lourd-et-pesant *(Schwer- und schwierigsein),* alors la façon appropriée d'y accéder originellement et de maintenir ouvert cet accès ne peut consister qu'en un s'appesantir *(Schwermachen)* »[2]. S'appesantir, c'est prendre sa distance *(Abstand)* par rapport au présent, c'est retrouver en nous l'absence accablante que signifient la mort et déjà la *Zeitigung*[3] ; mais c'est du même coup opérer cette *Wieder-holung* dont nous parlions plus haut et qu'il faut entendre ici au sens strictement étymologique *(wieder-holen* = retirer – en l'occurrence la vie à partir de son *Abfall,* de sa chute ou de son échéance auprès des choses)[4]. Non qu'il s'agisse de dénoncer, sur un mode éthico-théologique, cette fuite échéante : si le *Dasein* (ou le *Selbst*) recule devant lui-même, c'est qu'effectivement ce qu'il trouve en lui-même n'est *rien,* ou plutôt le rien, cette puissance de *Nichtung* (pour employer une expression plus tardive) qui « reluit » dans ce que notre vie, même fuyante, comporte « de souci, d'angoisse, d'inquiétude, de temporalité »[5]. Je ne suis jamais *en* moi-même, car en moi-même c'est l'abîme ; je suis en fuite devant moi-même ou, tout aussi bien, en chemin *(unterwegs)* vers moi-même : je suis donc à chaque fois *(jeweilig)* confronté à la possibilité d'assumer ou de refuser « le comment *(Wie)* de mon être le plus propre »[6], je ne suis que le fait même *(Faktizität)*[7] de cette possibilité dans son caractère incontournable et cependant dissimulable, car en fait « le *Dasein* parle de lui-même, il se voit tel ou tel, et pourtant c'est seulement un masque qu'il tient pour ne pas s'effrayer devant lui-même »[8]. Reste que cet abîme central est également le lieu même de l'Être, et c'est cette nouvelle perspective que vont introduire les cours de Marbourg en

1. Cf. *Ga.* 59, p. 107 et 140. Le mot *Verhärtung* est peut-être un souvenir de Bergson.
2. *Anzeige,* éd. cit., p. 19 (tr. fr. J.-F. Courtine modifiée).
3. Cf. *ibid.,* p. 18.
4. *Ga.* 59, p. 80.
5. *Ontologie (Hermeneutik der Faktizität)* (cours de 1923), *Ga.* 58, p. 17.
6. *Ibid.,* p. 7.
7. *Ibid.,* p. 16.
8. *Ibid.,* p. 32.

même temps qu'ils mettront pour la première fois au centre la notion de *Vereinzelung*.

*
* *

C'est dans le cours de 1925 *Prolegomena zur Geschichte des Zeitbegriffs* que la *Vereinzelung* est explicitement introduite comme synonyme du *Dass,* du fait d'être, de l'existence, *i. e.* de ce qui est inévitablement manqué, ou plutôt refoulé, par les réductions husserliennes, aussi bien transcendentale qu'eidétique : « cette conception de l'idéation comme fait de détourner les yeux de la *Vereinzelung* réale vit avant tout dans la croyance que le *quoi (Was)* de chaque étant doit être déterminé en détournant les yeux de son existence *(Existenz).* Mais s'il y avait un étant dont le *Was* est précisément d'être, et rien que d'être, alors cette considération idéative, vis-à-vis d'un tel étant, serait le malentendu le plus fondamental » [1]. Le *Dasein* est un tel étant qui n'a d'autre essence que d'être, et son statut va donc être celui d'un isolement radical ; il n'est concevable qu'à la première personne, il est « l'étant que je suis toujours moi-même » [2], et, même si dans mes activités quotidiennes je peux toujours faire ce qu'*on* fait, il y a du moins une circonstance où cet allègement sur l'autre s'avère impossible – celle, précisément, de la mort : « avec la mort, qui à chaque fois est seulement comme *mon* mourir, s'annonce à moi mon être le plus propre. L'être que je serai *à la fin* de mon être-là, et que je peux être à chaque instant, cette possibilité est celle de mon *je suis* le plus propre ... Je suis moi-même cette possibilité – la mort comme *ma* mort. Il n'y a pas de mort en général » [3]. L'être (au sens du *Dass* et de l'*Existenz)* ne me concerne qu'en tant qu'isolé ou singulier ; mais c'est seulement devant la mort que je suis radicalement isolé – c'est donc seulement là que je suis au sens propre du terme : « cette certitude, que je suis moi-même dans mon avoir-à-mourir, est la certitude fondamentale du *Dasein* même et un authentique énoncé d'existence, alors que le *cogito sum* n'en est que l'apparence. Si de telles formules signifient en général quelque chose, l'énoncé conforme et concernant le *Dasein* en son être devrait être *sum moribundus,* et à la vérité non *moribundus* en tant que malade ou blessé, mais, en tant que je suis, je suis *moribundus* – c'est le *moribundus* qui donne d'abord à l'être son

1. *Ga.* 20, p. 152.
2. *Ibid.*, p. 205.
3. *Ibid.*, p. 433.

sens [1] ... c'est d'abord dans le mourir que je peux dire d'une manière en quelque sorte absolue : je suis » [2] ; et Heidegger précisera dans le même cours : « il est possible que ce soit précisément au moment de quitter le monde, quand le monde n'a plus rien à dire à quelqu'un, ni non plus n'importe quel autre, que l'être-dans-le-monde et le monde lui-même apparaissent dans leur pureté » [3].

Dans cette mesure, l'être-avec *(Mitsein)* ne saurait représenter qu'un danger ou une tentation – celle de se décharger de sa vie unique sur quelqu'un qui est d'autant plus rassurant qu'*on* ne meurt jamais – et Heidegger ira jusqu'à dire que « comme être-avec agissant avec d'autres le *Dasein* est *ipso facto* en faute *(schuldig)*, même et surtout s'il ne le sait pas » [4]. Que cette fuite ou cette tentation (cette chute) s'origine dans une peur, et celle-ci dans une angoisse devant soi-même, *i. e.* devant son isolement absolu – que d'autre part cette aliénation soit première et que « l'orientation vers l'authenticité, le soi » [5] ne constitue jamais qu'une « modification existentielle » [6] de cet existential originel – qu'enfin ce soi ait le statut ontologique non d'un sujet, mais d'une manière *(Weise)* d'être-au-monde : ce sont là autant de thèmes que nous avons vu apparaître dès les écrit de Fribourg et qui ne font, à Marbourg, qu'atteindre leur sens ultime en se regroupant autour de la notion de *Vereinzelung*. Il convient seulement de préciser, comme le fera le cours de 1925/26 sur la *Logique,* que cet isolement n'est pas seulement l'isolement subi devant la mort, mais l'isolement de la décision à laquelle celle-ci me convoque, en tant qu'elle me laisse la possibilité de la devancer ou de l'éluder : le *Dasein* n'est à chaque fois rien d'autre que cette possibilité d'accéder ou non à son authenticité, ou plutôt il s'est toujours déjà décidé dans le sens de la dérobade, quitte à revenir ensuite sur cette « décision » en quelque sorte impersonnelle ; c'est en ce sens que l'on peut dire de lui que « dans son être il y va de l'être même » [7].

Après tout cela, on ne s'étonnera pas que le terme de *Vereinzelung* fonctionne dans *Sein und Zeit* – terminé en 1926, et bilan provisoire de ces années de formation – comme une notion-carrefour où viennent

1. *Ibid.,* p. 437-438.
2. *Ibid.,* p. 440.
3. *Ibid.,* p. 403.
4. *Ibid.,* p. 441. C'est seulement dans le cours de 1927 *Die Grundprobleme der Phänomenologie* qu'HEIDEGGER évoquera la possibilité d'un *Miteinander* fondé sur la *Vereinzelung des Einzelnen.* (*Ga.* 24, p. 408).
5. *Ga.* 20, p. 342.
6. *SuZ, Ga.* 2, p. 173 [130].
7. *Ga.* 21, p. 219 (cf. aussi p. 229).

converger les différentes voies de l'analytique du *Dasein.* Au § 40, l'isolement apparaît tout d'abord lié à la thématique de l'angoisse : « il y a dans l'angoisse la possibilité d'un ouvrir privilégié parce qu'elle isole *(vereinzelt).* Cet isolement ramène *(holt zurück)* le *Dasein* de son échéance et lui rend l'authenticité et l'inauthenticité manifestes en tant que possibilités de son être »[1], en le rappelant hors de l'*Umwelt* et du *Mitwelt*[2] où il était comme « dispersé » et « perdu ». « L'angoisse, écrit aussi Heidegger, isole le *Dasein* sur son être-au-monde le plus propre qui, en tant que compréhensif, se projette essentiellement sur des possibilités. Par suite, avec le pour-quoi du s'angoisser, l'angoisse ouvre le *Dasein* comme être-possible, et en vérité comme ce qu'il peut être uniquement *(einzig)* à partir de lui-même comme isolé dans l'isolement[3] ... L'angoisse isole et ouvre ainsi le *Dasein* comme *solus ipse* »[4]. On voit que l'isolement est ici étroitement associé à la compréhension *(Verstehen)* de ma possibilité la plus propre, et c'est pourquoi il n'est pas étonnant de retrouver cette notion au § 62, dans le cadre de l'analyse du *Gewissen* (= la conscience, au sens quasi-éthique de l' « appel ») : « L'appel du *Gewissen* ... isole le *Dasein* sur son pouvoir-être-en-dette, qu'il lui intime d'être authentiquement. L'acuité intacte de l'isolement essentiel sur le pouvoir-être le plus propre ouvre le devancement vers la mort comme possibilité absolue *(unbezuglich)* »[5]. L'isolement angoissé auquel m'assigne la voix du *Gewissen* se tient donc tourné vers l'anticipation de la mort, ce qui n'a pas seulement un aspect négatif puisqu' « avec la sobre angoisse qui porte devant le pouvoir-être isolé, s'accorde la joie vigoureuse de cette possibilité. En elle, le *Dasein* devient libre des contingences »[6] – il est, préciserons-nous, absous de toute relation *(Bezug)* dans cette anticipation de la mort en tant qu'accomplissement *(Vollzug)* suprême[7], comme s'il accédait par là à la simplicité absolue sans plus s'embrouiller dans la complexité des détours (c'est cette simplification radicale qui illumine les derniers instants d'Ivan Ilitch).

1. *Ga.* 2, p. 253 [191].
2. Notons cependant que dès 1925 HEIDEGGER critique l'usage de ces termes (cf. *Ga.* 20, p. 333).
3. *Ga.* 2, p. 249 [187-188].
4. *Ibid.,* p. 250 [188]. En 1923, HEIDEGGER récusait cette expression (*Ga.* 58, p. 7).
5. *Ga.* 2, p. 406-407 [367].
6. *Ibid.,* p. 410-411 [310].
7. Cf. *Ibid.,* p. 349 [263] : « L'absoluité *(Unbezüglichkeit)* de la mort comprise dans le devancement isole le *Dasein* sur lui-même ».

Tous ces éléments – angoisse, *Gewissen,* mort – constituent ensemble « l'étrangèreté *(Unheimlichheit)* qui détermine fondamentalement l'être-au-monde isolé »[1] et que notre vie se passe à éluder, parce que sur ce plan je suis confronté à une tâche pour laquelle nul ne peut m'aider et devant laquelle je me découvre insubstituable et inconfondable. Mais « tout comprendre est *befindlich* », *i. e.* se trouve en situation comme tel ou tel : à ce comprendre suprême qui correspond à « l'isolement originel de la résolution silencieuse qui s'intime à elle-même l'angoisse »[2], autrement dit à la résolution à la mort, va donc correspondre ce mode non moins originel de la *Befindlichkeit* où le *Dasein* s'éprouve, dans son isolement, comme pure existence, comme pur *Dass,* comme « nudité du *Dass* dans le néant du monde »[3]. L'homme, comme le Dieu de la métaphysique n'est que son être (son *Dass*), mais, à la différence de Dieu, il ne découvre ce *Dass* que comme quelque chose qui l'isole radicalement – quelque chose sur quoi il ne peut rien et vis-à-vis de quoi il est toujours en faute *(schuldig)* ; telle est l'expérience qui constitue sa « vérité la plus originelle »[4], laquelle cependant doit toujours être reconquise sur une non-vérité première (d'où l'étymologie célèbre du mot grec ἀ-λήθει α), car l'homme passe son temps à éluder son isolement fondamental qui ne se traduit plus dès lors dans l'expérience courante que par des effets de surface : la *Jemeinigkeit* (mienneté) du *Dasein,* le fait qu'il soit « l'étant que je suis à chaque fois moi-même »[5], ce *je* ou ce *moi* n'étant, comme dit une note du *Hüttenexemplar,* que « le soi *(Selbst)* sous sa forme immédiate, superficielle et donc apparente »[6]. Sous l'apparente permanence du moi, c'est donc en fait la secrète temporalisation *(Zeitigung)* du soi qui constitue, comme le dira Heidegger en 1928, le véritable *principium individuationis*[7].

1. *Ibid.,* p. 367 [276].
2. *Ibid.,* p. 429 [322].
3. *Ibid.,* p. 367 [276]. Le lien entre le *Dass* et l'isolement était déjà souligné dans le cours de 1925 sur le temps (cf. *supra*).
4. *Ibid.,* p. 293 [221].
5. *Ibid.,* p. 71 [53].
6. *Ibid.,* p. 420, note b.
7. *Metaphysische Anfangsgründe der Logik, Ga.* 26, p. 270.

*
* *

Les cours qui suivent *Sein und Zeit* ne vont pas modifier sensiblement cette conception de la *Vereinzelung* ; ils vont seulement l'enrichir en introduisant deux notions connexes – celle d'*Isolierung* (dans le cours de Fribourg [1928] *Metaphysische Anfangsgründe der Logik*) et celle d'*Einsamkeit* (qui aurait dû être un des pivots du grand cours inachevé de 1929-1930 sur *Die Grundbegriffe der Metaphysik : Welt – Endlichkeit – Einsamkeit).* En ce qui concerne le premier terme, on peut dire que le § 10 du cours de 1928 apparaît comme une réponse anticipée de Heidegger à ceux qui (tels Sartre ou Merleau-Ponty) reprocheront au *Dasein* heideggérien son caractère asexué et plus généralement désincarné. Heidegger reconnaît explicitement la « neutralité », l' « isolation *(Isolierung)* métaphysique »[1], l' « égoité *(Egoität, Ichheit)* métaphysique »[2] du *Dasein* (toutes ces expressions étant déclarées synonymes), mais il précise que cette « neutralité et isolation métaphysique du *Dasein* » ne constitue pas une donnée, mais qu' « elle n'est possible que sur le fond de la disposition existentielle extrême du [se] projetant lui-même »[3]. Face à la possibilité ultime, celle de mourir, il n'y a plus ni homme ni femme (on peut donc bien parler d'une *Geschlechtlosigkeit* du *Dasein*)[4], il n'y a plus même d'être humain présent dans tel ou tel corps, même si c'est au niveau de mon corps que s'annonce la menace de mort – et c'est donc seulement lorsqu'on se détourne de cette anticipation extrême que le *Dasein* apparaît sur le mode d'une « dispersion de fait *(faktische Zerstreuung)* dans la corporéité et par là dans la sexualité » : « le *Dasein* dans sa facticité [ou : dans sa concrétion factice] est toujours entre autres éclaté *(zersplittert)* dans une chair *(Leib),* et en même temps, par là, entre autres toujours fendu [ou sectionné, *zwiespaltig*] dans une sexualité déterminée »[5]. Mais il ne s'agit pas là pour autant d'une détermination accidentelle : dans la mesure où la *Geworfenheit* appartient à la structure fondamentale du *Dasein,* dans la mesure donc où il ne peut pas ne pas se trouver comme jeté dans l'être, il lui est inévitable de se trouver comme donné au monde, « au milieu de la nature »[6], par une

1. *Ibid.*, p. 176.
2. *Ibid.*, p. 243.
3. *Ibid.*, p. 176.
4. *Ibid.*, p. 172.
5. *Ibid.*, p. 173.
6. *Ibid.*, p. 212.

certaine corporéité sienne. Le *Dasein* n'est plus dès lors qu'*un Dasein* parmi d'autres, au sein d'une dispersion qui n'est d'ailleurs pas absolue, puisque, dira Heidegger un peu plus tard, « le pouvoir de se poser dans d'autres hommes, de les accompagner, d'accompagner le *Dasein* en eux, cela a lieu toujours déjà sur la base du *Dasein* de l'homme – en tant que *Dasein* »[1]. Mais à l'extrême du projet, devant la mort, nul ne m'accompagne plus : le soi reste seul, un soi « neutralisé » qui est en même temps tout le monde, comme si Heidegger rejoignait ici la formule hégélienne citée au § 82 de *Sein und Zeit* et selon laquelle « le moi est universalité, mais tout aussi immédiatement singularité *(Einzelnheit)* »[2].

Le cours de 1929/1930 se situe à la frontière de la période qui nous intéresse et nous ne l'évoquerons donc que brièvement. Il n'en apparaît pas moins comme le couronnement de l'évolution que nous avons suivie jusqu'à présent. Dans *Sein und Zeit,* l'isolement *(Vereinzelung)* fonctionnait comme notion-carrefour, mais d'une manière qui restait implicite ; ici, parmi les trois « concepts fondamentaux » de la métaphysique, nous trouvons explicitement nommée l'*Einsamkeit* (ou la *Vereinsamung*) dont Heidegger précise qu'elle convient mieux pour désigner ce qu'il appelait auparavant *Vereinzelung*[3] (ce qui ne l'empêche pas, du reste, de continuer à employer occasionnellement ce terme). Si nous examinons maintenant le statut de l'isolement / solitude par rapport aux deux autres termes qui l'accompagnent (« monde » et « finitude »), nous pouvons faire la remarque suivante : monde et isolement se rapportent l'un à l'autre comme *Weite und Spitze,* l'étendue et la pointe – le *et* qui articule les deux sur le mode de la rupture *(Bruch)* correspondant à la finitude même[4]. Nous retrouvons donc ici, au terme, de notre parcours, cette image de la *pointe (Spitze)* dont nous étions partis à propos du cours de 1919/1920 : sauf que cette image n'a plus une signification purement théorique, mais désigne la percée de l'instant décisif qui hante le temps long de l'ennui quotidien comme « ce qu'il y a de fol, et de joyeux, et de formidable dans l'instant même »[5]. L'isolement, de 1919 à 1929, n'a donc pas cessé d'être au cœur de la pensée heideggérienne, mais il a cessé peu à peu de désigner une *région* de l'enquête phénoménologique pour évoquer un événement perpétuellement imminent, même dans l'esquive : celui de

1. *Ga.* 29/30, p. 301.
2. *Ga.* 2, p. 572 [434].
3. *Ga.* 29/30, p. 8.
4. *Ibid.*, p. 216.
5. VALÉRY, *L'âme et la danse.*

la décision où je serai(s) inconditionnellement moi-même. On sait que le chemin de pensée que suivra Heidegger dans les années 30 (et qui culminera dans le volumineux manuscrit de 1936-38 *Beiträge zur Philosophie*) l'amènera à une inversion radicale, puisque ce n'est plus du côté du *Dasein,* mais du côté de l'Être *(Seyn)* lui-même que tombera désormais la décision. Dès lors, c'est peut-être moins d'une solitude de l'homme que d'une solitude de l'Être qu'il conviendra de parler, cette solitude qu'évoque l'*Einzigkeit* (l'unicité, la singularité) où les *Beiträge* voient la marque propre de l'Être. Mais c'est là une autre histoire au seuil de laquelle nous nous arrêterons.

Jean-François MARQUET
Université de Paris IV (Paris – Sorbonne)

L'INDICATION FORMELLE DE LA FACTICITÉ : SA GENÈSE ET SA TRANSFORMATION

En août 1927, quelques mois après la parution de *Être et temps,* Heidegger, répondant à son étudiant Karl Löwith, indique dans sa lettre ce qui est à l'origine de la démarche qui l'a mené à la rédaction de son opus magnum [1]. Cette origine est ce qu'il nomme de manière générale « les problèmes de la facticité ». En faisant ressortir que le fondement ontique de l'ontologie constitue une des découvertes les plus originelles d'*Être et temps,* Heidegger attire l'attention sur son œuvre de jeunesse de 1915 sur la grammaire spéculative de Duns Scot. Cette thèse peut être en effet considérée comme comme le point initial de son effort

> extrême pour s'attaquer au *facticiel,* pour accéder en général à la *facticité* comme problème. L'indication formelle, la critique de la doctrine habituelle de l'apriori, la formalisation et autres choses semblables, tout cela est encore [dans *Être et temps*] là pour moi, même si je n'en parle pas pour le moment [2].

L'impulsion première qui mena à *Être et temps* et à la tâche même de toute sa vie, c'est la manifestation complète du grand Fait de vivre dans toute sa concrétion, et la monstration du moyen d'y accéder, ce qui est ici indiqué en termes quasiment logiques comme indication formelle. C'est de la grammaire spéculative de Duns Scot, le docteur subtil de la logique formelle de l'analogie, qui possédait également un sens raffiné du concret, de *l'haecceitas,* que Heidegger a d'abord appris

1. La lettre du 20 août 1927 de HEIDEGGER à Löwith est reproduite dans *Zur philosophischen Aktualität Heideggers,* D. Papenfuss et O. Pöggeler, éds., *Im Gespräch der Zeit,* T. 2, Francfort, Klostermann, 1990, p. 33-38.

2. *Ibid.,* p. 36 : « extrem auf das *Faktische* losgehen, um überhaupt die Faktizität als Problem zu gewinnen. Formale Anzeige, Kritik der üblichen Lehre vom Apriori, Formalisierung und dergleichen is alles noch für mich da, wenn ich auch jetzt nicht davon rede. »

à joindre ces extrêmes que sont le concret et le formel, la matière et la méthode, le quoi et le comment de l'œuvre de toute sa vie. Entre sa thèse d'habilitation sur Scot en 1915 et le *Kriegsnotsemester* 1919[1], lorsque son effort extrême pour s'attaquer au facticiel atteint son premier dénouement, l'herméneutique de la facticité apparaît chez Heidegger en tant qu'indication formelle de cette facticité.

Mais déjà dans la thèse d'habilitation de 1915, on trouve une simple version phénoménologique de l' « herméneutique *de* la facticité », au sens fort d'un double génitif, tel qu'il est opérant selon la conviction du jeune Heidegger, de l'auto-monstration des phénomènes directement accessibles à l'appréhension simple, la *simplex apprehensio* de la scolastique. Nous lisons ainsi dans la thèse d'habilitation que la différenciation de la réalité en catégories peut seulement être « déchiffrée » *(abgelesen)* directement sur la réalité elle-même et ne peut être démontrée apriori par des procédures déductives. Le fait que les différenciations du sens proviennent directement des domaines de la réalité eux-mêmes implique qu'ils soient déjà catégorialement structurés, de sorte que nous les déchiffrons au moyen de l'intuition catégoriale et les faisons apparaître au moyen d'un langage indicatif[2]. La facticité n'est pas brute et irrationnelle, comme Fichte, qui a forgé le mot « Faktizität », le pensait, mais elle est déjà pleine de sens et catégorialement structurée. En fait, elle constitue un contexte plein de sens, un monde dans lequel nous vivons. Nous vivons tout autant dans des catégories que dans des mondes, et c'est à partir d'elles que nous comprenons les choses que nous trouvons dans ces mondes.

Mais qu'est-ce ultimement que la facticité ? Fichte, en forgeant le mot, distinguait, de manière authentiquement kantienne, d'une part le sens épistémologique minimal de l'individuation qui part de la multiplicité des données des sens et d'autre part le sens culturel plus plein de la « valeur individualité » dans l'histoire. C'est ce niveau plus élevé de l'individuel historique qui devient le sujet de l'herméneutique heideggérienne de la facticité, d'abord nommé le moi en situation, l'expérience de la vie facticielle, ou simplement « la vie », avant d'être nommé « Dasein », le « me voici maintenant » en train d'exister,

1. Le « Kriegsnotsemester für Kriegsteilnehmer » (le semestre de guerre pour les combattants) eut lieu exceptionnellement du 25 janvier au 16 avril 1919 et Heidegger fit cours pendant cette période sur « L'idée de la philosophie et le problème de la conception du monde ». Cf. M. HEIDEGGER, *Ga.* 56/57, *Zur Bestimmung der Philosophie,* B. Heimbüchel, éd., Francfort, Klostermann, 1987 (N.d.T.)

2. M. HEIDEGGER, *Frühe Schriften,* Francfort, Klostermann, 1972, pp. 155, 195-198.

toujours en procès. Il nous faut attendre jusqu'au *Kriegsnotsemester* 1919 pour que le moi historique devienne clairement l'unique sujet de la philosophie de Heidegger, mais son trait ontologique le plus important fait déjà surface dans les problèmes catégoriaux de la thèse d'habilitation. Heidegger cherche un *modus essendi activus,* l'acte noétique corrélatif de l'expérience immédiate qui correspond intentionnellement à la donation immédiate du *modus essendi passivus,* et le trouve dans une intuition catégoriale préscientifique et immédiate que les scolastiques nommaient *intellectus principiorum,* la précompréhension des transcendentaux *(ens, unum, verum, bonum),* laquelle est inhérente à l'être de l'être humain [1].

En invoquant l'intentionnalité, nous venons de nommer la formalité qui doit être appliquée à la facticité en question, à l'individuel historique. L'intentionnalité en tant que *Sich-richten-auf,* se diriger vers, doit d'abord être comprise comme un pur dynamisme, une δύναμις indifférenciée qui différencie les mondes *(Es weltet!)* en un événement qui donne à chacun de nous son être propre *(Es er-eignet mir).* En 1919, Heidegger décrit à certains moments ce « il y a », cet *Es,* comme l'élan vital selon Bergson, comme *Ur-sprung,* le saut originel, selon Natorp, et, selon Eckhart, comme la source première et la fontaine principale *(Urquelle)* qui est elle-même sans fond, l'élément qui donne la vie. Néanmoins dans le *Kriegsnotsemester,* Heidegger ne nomme pas encore ce simple moment intentionnel du « hors de » vers le *Es gibt,* puisque Emil Lask a déjà fait de ce terme sa catégorie réflexive primaire dans son ontologie formelle du *Etwas überhaupt,* le quelque chose en général, qui est fondée sur la proposition paradigmatique, *es gibt etwas,* il y a quelque chose. En outre Lask fait du quelque chose un *Entgegenstehendes,* un se-tenant-en-vis-à-vis, alors que Heidegger vise à la neutralisation de la stase métaphysique de la relation sujet-objet afin de faire apparaître purement et simplement le pur mouvement de se diriger-vers de l'intentionnalité. Vu à partir du pur « hors-de-en-direction-de », l' « objet » de l'intentionnalité n'est plus du tout un *Gegen-stand,* mais simplement le *Worauf,* le vers-quoi de l'intentionnalité. Dans *Être et temps,* le *Woraufhin,* le ce en vue de quoi, devient le *sens,* et ce sens est engendré directement par la temporalité originelle.

L'intentionnalité est un *Sich-richten-auf,* un se diriger vers, c'est-à-dire du point de vue grammatical un réflexif qui assume le caractère

1. Le Père Albert Dondeyne de Louvain avait justement souligné, il y a quarante ans, cet aspect de la scolastique aristotélo-thomiste comme constituant l'élément central du développement de la pensée de Heidegger.

indécidable d'un verbe à la voix moyenne, active et passive en même temps. En 1919, ce doublage particulier du mouvement de l'individuel historique, qui est néanmoins un mouvement unitaire simple, est d'abord exprimé dans un langage néo-kantien comme « une tendance motivée et une motivation tendancielle »[1]. Ce doublage de l'intentionnalité, sorte de délai ou de pause dans le pur « hors-de-en-direction-de » s'exprime en 1924 dans le langage de la passion et de l'action de la *Befindlichkeit,* le fait de « se trouver » dans l'existence, avant qu'il ne devienne le « projet jeté » *(geworfener Entwurf)* d'une ek-stase du temps dans *Être et temps.* Dans le *Kriegsnotsemester* 1919, la pause doublante est déjà l'ouverture dans laquelle le moi historique se trouve en étant et elle pose déjà la question de la compréhension de la relation dative du moi au *Es* vitalisant qui fait du moi un être propre. Après tout, le *Es* est moi-même et non pas seulement un moi quelconque, non pas le n'importe qui du sujet théoriquement isolé détaché de ses objets qui se manifeste dans l'expérience en pensée de la réification du monde du *Kriegsnotsemester.* Dans l'intentionnalité vitale préthéorique de l'existence en situation en tant qu'elle s'oppose à une conscience orientée, je suis impliqué de façon plus intime et unique. *Cela* est ma vie, ma situation, qui m'est donnée, *cela* n'appartient qu'à moi seul. Et pourtant, du fait que *cela* m'est d'abord donné, cela est, pour commencer, non réellement mien. Déjà Bergson et le dernier Merleau-Ponty pouvaient exprimer plus efficacement cette *Zugehörigkeit,* cette appartenance réversible du moi et du cela, l'élan vital, dans la concise formule française « j'en suis ». En cela et à travers cela, nous trouvons notre être et ne pouvons nous retirer de cela pour prendre une position de recul objectif sur lui sans le détruire dans toute sa vitalité. Par défiance de la maxime classique *individuum est ineffabile,* une langue et une grammaire indicatives (allemandes, françaises, anglaises, etc.) des faits les plus rudimentaires, des occasions et des paradoxes intimes de la relation unique moi-cela qu'est l'ipséité trouvent lentement leur vocabulaire et leur structure formelle. C'est là l'accomplissement ultime d'une herméneutique indicative formelle de la facticité.

La dramatique dernière heure du *Kriegsnotsemester* se conclut sur un schéma qui distingue les éléments logiques impliqués dans la facticité indicative formelle (Figure 1, p. 218). Cette figure, que Heidegger a sans doute dessinée à la main sur un tableau noir, ne peut pourtant pas être trouvée dans l'édition de dernière main qui a été

1. *Ga.* 56/57, *op. cit.*, p. 117.

publiée, l'édition de la main morte de la *Gesamtausgabe* de « Heidegger », mais seulement sur les notes de cours des étudiants. Ce diagramme tracé au tableau schématise une double homologie (A-A, B-B) au commencement de la séparation entre le théorique et le préthéorique, l'universel et le particulier, le langage et l'être. Il reflète non seulement la distinction husserlienne de la généralisation (B-B) et de la formalisation (A-A), mais aussi la distinction que fait Lask entre la catégorie constitutive et la catégorie réflexive. Le schéma fait apparaître que la généralisation (B-B) livre une catégorie universelle abstraite de caractère objectal advenant graduellement et sous la forme d'un type selon les espèces et les genres tirés des mondes particuliers de la vie ou des sphères régionales de l'expérience. Mais, comme Aristote l'a déjà observé, « l'être n'est pas un genre ». Il est accessible non par généralisation, mais par formalisation, et celle-ci trouve déjà sa motivation directement dans le « quelque chose originaire » *(Ur-etwas)* compréhensif de la vie en et pour soi. Mais il nous faut alors être prudents et distinguer entre le caractère logique formel traditionnel d'une *mathesis universalis,* dont le vis-à-vis *(Gegenstand)* est toujours un objet *(Objekt),* et la formalité phénoménologique, dont le vis-à-vis *(Gegenstand)* est d'abord une relation, la relation intentionnelle qui définit et articule la vie dans tout son mouvement. L'intentionnalité est l'arme secrète qui doit guider en philosophie la formation des concepts qui cherchent à exprimer l'auto-mouvement de l'expérience et de l'événement de la vie, d'abord dans les indicateurs dynamiques et non substantifiants qui nomment l'activité de cet événement sous la forme de phrases impersonnelles telles que *Es wertet, Es weltet, Es er-eignet sich.*

Entre 1919 et 1922, Heidegger schématise formellement l'intentionnalité selon trois sens directionnels, tous trois doublés par la voix moyenne : *Bezugssinn,* le sens relationnel de la direction vers, *Gehaltssinn,* la teneur de sens du monde, contenant activement ses objets et capable de captiver le moi par les objets ainsi « contenus » dans des attachements qui touchent à l'adonnement pathologique ; *Vollzugssinn,* le sens remplissant de l'actualisation, qui suit et répète les deux premières intentions initialement vides et porte leur sens directionnel à un tout compréhensif. Le caractère compréhensif de l'actualisation trouve ultimement sa valeur intégrale dans un *Zeitigungssinn* sousjacent, un sens de la temporalisation (maturation, venue à maturité, venue à l'actualisation) qui comprend les trois autres sens directionnels.

En termes moins formels, l'action remplissante et le caractère d'accomplissement du *Vollzugssinn* est l'expérience spontanée *de* l'expérience qui donne déjà vie à une certaine familarité avec soi-même que Heidegger nomme dans le *Kriegsnotsemester* l'historicité immanente de la vie. Cette familiarité auto-référentielle de la vie se répétant spontanément elle-même est la structure même de la compréhension non-réfléchie de l'être que la phénoménologie ontologique n'a besoin dans ses exposés que de répéter de manière explicative. Dans *Être et temps,* la compréhension autoréférentielle de l'être est indiquée formellement à plusieurs reprises par la formule désignant le *Dasein* comme « das Seiende, dem es in seinem Sein um dieses Sein selbst geht » : « l'étant pour lequel il y va dans son être de cet être même ». Le retour sur soi temporellement non-réfléchi de l'étant compréhensif vers son être se voit donné, pour la première fois dans *Être et temps,* une projection dans le futur, ce qui a pour effet de transformer le cercle herméneutique en spirale devançante.

Le traitement le plus intensif de l'indication formelle chez Heidegger a lieu dans le cours du semestre d'hiver 1920-21 consacré à une « Introduction à la phénoménologie de la religion ». Le terme opératoire dans le titre du cours qui indique en fait l'indication formelle elle-même est le mot apparemment accessoire d' « in-tro-duction ». Ne parvenant jamais à des réponses mais menant toujours à des questions toujours plus préliminaires : c'est là l'essence d'une philosophie guidée et dirigée par l' « indication provisoire » *(vorläufige Anzeige)* d'une « expérience facticielle de la vie » qui est intrinsèquement historique, en train d'advenir, toujours en procès. Heidegger entreprend alors de consacrer les cinq semaines suivantes du cours au traitement encore plus abstrus de la formation du concept phénoménologique – de la différence entre universaux génériques et universaux formels (ces derniers devant livrer les universaux distributifs nécessaires à la formalisation du caractère indicatif occasionnel et individuel de l'être-là), de l'unité, rendue inextricable par son caractère de voix moyenne, de l'expérience de la vie facticielle qui est toujours à la fois activement expérimentante et passivement expérimentée, de la nécessité de « préconcepts » provisoires pour expliquer cette unité indissoluble dans son mouvement historique, et ainsi de suite, creusant de plus en plus profondément la différence entre formalisation et généralisation. Heidegger était en fait animé à un tel point d'une unique intention en poursuivant cette voie méthodologique que les étudiants débutants présents dans la classe, complètement déroutés maintenant par cette discussion devenant de plus en plus abstruse du problème philosophique classique des universaux, allèrent se plaindre au doyen du manque de contenu religieux d'un cours supposé annoncer le traitement de ce sujet ! En conséquence, Heidegger coupa court abruptement – et avec irritation – à ce traitement de la formalité phénoménologique et consacra le reste du cours à la description des phénomènes religieux concrets. Le cours du semestre d'hiver 1920-21 devint ainsi un *cursus interruptus,* prématurément contrarié dans sa poussée originelle et porté à une apogée autre que celle qui avait originellement été visée. Mais Heidegger, en pédagogue averti, se dédommagea de ses pertes en illustrant visuellement le pouvoir schématisant de son approche formelle et en mettant à nu les structures sous-jacentes qui sont opérantes dans la κοινή grecque de la première épître de Saint Paul aux Thessaloniciens et, le semestre suivant, dans la rhétorique latine du livre X des *Confessiones* d'Augustin. Ces deux diagrammes tracés au tableau sur le devenir (= être) chrétien illustrent graphiquement la sorte de « force préfigurative » *(vorzeichnende Kraft)* pour la schématisation des structures de l'expérience que possèdent les préconcepts indicatifs formels comme l'intentionnalité.

La schématisation de la situation structurée de manière intentionnelle par laquelle on se trouve devant Dieu (Figure 2, p. 219) est en fait une carte grammaticale formelle, allant de la recherche minutieuse des infinitifs indécidables de voix moyenne comme γενέσθαι (devenir) et son γένεται (= cela survient, se passe, a lieu) aux nuances et aux niveaux variés de la réception du Verbe *de* Dieu (à travers le double génitif « de »). Cette réceptivité implique un changement radical devant Dieu (dans son sens relationnel en tant que vis-à-vis, *Gegenstand,* et non comme contenu de sens, comme *Objekt*), par le fait de se tourner vers lui en une conversion et de devenir (« advenir ») alors par la suite à travers cette réceptivité celui qui sert et attend Dieu dans l'attitude persistante de l'espérance, c'est-à-dire qui se tient dans un temps kaïrologique plutôt qu'objectif. Heidegger conclut sa lecture dia-grammaticale de la première épître aux Thessaloniciens sur l'indication formelle que « la religiosité chrétienne vit la temporalité en tant que telle ». Elle n'est pas du tout *dans* le temps, elle *est* le temps lui-même. Il est clair que « être » en tant que temps n'est pas ici un « mot vide, plein de vapeur et de fumée » (Nietzsche), mais désigne plutôt une action et une δύναμις, le milieu de l'émergence du moi à partir de son premier Cela de « devenir » et de « savoir ».

Le schéma paulinien du devenir d'un chrétien, centré sur la conversion, accentue le sens d'actualisation *(Vollzugssinn).* Le schéma augustinien du semestre d'été 1921 (Figure 3, p. 219) met en relief le sens relationnel *(Bezugssinn)* du « se soucier » *(curare),* qui est également divisé par la voix moyenne. La traduction heideggérienne de *curare* est le terme à la voix passive de *Bekümmertsein,* « être en peine ». Et la première réponse à cette facticité de la pénible situation de la vie est l'action de prendre la peine de se peiner soi-même. Pourtant la théorie augustinienne de l'usufruit de la réalité, qui divise le « souci » en un usage actif *(uti)* et en une jouissance réceptive *(frui),* manque la pleine action et passion de la vie dans ses peines et ses épreuves *(molestia),* en tant qu'elle est restreinte par une hiérarchisation néoplatonicienne qui culmine dans le repos et la quiétude du plaisir *(delectatio)* pris au *summum bonum.* Comme alternative à cet apaisement de la tension du *quaero* en *cura,* de sa recherche incessante, Heidegger explore le développement augustinien de la pure crainte *(timor castus)* qui va avec la jouissance de Dieu pour l'éternité. Comme l'écrit le Psalmiste « La crainte du Seigneur est pure et subsiste à jamais » (Ps. XVIII, 10 [XIX, 9]). L'expérience de Dieu est toujours et pour toute éternité un *mysterium tremendum et fascinans,* un mystère terrifiant autant que fascinant, tout comme l'expérience chrétienne de Paul « devant Dieu » est du début à la fin une joie enveloppée dans la terreur (1 Thess., 1 : 6).

Les deux tentatives de Heidegger pour s'aventurer dans les langues classiques du christianisme montrent où il espère trouver son ontologie formelle de la situation humaine individuelle, du *Dasein* : non pas dans une synthèse formelle des objets de style leibnizien, mais dans la reformulation de la grammaire non-objective des temps au moyen d'un réexamen de la structure grammaticale des structures exclamatives des événements impersonnels, des infinitifs à la voix moyenne, des constructions « réflexives », du double génitif, des relations transitives-intransives et autres choses semblables. Le résultat le mieux connu de cette « grammaontologie » est l'étrange nouveau jeu de langage des schématismes prépositionnels et adverbiaux qui rendirent *Sein und Zeit* si difficile à lire pour les natifs allemands.

Dans *Être et temps,* l'intentionnalité est remplacée par l'ex-sistence en tant qu'indication formelle directrice, laquelle est le fil directeur de la formation des catégories qui furent nommées *Existenzialien,* existentiaux, et non pas *Temporalien,* temporaux, dont Heidegger avait fait le plan au cours du semestre d'hiver 1925-26. Avant cela, Heidegger avait expérimenté plusieurs autres indications formelles directrices : *Da-Sein* (être-là) en 1923, être-dans-le-monde dans le premier projet de *Être et temps* en 1924, avoir-à-être, devoir-être

(Zu-sein) dans le second projet de 1925. En 1927-29, l'indication formelle directrice devient la transcendance, sans que pourtant ses précédentes formes soient invalidées. Mais l'indication formelle directrice de l'ex-sistence fut pour la première fois mise en jeu seulement au début de 1926, à savoir d'abord dans le dernier projet d'*Être* et *temps* qui fut publié, précisément afin de faire apparaître et de schématiser une temporalité ek-statique. À ce point et dans cette conférence, nous pouvons aussi rappeler que c'est le passage de l'intentionnalité à l'ekstase que Jean Beaufret considère comme le mouvement révolutionnaire par lequel Heidegger dépasse Husserl. Car le passage de l'intentionnalité à l'ek-stase, de la conscience orientée à l'existence située, est comme une « rupture inaugurale » :

> À qui s'installe dans l'intentionnalité, l'expérience de l'ek-stase est inaccessible au sens où la physique de la relativité demeure impensable du point de vue de Newton, bien que Newton se soit déjà avisé du principe auquel se référera Einstein [1].

Nous venons d'examiner l'itinéraire de Heidegger lui-même, lequel articule ce saut ou cette rupture en étapes détaillées. Il nous faut maintenant considérer l'étape finale, l'étape qui transforme définitivement l'ancienne herméneutique de la facticité en analytique de l'ex-sistence, laquelle demeure néanmoins une analytique indicative formelle.

Pourquoi Heidegger adopte-t-il l'ex-sistence comme indication formelle directrice précisément sur la fin du développement qui conduit à *Être et temps* ? Quelle sorte de jeu de langage offre l'ex-sistence que l'avoir-à-être de 1925 n'offre pas ? La réponse peut être trouvée dans la leçon du 21 janvier du cours intitulé « Logique » du semestre d'hiver 1925-26 [2] dans des remarques si brèves dans leur formalité que leur caractère décisif peut aisément passer inaperçu. Ce cours constitue la rupture définitive de Heidegger avec le langage ousiologique d'Aristote qui imprègne son traitement initial du terme « existence » et le passage définitif au langage kaïrologique de *Être et temps.* Car la langue de l'*ousia* est la langue du *Habe,* de l'avoir et de la possession, et le langage de l'*Anwesen,* de la permanente présence de la propriété immobilière, comme la terre et les dieux de la maison. Ainsi, quand Heidegger en 1920, dans la recension du livre de Jaspers,

1. Jean BEAUFRET, *Dialogue avec Heidegger,* T. 3, *Approche de Heidegger,* Paris, Minuit, 1974, pp. 116-117.

2. Cf. *Logik, Die Frage nach der Wahrheit,* cours du semestre d'hiver 1925-26, W. Biemel, éd., *Ga.* 21, Francfort, Klostermann, 1976, pp. 232-238.

Psychologie des conceptions du monde, mentionne d'abord l'existence comme l'indication formelle de l'être du « je suis », il souligne aussi que « je suis » par la *possession* de moi-même, la *possession* de mes paroles et la *possession* d'une conscience. Deux ans après, dans son introduction à un livre sur Aristote qu'il projetait d'écrire, Heidegger va jusqu'à parler d' « avoir ma mort » en la saisissant comme une possibilité [1]. C'est là quelque chose que Heidegger ne pourra plus dire dans le jeu de langage dont *Être et temps* donnera l'indication formelle. D'un autre côté, dans la même période qui précède *Être et temps,* Heidegger fait pourtant observer qu'il y a des choses que l'on n'a pas, mais que l'on est, dont la quiddité réside simplement dans le fait qu'elles sont [2]. C'est précisément le cas du « je suis » dans sa facticité, qui assume par moments aussi la fonction impersonnelle de ce qui m'arrive par delà moi-même, c'est-à-dire le monde, et qui fait de moi un être propre.

En 1926, toutes ces fonctions terminologiques de la facticité sont réunies dans l'existence, au moment où les éléments de la facticité sont pour la première fois transformés de manière à pénétrer dans l'exsistence, l'*Aussein auf,* l'être hors de soi. Maintenant l'existence emprunte à la facticité le rôle central qui consiste à être l'indication formelle de la finitude du *Dasein.* En octobre 1922, l'existence n'était que l'unique possibilité du *Dasein* qui puisse être trouvée dans sa facticité. Mais maintenant l'existence est elle-même le simple et inéluctable être hors de soi pour son propre pouvoir-être, l'être même du *Dasein* « que je suis et que j'ai à être », le pur dynamisme d'un avoir-à-être qui dès le départ me possède nécessairement, dans la mesure où il échappe à mon contrôle et m'est donné bon gré mal gré. L'existence est ainsi complètement retournée en sa facticité et devient ce qui commande toute l'étendue du souci, maintenant raidi par la tension entre avoir et ne pas avoir, et comprenant la suspension immobilisante de la déchéance qui pour ainsi dire me possède, mais davantage au sens de l'adonnement décadent à la possession qu'à celui de la tâche transcendante d'avoir-à-être. Heidegger parcourt cette étape dans la leçon du 21 janvier 1926 au moyen de la formalisation de

1. Il s'agit de la fameuse introduction à un livre sur Aristote d'octobre 1922 : "Phänomenologische Interpretation zu Aristoteles (Anzeige der hermeutische Situation)", Hans-Ulrich Lessing, éd., *Dilthey Jahrbuch,* 6 (1989), pp. 235-274, passage cité p. 244 (N.d.T. : Cf. *Interprétations phénoménologiques d'Aristote,* tr. fr. J.-F. Courtine, Mauvezin, TER Bilingue, 1992, p. 25).

2. Dans une lettre à Karl Jaspers du 27 juillet 1922, in Martin HEIDEGGER und Karl JASPERS, *Briefwechsel 1918-1969,* W. Biemel et H. Saner, éds., Francfort, Klostermann et Munich – Zurich, Piper, 1990.

plusieurs structures qu'il reconnaît ouvertement comme venant du christianisme. Il fait d'abord observer que le monde auquel nous *avons à faire* peut à la fin être trop pour nous. L'avoir-à-faire pourrait bien être l'affairement qui dissimule notre pur avoir-à-être. Et cet avoir-à-être se révèle n'être pas quelque chose que nous avons, une possession sûre, mais quelque chose que nous sommes de manière temporelle. Car l'avoir *(Haben)* comme tel peut devenir l'habitude de l'habitat, où avoir toujours plus de possessions devient le seul souci. Il faut que l'habiter de l'être-dans-le-monde soit dépassé par l'étrangeté de la finitude radicale :

> Tout fait d'acquérir et de se procurer au sens large, dans lequel nous devons aussi comprendre le fait d'acquérir et de se procurer des informations sur les choses, tout cela présuppose déjà en soi une possession déterminée ; et c'est précisément celui qui possède déjà qui est en mesure d'augmenter ses possessions. Alors qu'il est au contraire nécessaire, si le *Dasein* doit se conquérir lui-même dans son authenticité, et donc ne pas être exclusivement et primairement déchu dans son monde, que le *Dasein,* pour se conquérir lui-même, se soit déjà auparavant perdu lui-même ; il doit s'être perdu lui-même au sens où il se tient dans la possibilité de pouvoir abandonner toute acquision et toute possession mondaines [1].

Dans la structure formelle heideggérienne, cette nouvelle possibilité est trouvée par le fait de transcender la préoccupation dans la direction du souci, qui se réfère formellement à cette structure du *Dasein* selon laquelle il y va *(geht um)* dans son être de cet être même :

> Dans le "il y va de" est impliqué que ce dont il y va *ne* soit *pas une possession sûre* ; et dans la mesure où ce "il y va" appartient au *Dasein* en tant que tel, c'est-à-dire lui appartient dans la mesure où il est et donc aussi longtemps qu'il est, cela veut dire : le "ce dont il y va" n'est *jamais* une possession sûre, et pourtant ce "il y va" est précisément un *être-pour* ce "ce dont". Et cet être-pour n'est pas un être auprès d'un étant présent *(bei Vorhandenem),* mais un être-pour ce qui n'est pas encore une possession sûre et ne peut finalement jamais le devenir – selon son sens le plus propre. Ce pour-quoi de l'être-pour qu'est le souci n'est pas quelque chose d'autre que l'être du *Dasein,* à savoir à chaque fois l'être qui n'est pas encore, mais peut être ; dans le "il y va de" est par conséquent

1. *Ga.* 21, *op. cit.,* p. 232.

impliqué un *être ouvert à (ein Aussein-auf)* l'être propre en tant que pouvoir-être [1].

La simple préposition *aus,* hors de, ἐκ, *ex,* devient ainsi l'opérateur formel qui sert en particulier à indiquer une nouvelle dimension de l'être en marquant la finitude sans repos de notre transcendance de deux manières distinctes, comme incessante expropriation et comme finitude appropriante :

1) L'ex-sistence est toujours hors d'elle-même, jamais achevée, toujours en procès, constamment en train de se réaliser, tendue ex-centriquement vers elle-même comme vers une tâche sans fin, n'arrivant jamais à son terme, jamais à son entéléchie comme c'est le cas des choses finies. L'ex-sistence marque la finitude de ce qui n'est jamais fini, *immer unterwegs,* toujours en train d'advenir. Heidegger commence alors à distinguer de manière tranchée entre l'existence et les choses finies disponibles, distinction clairement destinée à marquer la rupture définitive avec une ousio-logique de la présence constante. L'existence est radicalement différente de l'étant disponible qui a des propriétés.

L'existence indique alors une relation incessamment expropriée, dépossédée, non seulement à la mort mais aussi à la vie qui lui est d'abord donnée, donnée temporellement dans une propriété qui est une appartenance ambiguë, puisqu'ultimement il ne lui appartient pas de la faire sienne. L'appropriation est un événement qui n'est pas sous notre contrôle, un *Ereignis* qui nous advient. Finalement il n'est pas soumis à notre initiative. Ce qui rend la vie accessible nous est en lui-même inaccessible. Nous ne sommes pas propriétaires de nous-mêmes, nous sommes les propriétés de l'être, qui nous exproprie. L'être n'est pas à nos ordres et ne répond pas à nos appels, Il nous appelle, et nous adresse des requêtes. Le tournant est déjà dans *Être et temps.* Dans sa plus grande authenticité, le fait pour le *Dasein* de répondre à de telles requêtes, en devenant pour ainsi dire l'auteur de son existence, ne peut tout au plus que le placer dans un rapport de garde, un *Gewissenhaben wollen,* un vouloir-avoir-conscience. Nous assumons l'existence sans être capables d'en revendiquer la possession, comme parfois nous revendiquons « notre » pays et nos possessions *(Anwesen),* qui ne sont rien finalement eux aussi que dans un rapport de garde par rapport à nous. Aussi la temporalité ekstatique s'infiltre-t-elle ainsi dans tout ce que nous considérons normalement comme nos possessions. L'usage non réprimé du langage de l'avoir est clairement sous contrôle dans

1. *Ibid.,* p. 234-235.

Être et temps, où « avoir » est le plus souvent placé entre guillemets et rabaissé au niveau de l'inauthenticité. Authentiquement, je n'ai plus mon monde, mais je suis exposé à lui de manière ekstatique. Je n'ai plus mes possibilités authentiques, mais j'ai à les devenir ekstatiquement, en tant que tâches jamais achevées. Je n'ai plus le temps et l'histoire, je *suis* le temps et l'histoire dans un rapport ekstatique, sans cesse exproprié.

2) En tant qu'être-hors de, l'ex-sistence se trouve radicalement exposée à ses limites et à ses fins individualisées, s'é-tendant à ce pouvoir extrême qui s'appelle « ma » mort. L'ex-sistence porte le *Dasein* à l'extrémité de son impuissance, comme les chrétiens Paul ou Luther, qui sont entièrement abandonnés à leur déréliction abyssale et entièrement dépendants de Dieu même quand il s'agit de prendre l'initiative de se tourner vers Dieu et de Le chercher. Le « ex » de ex-sistence fait pour la première fois apparaître ce que signifie se trouver soi-même jeté au monde. Pour la première fois dans *Être et temps* même, Heidegger peut réunir ces deux facettes de l'être hors-de dans un seul et même mouvement ek-statique en forgeant l'expression « projet jeté » (auparavant, il parlait plutôt de tendance motivée et d'action passionnée). Ce mouvement devient le mouvement fondamental de la temporalité ekstatique. Cette facticité à laquelle je suis exposé de manière extrême est finalement la facticité de « mon » temps, qui est plutôt la possibilité libérante de la dépossession que l'inertie décadente de la possession et de l'être possédé, d'un temps qui n'est pas statique, mais sans cesse ek-statique. Et le temps ek-statique est la formalité ultime de la vie, tout comme il est d'emblée l'immédiateté ultime, la facticité comme telle. La facticité du temps est la formalité de l'immédiateté : c'est le dénouement final de l'indication formelle de la facticité.

Theodore KISIEL
Northern Illinois University

Traduit par F. DASTUR

KNS-SCHEMA

Kriegsnotsemester 1919 : « Die Idee der Philosophie und das Weltanschauungsproblem »

Heidegger GA-Band 56/57, *Zur Bestimmung der Philosophie*, vom Anfang bis S. 117

1. Ergänzung zu S. 116 aus den Nachschriften von F. J. Brecht, Gerda Walther und Oskar Becker:

I. Das *vortheorische* Etwas		II. Das *theorische* Etwas	
A. Das vorweltlische Etwas	B. Welthaftes Etwas	A. Formlogisches gegenständliches Etwas	B. Objektartiges Etwas
(Grundmoment des Lebens überhaupt)	(Grundmomentbestimmer Erlebnissphären)	(motiviert in Ur-etwas)	(motiviert in genuiner Erlebniswelt)
Ur-Etwas	*Genuine Erlebniswelt*		

2. Mein überblick über die Vorlesung durch die Folge der Impersonalien:

es gilt (29, 50), es soll (34), « es wertet » (46) – – es gibt (62) – – « es weltet » (73), es er-eignet sich (75)

Erster [Neukant.] Teil — Zweiter [Phän'log.] Teil

Figure 1

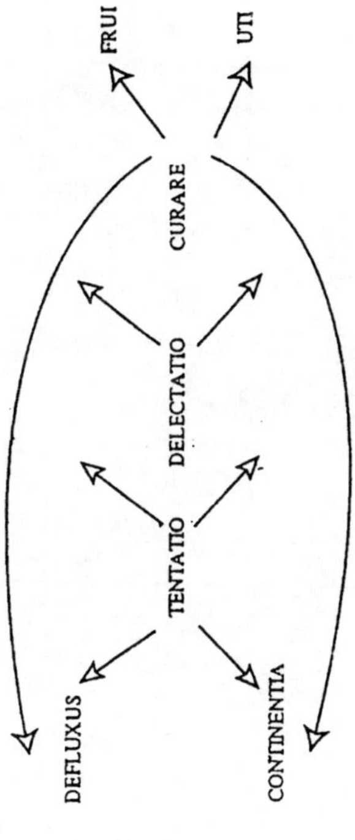

Figure 2

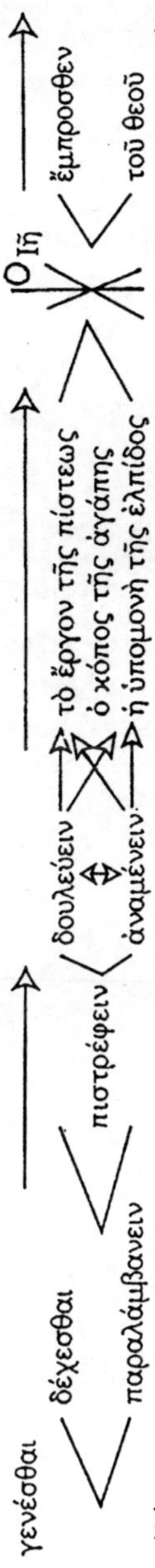

Figure 3

ÊTRE ET TEMPS DE HEIDEGGER DANS LE CONTEXTE DE L'HISTOIRE DE SA GENÈSE

Être et temps est une « ontologie fondamentale », c'est-à-dire une doctrine de l'être fondatrice, et dans cette mesure un fondement pour ce dont il y va proprement : l'ontologie régionale. Le programme de l'ontologie fondamentale, on peut le lire comme une reformulation de la phénoménologie de Husserl ; *Être et temps,* écrit Gadamer, est « une publication très rapidement composée, dans laquelle Heidegger, contre ses intentions les plus profondes, s'est encore une fois conformé à l'auto-compréhension transcendantale de Husserl ». En fait, la relation à Husserl y est ambivalente. De la phénoménologie, on reprend le programme – déterminer la relation de l'homme et du monde. Particulièrement directrice fut pour Heidegger la doctrine, développée dans la cinquième *Recherche logique* (1900-01), de la structure « intentionnelle » de la conscience. Mais ensuite, des *Recherches logiques* aux *Idées,* Husserl prit le chemin de l'*Ego* transcendantal et de la réduction phénoménologique. Heidegger n'a pas suivi ce chemin, auquel il adresse principalement deux critiques : que la sphère théorique est prise pour modèle et que ce qui s'effectue ici doit être garanti par la théorie. Husserl reste finalement encore dans la tradition cartésienne. Mais le monde (comme multiplicité des horizons) a un côté détourné de notre conscience, de notre pouvoir de représentation. Heidegger tente pour cela de dépasser le concept husserlien d'intentionnalité par le concept de transcendance (je dépasse l'étant individuel en direction de son être), ce qu'il désigne aussi alors par le terme « monde ». La phénoménologie de Husserl se dérobe sur un point décisif : celui qui est alors désigné (chez Bergson) comme vie (organique ou historique) et que Heidegger – avec Jaspers, dont il récuse vers 1920 la *Psychologie des visions du monde* – appelle « Existence » *(Existenz)* ; « existence » est l'élément factice-historique qui, en s'ouvrant, dégage pour la première fois l'accès à une

« essence » ou à une « quiddité ». Pour Heidegger, la phénoménologie est désormais l'archi-science de la vie et du vécu. Il s'agit d'une recherche des situations fondamentales, dans lesquelles s'exprime la totalité de la vie. Le but est d'acquérir une entente de la vie par elle-même, une possession de soi dans sa totalité originaire. S'il y a existence, et si cette existence est temporalité, pourquoi, demande Heidegger, cette existence n'a-t-elle pas alors été présentée, dans les philosophies antérieures, conformément à ce qu'elle est ? Le temps lui-même, répond-il, a toujours été déjà perçu à partir d'une option ontologique déterminée, lui aussi devait être un être et donc une série de « maintenant » subsistants *(vorhandene)*. Le temps ne fut toujours considéré qu'à partir du primat du présent ou du subsistant, ou encore de la présence *(Anwesenheit)*. Ceci conduit Heidegger sur le chemin d'*Être et temps*.

À partir de Husserl, Heidegger chercha sur cette voie à jeter un pont en direction de Dilthey. Certes, Dilthey n'aurait pas posé la question de l'être, mais elle serait tendanciellement présente dans ses recherches, qui seraient « tenues en haleine par la constante interrogation sur la vie » (*Être et temps,* § 10). Avec Dilthey, Heidegger cherchait à s'approcher de l'histoire ; en décembre 1923, il demande à Rothacker de lui envoyer un exemplaire pour recension de la correspondance récemment parue entre W. Dilthey et le comte Yorck von Wartenburg. La recension prévue a passé ensuite dans l'essai étendu rédigé en 1924 (et encore inédit) *Le concept de temps* – puis, dans le § 77 d'*Être et temps*. Dans dix conférences tenues à Cassel du 16 au 21 avril 1925 sur *Le travail de recherche de W. Dilthey* (conférences sur lesquelles Frithjof Rodi a récemment attiré l'attention) [1], Heidegger constate l' « an-historicité » de la phénoménologie, mais objecte aussi d'autre part à Dilthey le fait que dans son œuvre il n'aurait pas posé radicalement la question de l'essence de l'histoire. *Être et temps* cherche à remédier à ce manque, en posant la question sur le sens d'être de l'historique [2].

Mais cette question, Heidegger ne la prend pas seulement chez Dilthey, mais chez Aristote et Augustin, dont il interroge les fondements aristotéliciens. De 1919 à 1923, Heidegger voulait exposer la « phénoménologie de la vie » sous la forme d'une grande œuvre sur

1. « Die Bedeutung Diltheys für die Konzeption von « Sein und Zeit ». Zum Umfeld von Heideggers Kasseler Vorträgen (1925)", in Frithjof Rodi, *Erkenntnis des Erkannten, Zur Hermeutik des 19. und 20. Jahrhunderts,* Francfort, Suhrkamp (STW), 1990, pp. 102-122.

2. Le texte est publié dans : *Dilthey-Jahrbuch,* 8 (1992/93), p. 143 sv.

Aristote. Il s'orientait ici avant tout (d'après les exposés sur les « vertus dianoétiques » dans le livre VII de l'*Éthique à Nicomaque*) vers une revendication de la vérité non seulement pour le domaine théorétique, mais aussi pour la τέχνη et la πράξις – un affront significatif au primat husserlien du théorétique. Mais Aristote est en même temps critiqué, il n'aurait répondu que de manière insuffisante à la question décisive, celle sur le lien à la situation et le καιρός dans la πράξις. Heidegger interprète la véritable essence du καιρός à partir de l'expérience (proto-)chrétienne de l'histoire, qu'il interroge sur ses fondements ontologiques jamais exposés. Ce sont avant tout l'*Épître* de Paul aux *Galates* et la première *Épître* aux *Thessaloniciens* à partir desquelles Heidegger développe l'expérience religieuse vécue du proto-christianisme. Il veut élaborer ce qu'il appelle la « situation historiale *(geschichtlich)* d'effectuation » : la situation religieuse, en tant qu'elle est historique *(historisch)*. Là où Paul parle de l'espoir dans le retour du Christ surgissent les concepts de χρόνος et de καιρός, centraux pour Heidegger, et qu'il traduit par *Zeit* (temps) et *Augenblick* (instant). Dans le cours sur *Augustin et le néo-platonisme* (été 1921), il est montré, à partir du livre X des *Confessions,* comment Augustin pense à partir de son expérience factice de la vie, mais en même temps à cause de son orientation néo-platonicienne, manque l'expérience factice de la vie qui est celle du christianisme originel[1].

I

Être et temps fut écrit sous la pression des conditions de Marbourg ; à Marbourg, on voulait bien nommer Heidegger à la succession de Hartmann, mais cela posait des difficultés à Berlin, parce que Heidegger n'avait plus rien publié depuis sa thèse de 1916. Grâce à la publication poursuivie ces dernières années d'une série de cours de Heidegger, nous savons aujourd'hui que le chef-d'œuvre de Heidegger, quand ses deux sections parurent enfin en 1927, avait été depuis longtemps exposé oralement sous forme de cours, et que Heidegger, depuis 1923 environ, a concrètement travaillé à ce livre. Le thème général des cours des années 1919-1923 est constitué par la vie factice, la vie dans sa facticité *(Tatsächlichkeit)*. Heidegger a toujours réaffirmé ici qu'existence *(Existenz)* est toujours un exister dans le temps, qu'on doit concevoir le Moi transcendantal comme fini, c'est-à-

1. Cf. *Ga.* 60, *Phänomenologie des religiösen Lebens (Einleitung in die Phänomenologie der Religion ; Augustinus und der Neuplatonismus ; Die philosophischen Grundlagen der mittelalterlichen Mystik)*, Francfort, Klostermann, 1995.

dire comme factice-historique, et que la phénoménologie doit être élaborée comme une auto-interprétation de la vie factice. Le cours le plus ancien tenu par Heidegger durant le « semestre de guerre » 1919 sur *L'idée de la philosophie et le problème de la vision du monde* – ce cours ouvre la voie et anticipe le chemin de pensée de Heidegger ; il fit sensation dans les milieux philosophiques. Il préfigure la problématique de la facticité, sans employer le terme. La thèse fondamentale est la suivante : le vécu du monde ambiant n'est pas à concevoir théorétiquement ; Heidegger voit dans le « primat du théorétique » le péril majeur : « tout comportement théorétique est dé-vivifiant ». Pour comprendre le « vivre quelque chose au sein du monde », la « vie en et pour soi », seule vaut « l'intuition compréhensive, herméneutique » (Heidegger mêle ici Bergson et Dilthey) car – allusion à Dilthey – « la vie est historique *(historisch)*, non pas morcellement en éléments consistants, mais cohésion ». Dans le cours *Problèmes fondamentaux de la phénoménologie* (semestre d'hiver 1919/29), Heidegger définit la philosophie comme une expérience qui se construit historialement, à savoir comme une expérience factice de la vie qui veut devenir historiale. En tant que la vie factice se comprend historiquement, elle devient elle-même. Heidegger définit ici la phénoménologie comme « science originelle » de la vie en soi, et la « vie » est pour lui historiale par essence, c'est-à-dire qu'il lui advient un monde déterminé de mobilité : la capacité d'effectuation *(Vollzugshaftigkeit)*. Si la phénoménologie veut avoir accès à cette effectuation, elle doit se comprendre elle-même comme un mode d'effectuation de la vie. Dans la position théorétique, l'entente de la vie par elle-même se perd. La phénoménologie doit donc d'entrée ébranler la distinction de la théorie et de la *praxis*. « Que la philosophie ne consiste pas en définitions générales abstraites, mais soit toujours un élément de l'expérience factice de la vie », c'est ce sur quoi Heidegger cherche à insister dans le cours de l'été 1920 *Phénoménologie de l'intuition et de l'expression*[1]. Cette « expérience factice de la vie » est la vraie thématique de la phénoménologie – mais jusqu'à présent restée voilée – et la « destruction phénoménologique » consiste à « reconduire la philosophie à elle-même à partir de son aliénation *(Entäusserung)* ». La thèse directrice est celle-ci : la philosophie avait pour thème de « s'occuper du monde propre », sa méthode serait un « radicalisme mettant en question tous les concepts ». Au centre du cours, on trouve le problème de la formation du concept philosophique : comment la

1. *Ga.* 59, *Phänomenologie der Anschauung und des Ausdrucks*, Francfort, Klostermann, 1993.

vie, en tant que vécu, devient-elle accessible à la philosophie ? En privilégiant le « sens de l'effectuation » *(Vollzugssinn)* contre la teneur de sens *(Gehaltssinn)* et le sens référentiel *(Bezugssinn),* Heidegger s'oriente par rapport au *Dasein* et à son monde propre comme critère décisif. La question décisive serait de savoir « comment entrer en possession du vécu » et, bien que Natorp et Dilthey aient déjà accompli des pas décisifs dans la réponse à cette question, ils n'auraient cependant pas vu encore « que seul un radicalisme mettant en question tous les concepts peut conduire plus loin ». Cette nouvelle méthode, Heidegger la caractérise comme « indication formelle » *(formale Anzeige),* sans du reste la concevoir ici de manière plus précise quant au contenu. Dans le cours *Introduction à la phénoménologie de la religion,* tenu par le jeune *Privatdozent* Heidegger à l'Université de Fribourg durant le semestre d'hiver 1920/21, il répond à deux questions : d'une part, celle qui porte sur l'essence de l'expérience factice de la vie, ensuite, celle qui porte sur la nouvelle méthode phénoménologique adaptée à la facticité. Prendre son point de départ dans l'expérience factice de la vie, cela exige en effet « une transformation complète de la philosophie ». « L'explication de l'homme avec le monde » s'articule en monde ambiant où nous agissons, en « monde commun » partagé auquel d'autres hommes appartiennent individuellement et socialement, et en « monde propre » dans lequel nous avons affaire avec nous-même. Ces trois plans ou modalités du monde sont accessibles seulement dans et par l'expérience factice de la vie, ce qui implique d'apporter une correction à l'*ego* pur de Husserl. La transformation principale de la phénoménologie husserlienne devait consister dans son virage à l' « historique ». « La philosophie est le retour à l'originel-historique. » En analysant la signification d' « expérience » dans l'expression « expérience vécue », Heidegger élabore une nouvelle direction de la méthode phénoménologique. Il commence avec l'expérience habituelle quotidienne (la « quotidienneté »). Le cours sur Aristote du semestre d'hiver 1921/22 fonde également la philosophie sur l'analyse de la « vie factice ». Dans la troisième partie, Heidegger y analyse la « facticité de la vie factice elle-même » comme racine et sens de l'historique. Par là, il utilise pour l'interprétation *(Deutung)* phénoménologique de la facticité de la vie la catégorie herméneutique de l' « interprétation » *(Interpretation),* de manière à faire ressortir que « vis-à-vis de la vie factice il n'y a aucune possibilité théorétique qu'on choisisse selon son gré ». Les « catégories » avec lesquelles travaille la philosophie ne sont pas quelque chose d'inventé [...], mais c'est dans la vie même qu'elles concernent la vie de manière originelle ». Comme « déterminité catégoriale fondamentale de la facticité », Heidegger introduit la « ruinance », par quoi on entend que la vie factice se mécomprend elle-même constamment. C'est à la philosophie qu'échoit maintenant la tâche de supprimer cette auto-mécompréhension de la vie, et en ce sens elle est herméneutique, car l'herméneutique servait déjà à l'origine moins à comprendre qu'à combattre la mé-compréhension. En septembre/octobre 1922, Heidegger esquisse la plan d'un grand travail prévu sur Aristote, qui devait paraître après 1923. Cette esquisse – longtemps considérée comme disparue, puis retrouvée par H. U. Lessing et éditée *in extenso* en 1989[1] – Heidegger la fit précéder d'une grande introduction intitulée « Indication de la situation herméneutique », dans laquelle il faut voir la vraie cellule germinale d'*Être et temps.* Dans ce rapport de recherche programmatique, Heidegger déclare que l'objet de la recherche philosophique est « le *Dasein* humain en tant qu'il est interrogé par elle sur son caractère d'être », ou encore « le *Dasein* humain factice comme tel ». Heidegger détermine comme méthode de cette recherche philosophique l' « indication de la situation herméneutique » : « Par l'énumération des éléments constitutifs les plus importants de la facticité, ce qui est pensé avec ce terme doit être porté au regard et rendu disponible pour la recherche concrète. » Comme les plus importants de ces éléments de la mobilité factice de la vie, Heidegger désigne la « mobilité du souci » et son caractère fondamental, l' « échéance ». Comme le plus important « contre-mouvement vis-à-vis de la tendance à l'échéance », Heidegger désigne la possibilité « d'appréhender en souci » l'expérience de la mort. La philosophie en ce sens, comme « effectuation spécifique explicite de la tendance interprétative de la mobilité fondamentale de la vie », se change en une « herméneutique phénoménologique de la facticité ». Durant le semestre d'été 1924, Heidegger parla des *Concepts fondamentaux de la philosophie d'Aristote,* voulant ainsi faire avancer l'ouvrage depuis longtemps promis sur Aristote. Dans ce cours qui est peut-être son « meilleur » (Pöggeler), Heidegger conduit son herméneutique de la πράξις de l'*Éthique à Nicomaque* jusqu'à la *Politique* et la *Rhétorique,* qui est une discipline de la philosophie pratique et conduit à la dialectique. Dans ce cours (dont le manuscrit est malheureusement perdu) on trouve la première élaboration détaillée de l' οὐσία comme présenteté – cette illumination spirituelle est à vrai dire venue à

1. *Interprétations phénoménologiques d'Aristote, précédé de H.-G. Gadamer, Un écrit "théologique" de jeunesse,* tr. fr. J.-F. Courtine, Mauvezin, TER, 1992.

Heidegger dès 1923, mais antérieurement on ne la trouve pas. Dans la première partie du cours sur le *Sophiste* de Platon (semestre d'hiver 1924/25) [1], il s'agit de la question directrice « si c'est la φρόνησις, qui comme telle a pour but le *Dasein* humain, ou si c'est la σοφία qui constitue le type le plus élevé du dévoilement » ; Heidegger trouve la réponse à cette question dans le fait que c'est un « sens de l'être » tout à fait spécifique « qui donne le fil conducteur grâce auquel Aristote en vient à proclamer le primat de la σοφία sur la φρόνησις ». Et ce sens que l'être avait pour les Grecs se laisse résumer dans cette formule : « l'étant est cela qui au sens propre est présent *(anwesend)* ». Par là, Aristote détermine la connaissance comme une vue du perpétuellement présent. La σοφία est fondée sur l'être-toujours, parce qu'elle est pensée à partir de la τέχνη.

II

Ce programme ici instauré, Heidegger a tenté ensuite, à la fin de sa première époque de Fribourg (semestre d'été 1923), de le déployer systématiquement : dans le cours *Ontologie. Herméneutique de la facticité.* [2] Dans ce cours, Heidegger fait valoir la position de Dilthey, en cherchant à la concilier, sous une forme radicalisée, avec la position de Husserl. Ceci le conduit à une révision de la structure conceptuelle de la philosophie traditionnelle, révision qui en dernière conséquence devait conduire à la rupture avec Husserl. Ce qui est posé comme but, c'est une auto-compréhension du *Dasein* qui se distingue fondamentalement de la compréhension de l'étranger (vie, textes, etc.) ; « l'interpréter lui-même est un *comment (wie)* possible et éminent du caractère d'être de la vie factice elle-même ». L'herméneutique est un constituant essentiel de la facticité même, déterminé d'emblée par Heidegger comme « être-éveillé du *Dasein* pour lui-même ». La « possibilité » propre (suprêmement propre pour elle-même) de soi-même, qu'est chaque *Dasein* comme tel, Heidegger l'appelle *existence*. « C'est à partir de l'existence et dans sa direction qu'est interprétée la facticité. » C'est déjà le programme d'*Être et temps*. « La philosophie est ontologie phénoménologique universelle, partant de l'herméneutique du *Dasein,* qui, comme analytique de l'existence, a rattaché l'extrémité du fil conducteur de tout questionnement philosophique là d'où il procède et où il retourne » (§ 7). En 1923, Heidegger assigne

1. *Ga.* 19, *Platon : Sophistes,* Francfort, Klostermann, 1992.

2. *Ga.* 63, *Ontologie (Hermeneutik der Faktizität),* Francfort, Klostermann, 1988.

comme tâche à la philosophie d'analyser l'aujourd'hui de telle sorte que son « caractère d'être » devienne visible. Il cherche alors les « phénomènes fondamentaux » du caractère d'être de la facticité, qu'il appelle déjà ici « existentiaux », les définissant comme les « modes du commerce du *Dasein* avec soi-même ». Cependant, cette analyse du *Dasein* reste dans l'ensemble encore très décousue, la temporalité ne joue pas, dans l'analyse de la facticité, le rôle prépondérant qui sera le sien trois ans plus tard. À ce niveau, beaucoup de choses ont encore un caractère de pur postulat et restent (en partie consciemment) de simples thèses. Heidegger articule son analyse du *Dasein* en trois parties : *1)* que signifie *monde* ? *2)* que signifie *dans* un monde ? *3)* que signifie *Dasein* dans un monde ? Il établit qu'on ne peut pas faire de l'être un objet de considérations théorétiques, mais qu'on doit chercher à l'éclairer à partir de ses « caractères de rencontre ». Le *comment* de la rencontre du *Dasein* par le monde, Heidegger l'appelle *significativité*. Dans ce comportement à l'égard des choses, le *Dasein* se caractérise comme *souci* – *souci* ne représentant encore ici aucun élément principiel de la définition de la vie, comme plus tard dans *Être et temps* (cf. § 41). Comme élément constitutif du caractère de rencontre du monde, Heidegger fait ressortir la temporalité du *Dasein*. Le cours se termine avec l'exigence finale de considérer le souci comme un phénomène originel, qui ne donne pas de prise théorétique. Par là, Heidegger est parvenu tout près du seuil au delà duquel (comme dans la deuxième section d'*Être et temps*) il faudrait éclaircir la relation du *Dasein* et de la *temporalité*.

La conférence prononcée en juillet 1924 à la faculté de théologie de Marbourg sur *Le concept de temps*[1] dégage, elle aussi, la problématique, centrale pour *Être et temps,* du sens de l'être en général. La question de l'essence du temps conduit ici aussi à l'analyse du *Dasein,* dont les structures fondamentales sont indiquées en huit étapes. Un rôle central est maintenant assigné au problème, auparavant encore non posé, de l' « anticipation du *Dasein* » vers la mort comme forme la plus radicale de son « auto-interprétation ». Heidegger, à ce moment, a-t-il déjà disposé d'une esquisse complète de son chef-d'œuvre ? Cela reste obscur, mais la conception d'ensemble doit lui être devenue claire juste un peu plus tard, car dès le début 1925 il se proposait de publier dans le *Deutscher Vierteljahresschrift für Literaturwissenschaft und Geistesgeschichte* un article de quatre feuillets qui – d'après les

1. *Der Begriff der Zeit, Vortrag vor der Marburgen Theologenschaft,* juillet 1924, Hartmut Tietjen, éd., Tübingen, Niemeyer, 1989. Tr. fr. M. B. de Launay – M. Haar, in *Heidegger,* Paris, "Cahiers de l'Herne", 1983.

recherches de Th. Kisiel[1] – peut être considéré comme la version primitive d'*Être et temps*. Mais la publication de l'essai déjà cité *Le concept de temps* n'aboutit pas. Le cours de Marbourg *Prolégomènes à l'histoire du concept de temps* (été 1925) correspond ensuite aux deux premières sections d'*Être et temps,* bien qu'il subsiste certes des différences au point de vue conceptuel *(apprésentation* et *caractère d'à chaque fois [Jeweiligkeit]).*

III

Dans *Être et temps,* Heidegger entreprend une nouvelle fondation de la philosophie à partir de la thématique de la temporalité. La première section fournit une analyse fondamentale du *Dasein* (dont le caractère d'être-au-monde est déterminé comme *souci*), la deuxième section interprète le mode d'être du souci comme temps. Il faut ici dégager ce que la tradition a négligé de dégager, à savoir que le mode d'être de l'existence est déterminé par le temps. Dans l'ensemble, il s'agit pour Heidegger de cette question : comment, à partir d'un « sens » *(Sinn)* unitaire de l'être, les différents modes de l'être, c'est-à-dire les « significations » *(Bedeutungen)* de l'être peuvent-elles être rendues intelligibles par une science de l'étant ? Le principe de la différentiation de ces modes de l'être est le temps ou la temporalité.

La première section de la première partie met en évidence, comme la structure fondamentale du *Dasein,* l'être-au-monde, qui est analysé selon ses différents moments. Corrélativement, il prend ensuite pour thème l'être-à ... de l'être-au-monde. Le monde du *Dasein* dans sa quotidienneté est le « monde ambiant ». L'étant qui nous rencontre quotidiennement n'est pas « un subsistant distancié », mais un « disponible », un « outil » qui sert à quelque chose (§ 15). Le « commerce » avec le monde ici visé n'est pas une saisie théorétique, mais une « circonspection » non réfléchie : « c'est le fait même de marteler qui dévoile la "maniabilité" spécifique du marteau ». Vu que l'outil n'est pas seulement outil pour quelque chose et outil à partir de quelque chose, mais aussi, constamment, l'outil de quelqu'un (à savoir son porteur), ce qui fait rencontre en lui, c'est « non seulement de l'étant qui est disponible, mais aussi de l'étant du type du *Dasein* ... ; du même coup, fait rencontre le monde dans lequel vivent les porteurs et usagers, et qui est en même temps le nôtre ». L'analyse de l'outil, ou l'analyse du « monde de l'artisan » conduit donc automatiquement à

1. Theodore KISIEL : *The Genesis of Heidegger's Being and Time.* Berkeley/ Los Angeles/ Londres, 1993. Part III (p. 309 sv.).

l'analyse du monde comme « monde commun », car « à l'être du *Dasein,* pour qui il y va dans son être de lui-même, appartient l'être-avec d'autres » (§ 26). Si des perturbations du commerce avec l'outil (imposition, insistance, saturation) conduisent à la naissance des sciences théorétiques (cf. § 69), de même, dans le domaine du monde commun, des perturbations dans la rencontre avec d'autres conduisent à la dissolution du *Dasein* propre, à la dispersion du Soi authentique dans le *Dasein* du « On ». « Le On décharge ... à chaque fois le *Dasein* dans sa quotidienneté » et conduit finalement à la dissolution du *Dasein* propre dans le mode d'êtres « des autres ». En rapport avec le phénomène du « On », Heidegger rend visible un mode d'être fondamental du *Là,* qu'il interprète comme « échéance » : il désigne celui-ci, à côté de l' « être en situation » *(Befindlichkeit)* et de la « compréhension » *(Verstehen)* comme troisième existential fondamental (§ 28). Sous la rubrique de l' « être en situation », Heidegger cherche ensuite (§ 29 sv.) à saisir plus précisément la préséance du *Dasein* par rapport aux autres étants. Le *Dasein* est toujours déjà « jeté » dans l'étant. Le *Dasein* se trouve toujours déjà dans son *là (Da)* (facticité). Simultanément, le *Dasein* – comme existence libre – est toujours aussi « projet », ce pour quoi Heidegger détermine l'être-à de l'être-au-monde comme « projet jeté ». De manière aussi originelle que « l'être en situation », la « compréhension » constitue l'être du « là ». Elle constitue « existentialement dans son caractère de projet ce que nous appelons la vue *(Sicht)* du *Dasein* ». En tant que compréhension, le *Dasein* projette son être sur des possibilités, par où entente de soi et entente du monde sont liées dans un cercle positif (herméneutique). « Existentialement aussi originel » que « l'être en situation » et la « compréhension », il y a, finalement, le « parler ». Qu'entend Heidegger par ce terme ? « La compréhensibilité contraignante de l'être-au-monde s'exprime comme parler. Les mots adviennent aux significations. Mais les choses-mots ne sont pas pourvus de significations. » Comme être-avec, le *Dasein* est toujours déjà dans une communication déterminée, c'est d'abord à cause de la parole que nous sommes en position d'exister de manière communautaire (politiquement). Mais il y a, dans l'être-public, le danger que la parole échoie au « déracinement du bavardage », ce par quoi se trouve fermée une entente effective du *Dasein* (le concept de l'être-public ici développé par Heidegger ne peut étayer une politique démocratique).

Dans le § 39, il s'agit pour Heidegger de « saisir ce tout structurel de la quotidienneté du *Dasein* dans sa totalité ». Heidegger appelle « souci » l'être du *Dasein* saisi dans la multiplicité de son contenu : « le souci ne caractérise pas seulement l'existentialité, séparée de la facticité et de l'échéance, mais embrasse au contraire l'unité de ces déterminations de l'être ». Le *Dasein* ne se résout jamais en simple facticité, mais l'être du *Dasein* signifie bien plutôt « être-au (monde)-déjà-en-avant de soi-même comme être-auprès-(de l'étant intra-mondain faisant rencontre). Cet être remplit la signification du terme souci » (§ 41). Dans « l'être-en-avant-de-soi » se situe la possibilité de « l'être libre pour des possibilités existentielles authentiques ».

La détermination du *Dasein* comme souci conclut la première démarche centrale d'*Être et temps*. La trinité : existentialité, facticité et parler (plus loin, Heidegger parle d'existentialité, facticité et échéance, il parle aussi occasionnellement d'une quaternité) forme l'unité du tout structurel du souci. L'étant doit être amené à éclosion à partir du ce-vers-quoi, du sens. Comme structures du ce-vers-quoi, Heidegger désigne la pré-acquisition, la pré-vision et l'anti-cipation *(Vorgriff)*.

Dans la deuxième section de la première partie, Heidegger interprète les modes d'être du *Dasein* par rapport au temps, et il peut ainsi déduire ce qu'auparavant il avait seulement présenté. Il fonde maintenant sur l'analyse existentiale du devancement *(Vorlaufen)* de la mort la seconde démarche, qui va de la détermination du souci comme être du *Dasein* jusqu'à la monstration de la temporalité comme sens de cet être. Heidegger veut montrer que la temporalité est fondement d'unité de la multiplicité structurelle du souci. Au début (§ 45), Heidegger se demande ce qui a été acquis par l'analyse préparatoire du *Dasein*. Il fallait distinguer de l'être-subsistant l' « existence », au sens kierkegaardien de l'existence humaine : l'homme n'est ni subsistant, ni disponible, mais Heidegger détermine l'homme comme se-rapporter-à-soi-même, répondre-de-soi-même. L'homme n'est pas déterminé comme une chose par des essences (catégories), ce pour quoi Heidegger introduit les « existentiaux » : le questionnement existential préserve de l'effacement de la différence entre homme et chose. Le *Dasein* est modifiable, il y a inauthenticité ou médiocrité et authenticité. Le *Dasein* devient authentique en acquérant autonomie et totalité. Au § 65 il s'agit de cette autonomie (ipséité) du *Dasein*. Le *Dasein* devient lui-même. L'homme doit déjà dans sa vie être conscient de la totalité de son existence (devancement de la mort) et s'éprouver comme un moi. Le « souci » est, en revanche, l'être du *Dasein* qui vit, oublieux de soi, dans un monde ambiant (comme par exemple celui du cordonnier). Le sens ontologique de ce souci réside dans la temporalité. Il s'agit de savoir comment les moments du *Dasein* (s'entendre-à ..., être-en-situation dans ...) peuvent constituer une totalité. « Le sens ontologique de l'être du *Dasein* » est l'unité des multiples moments structurels du souci, il se trouve dans la temporalité. « L'unité originelle de la structure du souci se trouve dans la temporalité. L'être-en-avant-de-soi se fonde sur le futur. L'être-déjà-dans... montre en soi l'avoir-été. L'être-auprès-de devient possible dans le présent. » C'est là une analyse du temps très formelle. Heidegger avait déterminé le souci comme être-en avant-de-soi auprès de ses possibilités (compréhension, pouvoir-être). C'est maintenant l'avenir qui est, selon Heidegger, le premier élément du temps. La réception de mon être-jeté, poursuit Heidegger, montre que le *Dasein* était toujours déjà : c'est l'ek-stase de l'avoir-été. Quant au présent, Heidegger le considère finalement, de manière unilatérale, comme perte de soi ; il ne connaît pas de présent rempli.

Au § 48, les moments structurels du souci sont obtenus à nouveau et ré-interprétés à partir de la temporalité. La compréhension (comme être-en avant-de-soi-auprès-de) est mise en parallèle avec l'avenir, l'être-en-situation (comme être-déjà-auprès-de...) avec le passé, l'échéance (comme être-auprès-de...) avec le présent. Les deux derniers paragraphes d'*Être et temps* montrent la double essence du temps : comme « intra-temporalité » et comme « historialité ». « Intratemporalité » désigne le temps comme parcours d'une série de « maintenant » (échelle), Heidegger l'appelle aussi le temps « inauthentique ». L'historialité, en revanche, est pour lui le « temps authentique ». Comment peut-on, maintenant, utiliser le temps pour en déduire différents modes de donnée de l'être ? Heidegger désigne les « ek-stases » suivantes :

	Avenir	Présent	Passé
Temps authentique	Anticipation (de la mort)	Instant (καιρός)	Répétition
Temps inauthentique	S'attendre à...	Présentifier	Oubli/conservation

À côté des ek-stases de la temporalisation authentique et inauthentique, Heidegger indique encore les « schèmes » (empruntés à la *Critique de la raison pure* de Kant) en-vue-de = avenir ; devant-quoi/avec-quoi = passé ; pour = présent. Ces schèmes lui servent comme structure principielle pour la déduction des différents modes de l'être. Si on se place du point de vue du temps inauthentique avec son schème (le *pour – um zu*), on voit le disponible (le cordonnier à l'œuvre, oublieux de soi) ; si on se place au même point de vue sans schème (sans *pour*), on voit le subsistant. Du point de vue du temps authentique, on voit l'être de l'existence (sens conducteur et accompli de l'être, comparable à l' οὐσία chez Aristote). Il n'y a existence que si le temps se montre comme temps authentique, si nous devançons nos possibilités, et en particulier la possibilité ultime, la mort, puis « répétons » (au sens de Kierkegaard) notre passé, c'est-à-dire le rappelons à l'instant [présent] dans l'approbation ou le repentir, de manière à être pour notre temps sur le mode de l'instant. Si le temps est temporalité de manière inauthentique, se produit le changement du disponible en subsistant (qui est un changement au sein du temps inauthentique) : un retrait de l'avenir et une mise en avant du se-représenter.

Heidegger cessa de travailler à *Être et temps* dans les premiers jours de janvier 1927 ; *Être et temps* s'interrompt donc brutalement après la deuxième section de la première partie. La troisième section « Temps et être » devait montrer comment le temps est le critère de distinction des différents domaines de l'être. La troisième section devait montrer comment, à partir de l'ontologie fondamentale, on peut obtenir des ontologies régionales et par là des sciences positives. Ici aussi aurait alors trouvé place la théorie de l' « indication formelle ». À la première partie de la « construction » (systématique) devait succéder, dans la deuxième partie, une histoire des idées philosophiques. Cette « destruction » de la tradition ontologique, qui devait être traitée en trois sections (Kant, Descartes, Aristote), on peut la reconstruire grâce aux allusions de la partie publiée, et grâce aussi à certains cours. Heidegger voulait montrer que la tradition ne possède aucun concept satisfaisant du temps. Aristote lui apparaît comme le principal fondateur de cette conception manquée du temps. De ces plans, peu de choses ont été publiées ; nous trouvonss seulement une indication dans l'appendice du tome 24 de la *Gesamtausgabe (Problèmes fondamentaux de la phénoménologie)* qui contient une critique du concept aristotélicien de temps, tel qu'il est présenté dans la *Physique*. Heidegger reproche à Aristote d'interpréter le temps « vulgaire » comme nombre du mouvement. En ce qui concerne Kant, dans le cours *Interprétation phénoménologique de la Critique de la raison pure de Kant* (semestre d'hiver 1927/28), Heidegger déclare qu'à cette époque les écailles lui sont tombées des yeux, du fait d'avoir lu la *Critique de la raison pure* du point de vue de la phénoménologie husserlienne. L'analyse husserlienne (fournie par les §§ 83 sv. des *Idées*) de la conscience immanente du temps comme unité d'impression, de rétention et de protention, se trouve rapportée à l'imagination kantienne et à ses trois schèmes ; à ceux-ci correspondent les trois dimensions ou articulations du temps. Comme l'a montré O. Pöggeler, ceci devait constituer le noyau de la troisième section projetée d'*Être et temps* [1] ; au § 69, nous avons un indice de cela.

IV

L'ontologie fondamentale de Heidegger voulait unir phénoménologie et herméneutique : ce qui est originel, ce n'est pas la « théorie », la séparation du sujet et de l'objet, mais c'est leur lien par l'expérience, un avoir-commerce avec. Le monde – c'est ce que montre l'analyse de l'outil – n'est pas indépendamment du fait d'être effectué. Dans ses cours sur Nietzsche, Heidegger disait lui-même que l'impulsion conduisant à *Être et temps* aurait été la compréhension du fait qu' « à chaque fois l'interprétation de l'homme, et par là l'être-homme historial, est seulement la conséquence essentielle de l'essence de la vérité, et de l'être même ». Cependant, déplorait-il en 1940, on n'aurait pas compris cette quête d'une détermination essentielle non métaphysique de l'homme, ce dépassement de l'objectivisme et par là de la division sujet–objet ; le livre « n'aurait absolument pas réussi à éveiller ne serait-ce qu'une première compréhension de cette problématique ». Cette incompréhension déplorée par Heidegger a naturellement aussi son motif dans le fait que lui-même a abandonné, peu de temps après la parution du livre, le point de départ fondamental-ontologique de la question de l'être tel qu'il l'avait élaboré systématiquement dans *Être et temps,* et qu'il s'est tourné vers une élaboration de la question de l'être à partir de l'historialité de l'être : technique, politique et art entrent désormais dans le champ de son regard. Cependant, Heidegger, même après l'abandon du point de départ d'*Être et temps,* a toujours rattaché sa pensée ultérieure à cette œuvre, comme le montre l' « exemplaire de la *Hütte* » récemment édité, sur lequel Heidegger, à chaque nouvel examen de son propre livre, a inséré ses notes marginales. Cette ambivalence se reflète aussi chez Medard Boss, qui, sur la base explicitement [reconnue] de l'analytique heideggérienne du *Dasein,* a édifié une psychothérapie qui introduisait

1. Otto PÖGGELER : *Der Denkweg Martin Heideggers.* 3e éd. augmentée, Pfullingen, Neske, 1990, p. 313 sv.

de précieuses innovations dans la théorie et la pratique : certes, il part du Heidegger tardif, mais, pour son interprétation du *Dasein,* il revient en fait dans ses séminaires à *Être et temps*.

Être et temps marque une rupture, car l'historicité de la pensée est une fondation en soi sans fond *(ab-gründige)*. Dans la rédaction d'*Être et temps,* le plan primitif avait été d'éclaircir le sens de l'être à partir du *Dasein* (réduction), puis, à partir du sens de l'être, de faire se légitimer le *Dasein* (déduction). Mais l'historialité rend impossible cette ultime déduction. La question du sens de l'être demandait comment, à partir d'un sens unitaire de l'être, on peut, par une science de l'être (ontologie fondamentale) rendre intelligibles les différents modes de l'être, c'est-à-dire les « significations » de l'être. Le principe de la distinction entre subsistant, disponible et existence, c'était le temps ou la temporalité, mais la question se posait de savoir si le terme « être », qui semble nous promettre une parfaite transparence, n'est pas en vérité problématique. « Être subsistant », « être disponible », « être existant » ne sont-ils pas des modes de données liés à une époque, ne sont-ils pas à chaque fois caractéristiques d'une époque historiale déterminée (par exemple, il n'y a pas eu de technique chez les Grecs) ? On doit considérer si l'être n'a pas une histoire. Par là surgit une aporie : ou bien l'histoire est un principe de différenciation entre les modes de l'être, ou bien l'histoire est elle-même historiale et ne peut constituer aucun principe. C'est cette aporie que cherche à résoudre le concept de destin *(Geschick)* comme union des substances historique et principielle. La question de la « vérité » de l'être doit partir d'une interprétation historique concrète du sens de l'être : c'est ce qui s'opère dans l'essai sur l'*Origine de l'œuvre d'art,* dont les fondements théoriques se trouvent dans les *Contributions à la philosophie,* rédigées en 1936-38 (mais publiées seulement en 1989) [1]. Dans ce second chef-d'œuvre de Heidegger, l'*Ereignis* est introduit comme le nouveau terme fondamental de sa philosophie : indication supplémentaire sur le caractère radicalement historial, voire épochal et lié à l'instant *(augenblicklichen)* de l' « estance » *(Wesung)* de l'être, de part en part immanente, liée au temps et à l'œuvre, et *par là-même* sans-fond *(ab-gründig)*. Maintenant, technique, politique et art peuvent entrer dans le champ du regard de Heidegger. L'aphorisme 125 regarde en arrière vers *Être et temps,* qui est signalé seulement comme une étape (quand bien même nécessaire) : « Le "temps" devait devenir concevable comme l'espace de jeu ek-statique de la vérité de l'être.

1. *Ga.* 65.

L'écart dans l'éclaircie devait fonder l'éclaircie même comme l'ouvert dans lequel l'Être *(Sein)* se rassemble en son essence ... À la place de la systématique et de la déduction surgit l'être-préparé historial à la vérité de l'Être. Et ceci exige d'abord que cette vérité même, à partir de son essence à peine résonante, crée cependant déjà les traits fondamentaux de sa demeure (le *Da-sein*), dont le sujet humain doit se métamorphoser en édificateur et gardien. Dans la question de l'être, il s'agit seulement de l'accomplissement de cette préparation à notre histoire. Tous les "contenus", "opinions", "chemins" particuliers de ce premier essai, *Être et temps,* sont contingents et peuvent disparaître ... *Être et temps* n'est donc ni un "idéal" ni un "programme", mais le début se préparant de l'estance de l'Être même, ... ce qui *nous* ... contraint à une pensée ... qui ... fonde la vérité comme l'espace-temps de jeu *(Zeit-Spiel-Raum)* dans lequel l'étant peut re-devenir étant, *i. e.* accéder à la garantie *(Verwahrung)* de l'Être. Parce qu'il y a besoin de telles garanties, et cela d'une manière de plus en plus multiple et marquée, pour faire, d'une manière générale, accéder l'étant à lui-même, l'art est requis, qui pose la vérité dans son *œuvre.* »

Christoph JAMME

Université d'Iéna (Traduit par J.-F. MARQUET)

TABLE DES MATIÈRES

TABLE DES MATIÈRES

ACHEVÉ D'IMPRIMER
EN JUIN 1996
PAR L'IMPRIMERIE
DE LA MANUTENTION
À MAYENNE
N° 177-96